U0936545

珍藏本·增订本

纪念版

汉译世界学术名著丛书

论文明社会史

〔英〕亚当·弗格森 著

康子兴 译

商务印书馆

SINCE 1897

The Commercial Press

Adam Ferguson

AN ESSAY ON THE HISTORY OF CIVIL SOCIETY

London：A. Millar and T. Cadell

Edinburgh：A. Kincaid and J. Bell

本书根据伦敦出版商 A. 米拉和 T. 卡德尔、

爱丁堡出版商 A. 金凯德和 J. 贝尔 1767 年版译出

汉译世界学术名著丛书
（120 年纪念版·珍藏本）
增订本出版说明

2017 年 10 月，为纪念商务印书馆创立 120 周年，本馆推出“汉译世界学术名著丛书”（120 年纪念版·珍藏本），计七百种。近五六年来，仰赖学界同人倾力支持，订正旧译，增补新译，拓展新著，积累日多。为满足读者需要，本馆在七百种的基础上，继续推出“汉译世界学术名著丛书”（120 年纪念版·珍藏本·增订本）三百种。至此，“汉译世界学术名著丛书”累计出版，已达千种。

今后，本馆将继续推进丛书的翻译出版工作，在积累单本名著的基础上陆续分辑刊行，汇印出版。为促进中外文明互鉴、推动我国学术发展，使“汉译世界学术名著丛书”这项对我国学术文化有基本建设意义的重大工程发挥更大作用，诚望海内外学术界、翻译界继续给予支持，帮助我们把这套丛书出得更好。

商务印书馆编辑部

2024 年 2 月

汉译世界学术名著丛书
（120年纪念版·珍藏本）
出 版 说 明

2017年2月11日，商务印书馆迎来120岁的生日。120年前，商务印书馆前贤怀揣文化救国的理想，抱持“昌明教育，开启民智”的使命，立足本土，放眼寰宇，以出版为津梁，沟通中西，为中国、为世界提供最富智慧的思想文化成果。无论世事白云苍狗，潮流左右激荡，甚至战火硝烟弥漫，始终践行学术报国之志，无改初心。

迻译世界各国学术名著，即其一端。早在20世纪初年便出版《原富》《天演论》等影响至今的代表性著作，1950年代后更致力于外国哲学和社会科学经典的译介，及至1980年代，辑为“汉译世界学术名著丛书”，汇涓为流，蔚为大观。丛书自1981年开始出版，历时三十余年，迄今已推出七百种，是我国现代出版史上规模最大、最为重要的学术翻译工程。

丛书所选之书，立场观点不囿于一派，学科领域不限于一门，皆为文明开启以来，各时代、各国家、各民族的思想与文化精粹，代表着人类已经到达过的精神境界。丛书系统译介世界学术经典，引领时代思想，为本土原创学术的发展提供丰富的文化滋养，为推动中国现代学术和现代化进程做出了突出的贡献。

为纪念商务印书馆成立120周年，我们整体推出“汉译世界学术名著丛书”120年纪念版的珍藏本，寄望既利于文化积累，又便于研读查考，同时向长期支持丛书出版的译者、编者和读者致以敬意。

两甲子后的今天，商务印书馆又站在了一个新的历史时间节点上。我们不仅要铭记先辈的身影和足迹，更须让我们的步伐充满新的时代精神。这是商务人代代相传的事业，更是与国家和民族的命运始终紧密相连的事业。我们责无旁贷，必须做好我们这代人的传承与创造，让我们的努力和成果不仅凝聚成民族文化的记忆，还能成为后来人可以接续的事业。唯此，才能不负前贤，无愧来者。

商务印书馆编辑部

2017年10月

译者前言
商业共和国的命运

一

在波考克笔下，亚当·弗格森（Adam Ferguson）是一位“共和之子”。他生活在欧洲的“大转型”时代，道出了欧洲政治传统在变局中遭遇的冲击和新的探索。这一变局就是封建社会的瓦解与商业社会的兴起。弗格森承接了自亚里士多德以来的共和主义传统，却又面临着快速变动的社会现实、不断涌动的商业浪潮、技艺的进步与分化。《论文明社会史》（以下简称《论史》）的主题呈现为：“政治人”价值与“经济人”时间的冲突与和解。弗格森的论述充满了矛盾与张力：德性与腐败、野蛮与文明、政治与商业、民族与命运彼此交织，展现出对人类自然与历史的理解。

波考克认为，《论史》是资本主义时代早期的“马基雅维里时刻”。在某种意义上，弗格森与马基雅维里处在类似的境地，他在新的语境下延续了马基雅维里的问题与努力。

以马基雅维里为代表的公民人文主义者为现代西方带来了极为重要的“问题”，它甚至构成了现代西方政治思想的基本范式和框架，从而奠定了现代政治思想的基础。在文艺复兴运动中，公民人文主义者力图复兴古典共和主义理想，令亚里士多德描述的政治人天性得到实现。然而，此时的欧洲社会被“基督教时间框架”打上了深刻的烙印，否认任何世俗完满之可能。一边是追求人之完满与自足的古典政治理想，另一边是否定世俗完满的时间意识，这两者之间存在着难以弥合的张力。这便是马基雅维里们着力应对的问题：共和政体在不断出现、理性无从知晓的事件之流中，试图维持道德和政治的稳定，而这些事件则被认为对一切稳定的世俗体系有着实质的破坏作用。[①]

波考克赋予“马基雅维里时刻”两重含义：首先，它指上述“问题”出现的历史时刻，这也是它最直接的含义；其次，它指一个概念化的“时刻”，表示上述问题本身及其代表的思维模式和理论框架。波考克更多地是在第二层含义上使用这个概念。所以，“马基雅维里时刻”代表了一个漫长的政治传统，它从15世纪一直延续到18世纪。在此期间，“文明社会”(civil society)展露出足够充分的变化，使“问题”变得更为具体、丰满，更有历史感。在克服问题的不断努力中，共和理想也获得了自身的演化和发育。在这样的理论视野中，弗格森及其《论史》便显得特别重要。透过它，我们能够探察欧洲政治传统的辩证运动，探察现代政治思想的生成及其基本模式；与此同时，我们也能够感受商业时代的精神与问题、“政治人”可能遭遇的腐败与挑战。

在这一历史时期，英格兰逐渐取代荷兰，成为风头最劲的商业国家；苏格兰实现了与英格兰的“议会联合”，经济上迅速、彻底英

① 波考克：《马基雅维里时刻：佛罗伦萨政治思想和大西洋共和主义传统》，冯克利等译，译林出版社2013年版，第36页。

格兰化，曾经的高地蛮族走向文雅和“专业化”，被分工与商业原则改变、重塑。此时的苏格兰最能感受到野蛮与文明之间的张力，也尤其能感受到历史的流动性及其对传统与制度的破坏力量。苏格兰人对历史与变化的强烈感受必然在其学术思想中展现。波考克特别强调苏格兰哲人为克服变易兴亡做出的努力，将其表述为德性对腐败的对抗。这一思想框架具有典型的马基雅维里风格，但它仍有其特殊性，例如商业取代命运成为腐败之源。于是，德性与腐败之对抗便转化为德性与商业的对抗。虽然德性与商业间的张力是苏格兰启蒙的共同主题，但波考克指出，弗格森的《论史》大概是“最具马基雅维里风格的著作”[①]。

在波考克笔下，弗格森最生动、最有力地论述了商业和经济逻辑对政治人价值的败坏。商业技艺必然产生分化与差异，从而削弱共同体的公共纽带，带来政治体内在的腐败。当商业原则最终催生职业军队时，腐败便发展到一个关键节点，公民与政体的自由必将受到威胁，甚至堕入最深重的专制和压迫。弗格森由此揭橥商业共和国内生的基础性矛盾：商业与技艺的发展是“文明社会史”的基础动力和自然轨迹；人在国家的积极生活中超越自我，实现人性的完满与自由则是其自然目的。前者必然带来分化与分裂，后者则必然要求联合与统一——两者的对抗与平衡主宰着商业共和国的命运。

① 波考克：《马基雅维里时刻：佛罗伦萨政治思想和大西洋共和主义传统》，冯克利等译，译林出版社 2013 年版，第 525 页。

二

波考克提醒我们注意孟德斯鸠与苏格兰诸哲之间的内在关联，认为他们分享着共同的问题。孟德斯鸠对不列颠的经典分析尤其强化了彼此间的关系。实际上，弗格森毫不保留自己对孟德斯鸠的推崇：

> 当我回想起孟德斯鸠庭长写下的内容时，我要不无伤感地说，我为何要探讨人类事务呢。但我也受到思想和情感的激励。我将用一种更能被普通人所理解的方式来表达，因为我就居于一个普通人的水平。如果必须为从民族普遍历史得出的结论铺平道路，通过论述那些各类政府可以据之得到合宜安排的标题，读者或许应该参考这位深刻的政治学家和温和的道德学者关于此主题所作的论述。在他的著作中，我们不仅能够发现我为了条理清晰从他那引用的原创性观点，还可能找到许多观察的源头。我自以为这些观察乃出于我的创新，从而在许多地方反复评述却未引用其作者。①

弗格森坦陈孟德斯鸠对他的深刻影响，或许在某种程度上，他将孟德斯鸠奉为自己的“精神之父”。他对孟德斯鸠心怀感激，因为孟德斯鸠启发了他的思考；但与此同时又心怀感伤，因为自己不

① 波考克：《马基雅维里时刻：佛罗伦萨政治思想和大西洋共和主义传统》，冯克利等译，译林出版社2013年版，第66页。

过是在为孟德斯鸠做注脚，未曾超越他所开辟的主题与框架——甚至，即便他自信有些观察出自其发明，但源头仍在孟德斯鸠那里。在《论法的精神》中，孟德斯鸠颇为自豪地宣称，他对商业的讨论正是其致力于揭露的新事物。[①] 因此，他对商业共和国英国的分析便具有非凡的意义。实际上，他也给予英国特别的关注，认为其“政制的直接目的就是政治自由”[②]，并用两个长篇章节来论述其政制与风俗[③]。孟德斯鸠在《论法的精神》中构建了一个庞大的理论体系。如果我们将其“英国忧思”视为一扇理论之窗，那么，透过这个窗口，我们也能洞见他与弗格森之间的传承。

孟德斯鸠认为，英国的政治自由源于君主、贵族与人民三个阶层之间，以及立法、行政、司法三种权力之间的平衡。在英国，法官并不为某一特定阶层或特定职业所专有，而是选自人民团体（the body of people）。法官虽是固定的官职，却并非固定的官吏，因此就仿佛“看不见（invisible）、不存在了”[④]。人民畏惧作为法官的官职，却不畏惧官吏。人人畏惧的司法权便隐藏在人民当中，显得极为特殊。所以，就其可见的形式而言，英国政制更多地表现为立法权与行政权之间的平衡。“这就是英格兰的基本政制：立法机关由两部分组成，它们通过相互的反对彼此钳制，二者全都受行政权的约束，行政权又受立法权的约束。”[⑤]

① 孟德斯鸠：《论法的精神》，张雁深译，商务印书馆1959年版，第20章。
② 同上书，第84页。
③ 同上书，第11章第6节、第19章第27节。
④ 同上书，第187页。
⑤ 同上书，第194页。

揭示出英国政制结构性的权力平衡后，孟德斯鸠立即强调，我们绝不能静止地理解这一平衡。“这三种权力形式应当处在静止或无为状态(rest or inaction)。但是，事物的必然运动逼使它们前进(move)，因此它们就不得不在协调中运动起来了。”[①]在应对具体事务时，由于行政权必然面对纷繁变化的事务，它自然长于行动；立法权必须周期性地唤醒自身，针对具体状态做出决定，才能实现彼此的节制与平衡。所以，政制内在平衡是运动中的平衡，甚至这种平衡本身就在“运动”中实现，也将会在运动中走向毁灭与消亡。

当孟德斯鸠向读者强调英国政体必须面对的“运动”(move)以及自身的“运动”时，他显然在暗示：静态的权力结构并非政治自由的真实基础，也绝非英国政治法的精神。因此，以自由为目的的政制不能通过理性设计实现。意大利共和国虽然“三权分立”，“没有专制君主的外观”，却有着专制君主的实质。他也反讽哈林顿研究“自由政制”的努力，认为他实在“误认了自由的真面目”。那么，政治自由的基础何在？如果不是静止的权力形式造就了英国的自由，那么它又源于何处呢？

塔西佗的《日耳曼人的风俗》似乎给他以启发。“试读塔西佗的伟大著作《日耳曼人的风俗》，就会发现，英国人是从日耳曼人那里吸取了他们政治体制的观念的。这种优良的制度是在森林中被发现的。”[②]塔西佗的《日耳曼人的风俗》大约写成于公元98年，他

① 孟德斯鸠：《论法的精神》，张雁深译，商务印书馆1959年版，第196页。

② 同上书，第196页。

笔下的日耳曼人与孟德斯鸠笔下的英国人相隔了将近18个世纪。此间沧海桑田,法律及社会结构均已大变。我们如何能用远祖的习俗来解释当下的政制?况且,英国人只不过从日耳曼人那里吸取了一个“观念”。观念与现实制度之间的距离亦难以计数。关于英国政制之源,孟德斯鸠的解释极其含混,他指出了一个方向,却欲言又止。

“森林”更多地具有象征意味,代表着人类的自然状态(《论法的精神》第1章)。孟德斯鸠似乎在暗示,古日耳曼人的习俗与英国人的习俗之间具有某种相似性,或者说,商业共和国具有类似于“森林”的自然性。我们当然不能简单地认为,日耳曼人的习俗一直沿袭下来,毫无变化。事实上,日耳曼人征服欧洲后,不列颠与欧陆一度陷入专制统治之下。孟德斯鸠并未忽视英国这段不自由的“前史”。在论述英国的风俗时[①],他强调了英国绝对主义的政府形式与自由基础之间的区分。绝对主义政府的形式便是那“前史”的遗产。“这个国家从前曾受专制权力的统治,所以在许多场合就可能保留着专制的体制。因此,我们常常在自由政治的基础上看到了极权政治的形式。”[②]

孟德斯鸠告诉我们,英国的政府形式承袭自专制统治时代,并未经历实质变革。亦即,其自由的基础并不在政府形式,而在其风俗。英国由专制走向自由的关键在于风俗的革命。可风俗意义上的“革命”是如何发生的?它如何摧毁了专制的基础,又如何为自

① 孟德斯鸠:《论法的精神》,张雁深译,商务印书馆1959年版,第19章27节。

② 同上书,第389页。

由奠基?

孟德斯鸠所谓的“风俗”代表着一个民族的情感状态,是一种“不成文法”,甚至是一切立法的基础。按照孟德斯鸠的论述,在英国的政府形式下,正是风俗层面的运动才实现了实质的平衡。立法和行政是两种可见的权力。英国人民出于对它们的偏爱,形成两个彼此对抗的派别。它们彼此仇恨,并因仇恨而相互牵制。人们受着“反复无常的妄念和幻想的驱使”,时常改变派系,从而维持两派间的动态平衡。然而,其基础是激情的自由状态:“憎恨、羡慕、嫉妒、对发财致富出人头地的热望,都被广泛地表现了出来。”①

这个国家的情感状态表达出商业社会的风俗。岛国的地理条件、优良的气候与土壤使之得享和平与富裕,乐于从事贸易而非战争与征服。贸易与商业技艺是“天赐的礼物”。所以,商业培育的风俗、商业对社会的塑造便有自然的根基。这或许是孟德斯鸠将不列颠风俗与远古森林中日耳曼风俗加以类比的原因。此外,孟德斯鸠对这个商业共和国的一处评论尤其值得重视。他注意到,商业习性使人民轻视贵族的荣耀与军事职业,并视军人的服役为国家的累赘。这既反映出商业对贵族精神的削弱,也揭示了贵族衰落的缘由。

英国由专制走向自由,其中关键的一环便是:君主找到了用提高人民地位去贬抑贵族的方法。当孟德斯鸠将商业与对贵族的贬抑联系起来时,我们就不难理解其弦外之音。商业正是推动英国风俗更化、社会变革,塑造政制平衡与自由的动力。然而,我们亦

① 孟德斯鸠:《论法的精神》,张雁深译,商务印书馆1959年版,第383页。

不能忽视孟德斯鸠从此社会运动中洞见到的隐忧，不应忽视他在评述英国时表现出的踌躇不安。他看到，商业摧毁贵族精神，使人们重视实利，也使人们陷入恐惧，为激情所左右；甚至使国人为了财富，不惜进入奴隶制国家。腐败与专制的种子已经埋藏在这诸多倾向中了。所以，如果我们对商业不加防范，任其推进社会运动进一步发展，那么既有的平衡与自由将不免受到破坏，享有"极端自由"的国家亦将陷入"极端奴役"。"所以这个国家出现了极端奴役的时候，便是在贵族受到贬抑而人民开始感到自己的权力的时候。"[①]因此，在论述英国的政治自由后，他不免感慨："人世间的一切事物都有一个终结，我们所谈的这个国家也终于有朝一日会失去自由，也会陷于灭亡。"[②]所以，与其说孟德斯鸠用这两个长篇章节向英国献媚，阐述其对现代理想政制的思考，不如说他在表达对英国以及对商业时代的忧思。

在18世纪，商业与贸易是汹涌而来的浪涛，也是欧洲国家必须要迎接的命运。思索英国是理解与把握历史命运的最好方式：从这个商业共和国身上，我们能看到商业构建秩序的力量，也能洞见其腐败与危机。所以，波考克认为，孟德斯鸠发现并反思了商业的普遍力量，从而将"马基雅维里时刻"转为共和国与商业之间的对抗：

从一种居中的视角，我们可以看到，商业与技艺有益于社

① 孟德斯鸠：《论法的精神》，张雁深译，商务印书馆1959年版，第389页。

② 同上书，第196页。

> 会融洽，甚至有益于自由与德性，就像它有可能在欲望与理性之间建立起积极的关系一样；但是根本的不相容性依然存在。商业取代了命运；共和国无法永远控制它自身的历史，或抵抗它自身的腐败；特殊与普遍仍然在交战。①

三

法尼亚·奥兹-萨尔兹伯格(Fania Oz-Salzberger)为剑桥版《论史》写作了一篇导言。在这篇序言里，他强调："《论史》的终结部分聚焦于古罗马，但其心中却想着现代不列颠。"也就是说，弗格森在著述《论史》时，英国之命运与未来一直萦绕心头，构成这部著作极为重要的关切对象。如果我们没有忘记弗格森对孟德斯鸠的评论，那么它必然会提醒我们注意英国与商业之间的辩证关系。

弗格森也像孟德斯鸠一样，充分认识到商业对于欧洲近代史的积极意义，认为它在某种程度上促成了英国的政治智慧与政治自由：

> 我们发现，除一些个别情况外，商业和政治技艺一起进步。在现代欧洲，这些技艺彼此缠绕，以致我们不能决定何者在时间序列上占先。或者，它们彼此作用与反作用，这些技艺也从这种相互影响中获得了最大的利益。我们注意到，借助

① 波考克：《马基雅维里时刻：佛罗伦萨政治思想和大西洋共和主义传统》，冯克利等译，译林出版社2013年版，第518页。

> 旨在保障收益安全的商业精神，有些民族已经率先获得了政治智慧。当一个民族占有财富，并变得极为珍视其财产时，它便已经形成了解放计划。在新近获取的重要地位支持下，它仍然更深入地扩展主张，并对君主运用的特权产生争议。但是，如果我们仍然期待，当今时代对财富的占有会结出据说在上一世纪诞生的果实，那将会空等一场。财富如今大量聚集，它若伴随着节俭与独立之感受，可能令财产拥有者获得对自己力量的信心，并准备摒弃压迫。钱袋若不是向个人花费、虚荣放纵敞开，而是用以支持派系的利益，满足党派更高等的激情，那么，富裕的公民将会令那些假装在进行统治的人感到敬畏。但是，在腐败时期，同等或更大的财富并不会产生相同的效果。①

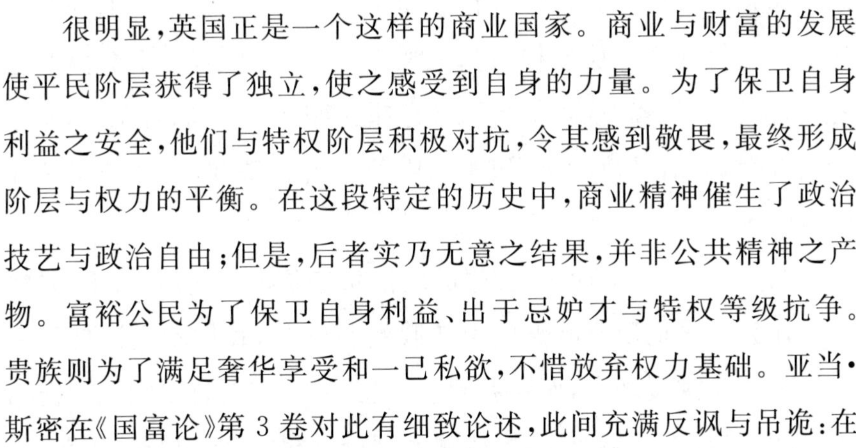

很明显，英国正是一个这样的商业国家。商业与财富的发展使平民阶层获得了独立，使之感受到自身的力量。为了保卫自身利益之安全，他们与特权阶层积极对抗，令其感到敬畏，最终形成阶层与权力的平衡。在这段特定的历史中，商业精神催生了政治技艺与政治自由；但是，后者实乃无意之结果，并非公共精神之产物。富裕公民为了保卫自身利益、出于忌妒才与特权等级抗争。贵族则为了满足奢华享受和一己私欲，不惜放弃权力基础。亚当·斯密在《国富论》第 3 卷对此有细致论述，此间充满反讽与吊诡：在

① Adam Ferguson, *An Essay on the History of Civil Society*, Cambridge: Cambridge University Press, 1995, p.247.

“无形之手”的作用下，贵族（地主）的愚、商人的贪合力塑造了政治自由。这种政治技艺更像是出于偶然的平衡，是一种历史的“狡黠”罢了。当然，这偶然造就的平衡也是平衡，其中并非毫无理性与法则可言。可是，我们若不去思索“无形之手”背后的理性，获得对权力平衡、政治自由的理解与自我意识，一味地将共和国托付于商业技艺，那么统治阶层的愚蠢和商人之贪婪将会把国家推向何方？其结果自是不言而喻。弗格森因此才要告诫国人：“如果我们仍然期待，当今时代对财富的占有会结出据说在上一世纪诞生的果实，那将会空等一场。”

通过对“文明社会”之自然史，以及欧洲政治史的反思，弗格森认识到：18 世纪欧洲以及英国的政治制度是历经漫长演化的结果，也是阶层与权力分化以及彼此制衡的结果。他从此“对抗下的平衡”中体认到政治技艺的核心要素，以及政治体生命与活力的基础性原则。“对抗下的平衡”在本质上是一种“联合之内的冲突与战争”：任何独立阶层或权力都无法完全压制他者，也不能离开他者，从而彼此依赖、彼此制约；政治体既能因此维持联合统一，不会走向分裂，又能维持诸阶层、派系内部的公共精神，以及国家整体的自由精神。

当然，对弗格森而言，理想的政治状态是由多重“对抗平衡”构成的体系。当他谈及欧洲国家的政治制度时，我们不应该把每一个国家彼此割裂开来，而应看到它们相互间的“对抗平衡”。甚至，国家间的“对抗平衡”是国内诸派系、阶层、权力间“对抗平衡”之前提。在国家拥有难以制服又不可征服的外部敌人时，民族仇恨能使公民同仇敌忾，激发政治体之活力、团结；“赋予心灵最富活力的行为和最伟大的胜利”；使公民超越对自我利益之关切，彻底成为高贵的政治人，获得“无我”的共和德性。因此，在希腊世界“最辉煌幸福的时期”，城邦同盟之间彼此分裂对抗，其间贤人辈出，斯巴达与雅典各领风骚，成为政治立法典范；18世纪欧洲列强间的权力均势（balance of power）亦创造出“幸福的政策体系”（the happy system of policy）。

实际上，在国家与世界之外，“对抗平衡”还有一更深刻的层面，即诸人性倾向之间的对立平衡。弗格森批判社会契约论者的自然状态假说，拒绝将人性简化为单一的“自私”或“同情”原则。在他看来，自然与历史具有内在统一性，文明社会即为人类的自然状态。因此，社会中展现的贪婪、友爱、战争皆为人性倾向之体现。人性表现为具有内在紧张的社会性。弗格森归纳出三大人性原则：自我保存、结伴或联合、战争与冲突。人类因自我保存而发展出财产以及商业贸易，塑造了经济世界。人生而具有一种结伴联合的热望，并因而超越自我利益，从中产生勇毅的品格、对祖国的忠诚、对亲人与朋友的爱，以及社会内最紧密的团结。战争与对敌人的仇恨也能激发人心灵中的火焰，不顾一己私利，甚至牺牲性命，投身于国家民族的召唤。然而，“战争与冲突原则”表现为部落、派系、民族之间的斗争，既构成对联合的限制，也以社会联合为前提。联合与战争的原则是一种极为本真的类宗教性情感。它们两者都能令人超越自我，造就公共精神，与“自保”原则对抗。

人的积极生活与幸福有赖于三者的内在平衡，神意与人性目的也在此平衡中得到展现：

正是在这里,他发现他的箭矢飞得比苍鹰更为迅捷,他的武器比雄狮的爪、野猪的牙伤害得更深。是什么激发了他的勇气,使其心灵充溢着一种信心,而这信心却超越了自然力量的赋予呢?这不单是他对近处支持的感知,亦非其部族意见中对身份地位的热爱。憎恨或依恋的强烈情感是他对胸中活力最早的运用。受到这些情感的影响,除了他的目标,他就忘记了所有其他的考虑。危险和困难只会在他身上激发出更多憎恨或依恋。①

可以说,这三重"对抗平衡"由内而外、彼此衔接、互相影响——政治技艺与智慧就在于维持三重"对抗平衡"(个人、民族与世界),培育德性、积极生活与"幸福的政策体系"。相反,如果不能理解"平衡中的对抗"对于德性、风尚、民族活力之意义,试图消灭或放弃其中的一个或多个维度,民族将走向腐败、怠惰,陷入专制、奴役,最终走向衰亡。所以,当雅典与斯巴达联合起来试图称霸希腊世界的时候,它们就"为彼此准备好羁轭"。当罗马过度追求财富、疆域和人口的时候,它便在征服中走向专制和奴役。英国因商业与贸易称雄,获得政治自由与邻邦的敬畏;但是,成就其力量与荣耀的原因均不在商业,而在其公共精神,在君主、贵族与平民之间的制衡,在其对邻国的警觉。倘若政治家与国民为财富和虚荣所遮蔽,放弃武德,一味追逐贸易与利益,共和国将走向何方?

① Adam Ferguson, *An Essay on the History of Civil Society*, Cambridge: Cambridge University Press, 1995, p.23.

> 一个国家在寻求黄金和贵金属当中忽视了财富的内在源泉，变得因生活必需品而依赖邻国；另一个则意图改良其内在资源，增加其商业……我们原本要让诸民族像商人公司一样，只考虑资产的增长，在会议中共同审议损益得失，也要像它们那样将其保护托付给它们自己没有的力量。[①]

四

弗格森每每提及罗马，都会令读者想到王道盛世下的英国。罗马在不断的开疆拓土中走向腐败和灭亡，经历了命运的反转，也为英国提供了镜鉴。世人仰慕罗马帝国，视之为民族伟大、辉煌的模型，但其伟大"却有害于人类的德性与幸福"[②]。财富与商业扩张就像罗马的疆土征服，国家倘若沉湎于此，将产生有害的虚荣与败坏。商业繁荣不等于政治活力，商业共和国之命运所系不在商业而在共和，不在经济而在政治。

英国与欧洲历经漫长的历史，方才获得可贵的繁荣、平衡与自由。在此关键时刻，对历史的反思变得尤为重要。我们既要破除政治意见中的种种迷障、虚荣，也要洞晓民族幸福的真实基础：

> 在民族繁荣的情形中，因为商业技艺的结果，诸多环境都

---

① Adam Ferguson, *An Essay on the History of Civil Society*, Cambridge: Cambridge University Press, 1995, p.140.

② Ibid., p.60.

> 会导致专制主义的建立。虽然诸民族具有如此明确的目标，但在这些环境之中，没有一种环境抵达这一终点，即民族疆域的永恒扩张。在每个国家，成员的自由依赖于内在各部分间的平衡与协调。在人类中间，任何此类自由的存在都依赖于诸民族的平衡。在征服的进程中，臣服者声称失去了他们的自由。但是，人类历史已经表明，征服或被征服实际上具有相同的结果。①

“的确，人的制度很可能有其终点与起点；但是它们的延续并不固定在任何有限的时期。如果不是因为成员的邪恶，没有一个民族会遭受内在的衰朽。”②我们不能将民族托付给商业与命运的想象，而应交付给国民之德性。

康子兴

① Adam Ferguson, *An Essay on the History of Civil Society*, Cambridge: Cambridge University Press, 1995, p.257.

② Ibid., p.264.

目　　录

第一部分　人性的普遍特征

第一节　与自然状态相关的问题 …… 3

第二节　自我保存的原则 …… 13

第三节　论人类联合的原则 …… 19

第四节　论战争和冲突的原则 …… 24

第五节　论智力 …… 30

第六节　论道德情感 …… 37

第七节　论幸福 …… 47

第八节　论幸福(续) …… 56

第九节　论民族的幸福 …… 67

第十节　论民族的幸福(续) …… 73

第二部分　论粗野民族的历史

第一节　从古代流传下来的关于这个主题的信息 …… 87

第二节　论财产权建立以前的粗野民族 …… 95

第三节　打上财产和利益印记的粗野民族 …… 111

第三部分　政策与艺术的历史

第一节　论气候与环境的影响………………………… 127
第二节　臣属的历史………………………………………… 141
第三节　论总体的民族目标,兼论与之相关的建制与风俗…… 156
第四节　论人口与财富……………………………………… 159
第五节　论民族防御与征服………………………………… 169
第六节　论政治自由………………………………………… 178
第七节　论技艺的历史……………………………………… 193
第八节　论文学史…………………………………………… 197

第四部分　源自文治与商业技艺进步的结果

第一节　论技艺与职业的分化……………………………… 209
第二节　因技艺和职业分化而产生的臣属………………… 214
第三节　论文雅和商业民族的风俗………………………… 219
第四节　论文雅和商业民族的风俗(续)………………… 225

第五部分　论诸民族的衰落

第一节　论假设的民族显赫地位,以及人类事务的兴衰变迁………………………………………………………… 241
第二节　论民族精神的暂时效果和松弛…………………… 248
第三节　论与文雅民族相伴相生的民族精神之松弛……… 253
第四节　论与文雅民族相伴相生的民族精神之松弛(续)…… 265
第五节　论民族的浪费……………………………………… 273

第六部分　论腐败和政治奴役

第一节　腐败总论…… 279
第二节　论奢侈…… 288
第三节　论与文雅民族有关的腐败…… 294
第四节　论与文雅民族有关的腐败(续)…… 302
第五节　论趋向政治奴役的腐败…… 309
第六节　论专制主义的发展和终结…… 322

第一部分

人性的普遍特征

第一节　与自然状态相关的问题

总体而言，自然产物是逐步形成的。蔬菜从一个柔软的嫩芽生长起来，动物则从婴儿状态成长起来。后者注定要运动，随力量增强来拓展其活动范围：它们在其行为中、在其所获得的能力中展示了一种进步。相比任何其他动物，此进步在人的身上会持续到更大的程度。不仅个人从婴儿长大成人，人类自身也从粗野状态步入文明。因此，人们才假设其本然状态作为人类发展的起点。因此，关于人类在其原初时代究竟是何种样子，我们才有诸多推论和各种意见。诗人、历史学家和道德学者频繁地提起这一古老的时代，将之标记为黄金时代或黑铁时代。它们代表了一种境况、一种生活方式：人类要么从中堕落，要么由此得到巨大发展。就任何一种假设而言，我们最先的自然状态与人们在后续时代所展示出来的情况没有任何相似之处。历史遗迹，甚至最早时期的历史遗迹都显得那么新奇。人类社会最普通的建制都被归类为欺骗、压迫或仓促发明对自然王国的侵犯。通过这些侵犯，我们的主要烦忧与福祉就同等地受到了抑制。

有些作家致力于在人的品格中区分出原初品质，竭力指出自然(nature)与技艺(art)之间的边界。在他们之中，有些人呈现了人类最初的境况，认为他们仅具有动物的感觉，不能运用任何使之高于野兽的能力，没有政治联合，没有任何解释其情感的方式，甚至没有任何适合声音、姿态来加以表达的理解力和情感。其他人则使自然状态由无尽的战争构成，这些战争则由对统治和利益的竞争所激发。在那里，每个人都分别地与他人相争吵，其他人一出现就意味着战斗。

在这个主题上，希冀为一个称心如意的体系奠定基础的欲望，或能够在存在本源(to the very source of existence)洞见自然秘密的美好期待产生了许多毫无结果的探究，引发了许多奇思异想。在人们所具有的各类品质中，我们选取了一种或一些特性来建构一种理论。在一想象的自然状态下，人是何种样态？当我们就此组织论述时，我们便忽视了：在我们观察所及的范围内，以及在历史记录中，他总是呈现出来的样子。

然而，在每一种其他的情形中，博物学家们认为他们的义务是收集事实，而非提供推测。当他对待任何一种特殊的动物时，他假定其当前的倾向和本能与他们原初所具有的一样，他们现今的生活方式只是最初目的的延续。他承认，他关于世界物质体系的知识由事实的集合构成，充其量也是由源自特殊观察和实验的普遍原则(general tenents)构成。只在那些关系到他自己的事物，最重要、最易知道的事物中，他才用假说来替代事实，才会混同想象与理性、诗歌与科学。

但是，无论探究道德还是物理问题，当关系到风俗或知识起源时，我们若不再进一步深入，我们若对能够分析每一种情感的细节毫不轻视，对每一种存在模型追根溯源，我们就可以确切地声称：人类特征(就像现在存在的那样)、这种动物及其思想体系的法则

（人类幸福现在有赖于它们的存在）是值得我们认真研究的；与此相关的普遍原则或其他任何主题只有建基于正确的观察，并产生具有重要结果的知识时才是有用的；或者当我们将自然赋予的思想或物质力量应用于人类生活的伟大目的时，它们只有在能够使我们获得成功的时候才是有用的。

如果从世界每一个角落收集来的最早和最近的论述都表明，人类成群结伴地聚居，个人总是因为自己的感情加入某一个派别，但又可能反对另一个派别；他们总是忙于追忆过去并预见未来；总是倾向于与人交流情感，结识他人：那么这些事实必须被承认为所有我们关于人进行思考的基础。就像他的形体和直立的身姿一样，他对朋友或敌人相混合的倾向，他的理性，他对语言的运用、对声音的清晰表达都被看成其本性的特质。这些特质保留在对他的描述中，就像翅膀和爪子保留在对山鹰和雄狮的描述中，就像不同程度的凶悍、警觉、胆怯或速度在各种动物的自然志中要占有一席之地一样。

如果我们提出问题：没有任何外来的指引，任其所自，人的心灵将会做些什么呢？我们要到人类历史中去寻找答案。那些我们认为在建立其他科学诸原则时有用的特殊经验，很可能在这一学科中不能教给我们任何重要的或新的东西：我们要从他生而适合的条件下的行为，而非任何强迫或不同寻常境况中的表现，去获得每一个能动存在(active being)的历史。所以，一个被困在森林中的野人总是远离他的同类，他只是一个单独的事例，而非任何具有普遍性特征的标本。就像解剖一只从未见过光明的眼睛，或者一只从未感知过声波的耳朵将很可能展示器官自身结构的缺陷，因为它们从未在其正当功能中得到使用。所以，任何这类特殊例证将只能显示：在理解力和情感没有得到应用的地方，它们在何种程度上存在？在一颗与社会相关的情感从未被感知的心里，其缺陷和愚笨何在？

我们应该从群体中去了解人类，因为他们总是生活在群体之中。个人的历史只不过是他在人类视野中获得的情感和思想细节：每一个与此主题相关的实验都与整个社会相关，而非单与一个人相关。然而，我们来做一个实验，让我们假设：将育儿所移植到一个幼儿殖民地，让他们与社会分离，不予教育和规训。所有理由都会让我们相信，我们将只能重复得到同样的东西——它们已经在地球上众多不同的地方出现过了。这些小社会的成员将会进食、睡眠，在一起活动和玩耍，他们将有一种自己的语言，他们将争吵和分裂，成为最重要的彼此喜欢的对象；在其友爱和竞争的激情里，他们将忽视人身的危险，延缓对自我保存的关心。人类难道不是像我们所说的殖民地一样被培植起来的吗？谁指导着他们的进程？他们听从了谁的教导？或者说，他们追随了谁的榜样？

所以，我们可以假设，自然赋予了每一种动物自己的存在模式、性情和生活方式，她对人类也同样如此。博物学家将会搜集人类的特性，现在也会尽可能好地写出每一篇文章，就像他在此前的年代所做的那样。然而，在其关于自然的论述中，使人得以区分出来的一个特征有时候被忽视，或被用来误导我们的思想。在其他的动物群体中，个体从婴幼期逐渐长大或成熟；在其一生的界限内，它获得了其本性所能达到的所有完满性。但是，在人身上，人类却有着像个体一样的进展；在每一个后续时代，他们都建立在此前奠定的基础之上；并且，在年岁的延续中，他们倾向于完善对其能力的运用，这需要长期经验的帮助，许多世代必须将他们的努力结合在一起。我们观察到他们所获得的发展，我们逐一列举它的阶段，我们能够将它们追溯至没有文字记录也未留下任何遗迹的远古时代，去获知这场精彩戏剧的开场。结果是：我们并不关心由最真实的权威担保的具体的人类特征，而是努力穿越许多时代和不为人知的场景来追溯它们；我们并不假设我们故事的开端是一个近乎连续的篇章，我们认为自己有权拒绝当今处境和框架的所有环境，认为它们是偶然的而且异于我们的天性。人类的进步始于一个假设的动物性情感状态，发展到获得理性、使用语言、获得社会习惯。它由想象力得到描绘，其步骤用大胆的创造来加以标记，这使我们倾向于承认历史材料中通过想象呈现的诸多结果，或许也使我们倾向于接受：作为我们在原初状态下的自然模型，某些动物的外形与我们极为相似。①

马这个物种可能从来就跟狮子不一样。如果我们把这当成一个发现，那将是荒谬的。然而，与那些著名作家的论述相反，我们必须注意到，人在动物中显得别具一格且卓尔不群。无论是类似的器官、相似的形体，还是手的使用②，以及与这个至尊艺术家的持续交往都不能让其他任何物种将其天性或发明与人的天性或发明融合在一起。在其最粗野的状态中，他也被认为高于其他物种；当他陷入最大的堕落时，也不会下降到与其他物种相同的水平。

① 卢梭，《论人类不平等的起源和基础》。

② *Traité de l'espri* .

简而言之，他在任何境况下都是一个人。拿他与其他动物进行类比，我们不能获得对其天性的任何了解。如果我们想要了解他，我们就必须关注他自己、他的生活过程及行为方式。对人类而言，社会显得跟个人一样古老，对舌头的使用也和对手脚的使用一样普遍。如果曾有一段时期，他需要去熟悉他所属的这个物种，去获得其才能，那我们对这个时期没有任何记录，我们的意见也无助于与之相关的任何目的，并得不到任何证据支持。

幻想令人乐于创造，而非仅仅保存呈现在它面前的形式。我们经常被幻想诱惑着进入这些无知或推测的无边疆域：我们容易受诡计愚弄，诡计承诺弥补我们知识的每一处缺陷，并且通过填补自然故事的空白，假装使我们的理解更接近于存在的源头。当取信于观察，我们则倾向于假设，秘密将很快被揭示，被冠名为自然智慧的事物将用来指涉自然力量（physical powers）的运用。诸自然力量连续地得到运用，并与一个有益的目的相结合。我们忘记了：这些自然力量构成了那些我们可从中推测上帝存在之设计的证据；我们一旦承认这一真理，我们就不再寻求现实存在的起源；我们只能收集由造物主建立的法律；在最近和最早的发现中，我们只认识到了处于未知事物之前的创造模式或者神意。

当我们谈论技艺时，将其与自然相区别；但对人而言，技艺本身便是自然的。人在某种程度上是自身结构及命运的作者，并且从其存在的最初时代就注定要发明和创造。他把相同的天赋应用于不同的目的，在不同的剧目中扮演着几乎相同的角色。他将总是改善自己，无论他去往何处，穿过人口拥挤的城市街道，还是在森林的荒野，他都将坚持这个想法。他显得同等地适合每一个处境，却也因此不能在任何环境中安顿下来。他顽固又无常，从不满足于新奇。他永远都在忙于改革，又不断地陷入错误之中。如果他栖息在洞穴里，他将会把它修葺改造成一个木屋；如果他已经建造了一个木屋，他又会将之扩建到更大规模。但是，他并不想做出迅速、仓促的转变，他的步伐是进步且缓慢的；他的力量就像一泓清泉，静默地反抗着每一个阻力。有时候，原因尚未察觉，效果就已经出现。他利用所有谋划的才能，在计划做好之前，工作就已经完成了。看起来，要阻止或加快他的步伐似乎同等困难。如果谋划者抱怨他拖拖拉拉，道德学家则认为他并不稳定。无论他的运动迅速还是迟缓，人类事务的剧目都永远在他的掌握中变化：其特征就像一条流动的河流，而非一汪沉寂的池水。我们可以期待将他对改善的热爱引向合适的目标，我们可以盼望他的行为稳定，但是如果我们想要人类终结劳动或是盼望看到他们歇息的一幕，我们就误解了人性。

在任何情况下，人们的职业道出了他们的自由选择、多样观点，以及推动他们的多重欲求：但是他们敏感地享受或冷静地忍受着，在任何情况下几乎完全一样。他们占据着里海或大西洋海岸，虽然时间长短不一，但却同样舒适。一方面，他们固定在土地上，似乎是专门为定居和城市生活而形成的。他们赋予一个民族及其领土同样的名字。另一方面，他们只不过是世上匆匆而过的动物，准备在地球表面带着兽群流浪，寻找新的原野和宜人的季节，在一年里追随着太阳。

人类能够同等地在洞穴、木屋和宫殿中找到他们的栖居地，也能够同等地在树林、牧场和农田中找到他们的给养。他确定了头衔、车马和服饰的区别；他设计了政府的规制系统，以及法律的复杂体。或者，他们在森林中赤裸身体，除了四肢力量和头脑的精明外，没有任何体现其优越性的象征；除了选择，他们没有任何行为的规范；除了感情、对同伴的爱和对安全的欲望，他们与同伴之间没有任何其他纽带。他们能够运用种类繁多的伟大艺术，但却不能依赖特定的一种来保存其自身。无论他有多么灵巧，他似乎都享受适于其本性的便捷，并找到命中注定的处境。在奥隆诺科河岸上[①]，美洲人选择爬到树上静养，并把它当作家人的栖居之所。对他来说，那棵树就是一处便捷的居所。沙发、拱形的圆顶和柱廊都不能更有效地使本地居民感到满意。

所以，如果我们要问：自然状态何处可寻？我们就可以回答说：就在这里，无论我们是在大不列颠岛、好望角，还是麦哲伦海峡讲这话都没有关系。尽管这个能动存在总是不断地运用其天赋才能，影响身边的物体，但所有情况都同等自然。如果有人告诉我们说，邪恶至少是对自然的悖反，那么我们可以回答说，还要更加糟糕，它们是愚蠢和悲惨。但是如果自然恰与技艺相对，那么在何种人类处境中，技艺之足印不为人知？在野蛮人和公民的境况下都有许多人类发明的证据；每一个都不是永恒的驿站，而只是人类旅途上注定要经过的一个阶段而已。如果宫殿是不自然的，木屋也同样如此，政治和道德理解最完善的状况也是如此，它们并不会比最初的情感和理智更多地具有人为色彩。

如果我们承认，人类乐于进取，在自身中具有一种进步原则和

---

① 拉菲托，《野蛮人的道德》。

自我完善的欲望，那么，我们说他在开始前进时放弃了自然状态就并不合适。或者，说他找到了一个并非为他准备的状态也不合适。就像其他动物一样，他只不过遵从了天然倾向，并运用那些自然赋予的力量。

人类发明最近的努力不过是在世界最早的时代，人类最粗野阶段所采用的某种手段的延续。野蛮人在森林中规划、观察到的是那些更为先进的民族从建造木屋到建造宫殿的步伐，是引导人类心灵从情感认知到普遍科学结论的步伐。

在每一种境况中，承认缺陷都是一个不讨人喜欢的事情。无知和愚蠢是令人轻视的对象：洞察力和行为产生卓越和尊敬。他的感情、对这些主题的理解力应该将他导向何方呢？无疑是进步，野蛮人和哲学家都参与其中的进步。他们在那里进展相异，但终点却完全相同。令人景仰的西塞罗热爱文学、修辞以及政治成就(civil accomplishments)，但这并不会比一个塞西亚人在其理解力所能达到的范围内对类似人类禀赋的热爱更加真实。一个鞑靼君主[①]说："如果我有什么值得自吹的话，那就是我从神那里获得的智慧。一方面，在战争事务、调遣军队(无论骑兵还是步兵)、指挥或大或小军团的移动时，我并不输于任何人。另一方面，我还有写作的才华，或许仅仅次于那些居住在波斯或印度大城市的人们。至于那些我所不了解的民族，我不做评论。"

人们可能会弄错他所追求的目标，可能误用自己的勤劳，也可

① 阿布尔盖茨·巴哈迪·尚，《鞑靼史》。

能把提高了的才能用错了地方。如果意识到了这些可能的错误，他还能找到评价自己进程的标准，并达到依其本性的最好状态，也许他就不能在任何个人或民族行为中找到；甚至也不能在大多数人的意识或此类压倒性意见中找到。他必须在最好的理性概念和最好的心灵运动中去寻找，他必须发现最完美者为何，其能力范围内的幸福为何。在其细致观察下，他将发现：在此含义中，他那个合适的自然状态并非人类永远摆脱掉的状态，而是他们现在努力达到的状态；不会先于其能力的运用，而是正确运用其官能所获得的状态。

在所有那些我们用来处理人类事务的术语中，自然和不自然就其含义而言最不具有确定性。与装模作样、怪癖，或任何其他的品格缺陷相反，自然是用来表示赞美的词语；但它被用来描述一种源自人性的行为，则不再能对任何事物加以区分：因为所有的人类行为都同等地是其本性的结果。这个词语至多只能指涉一般和普遍的人类情感与行为。就这一主题所做出的非常重要的探究，其目的可以通过使用同样熟悉但更为准确的语言来表达。什么是正义的或不正义的？在人类的行为方式中，什么是幸福或不幸？在各种情形中，什么有利于或不利于他们温和的品质？什么问题我们可以期待一个满意的答案：无论最初的人类状态是什么样子，与我们假设祖先曾经离开的境况相比，更为重要的是知道我们自己应该努力追求的条件。

第二节　自我保存的原则

如果在人类本性中存在某些品质，我们凭借它们就能与其他动物相区别，那么人类自身在不同的气候和年代中便极为不同。倘若我们能够就道德或物理原则论述这种多样性，我们就执行了一个能引发极大好奇心或具有显著用途的任务。然而，在我们凝视其多样性之前，或言之，某些倾向与能力在一定程度上为全人类共有，但对其占有或运用并不平等，在我们试图解释由此种不平等构成的差异之前，我们似乎有必要关注我们普遍拥有的自然品质。

就像其他动物一样，人具有某些直觉性的倾向，它们先于对苦乐的感知，先于有用或有害的经验。这些本能倾向致使他发挥许多与他自己和同伴相关的自然功能。他具有一系列倾向与其生命保存、种族延续相关，另一系列则与社会相关，通过加入某一部族或共同体，他也参与战争以及与其他人类的竞赛。他的辨识力，或理性运用之下的智能有别于其他动物的类似天赋。其辨识力与智能涉及四周的目标，要么将其仅当作知识的主体，要么当作赞赏或指责的对象。他不仅要求认知，还可能崇敬或谴责某些事物。作为他为了区分对错所主要关注的对象，这些心灵过程与他自己和同伴的品格之间有一种主要关联。他享受自己在某些固定和确切条件下的幸福。无论作为单独个体，还是公民社会成员，为了收获其天赋的优势，他都必须采取一种特殊的过程。此外，他很容易受到习惯的影响，并能通过自制或练习来削弱、加强其天赋和倾向，甚至使之多样化。他的天赋才能与倾向似乎在很大程度上是其在自然中所处等级的仲裁者，也是所有在真实人类历史中显示出来的多样性的作者。与此同时，当我们对待历史的任何部分时，我们现在所指的普遍特征就构成了我们关心的首要主题；我们不仅要把它们列举出来，还要对其加以特别考虑。

当与个人自保相关的倾向以本能欲望的方式持续运作时，它们在人和其他动物身上几乎相同：但是，它们早晚都要与反思和远见结合在一起；他们产生了关于财产的理解，使他们熟悉那些他们所关心的被称为利益的对象。人类没有那些教会河狸、松鼠、蚂蚁和蜜蜂为越冬进行储备的本能，他最初没有远见，如果身边没有任何立刻让他感兴趣的东西，他便溺于怠惰。但随着时间的流逝，他成了动物中的储藏大师。在一堆他可能永远也不会启用的财富中，他发现了一种最受关注、最为钦慕的东西。他理解了在他个人和他的财产之间存在一种联系，这使他的财产以某种方式成为他自己的一部分，成为其等级、条件及其品格的构成部分，在那里，离开了任何真实的享受，他可能是幸运或是不幸的。没有任何个人功劳，他也可能受人瞩目或被忽视。在那里，即使他安然无恙，每一种自然需要都得到彻底满足，他也可能受到伤害。

尽管其他的激情只是偶尔起作用，但明白了上述一切之后，那些对这种关系感兴趣的人找到了他们通常所关注的对象、践行医药和商业技艺的动力、践踏正义法律的诱惑，以及，当极端腐败的时候，他还将找到出卖灵魂的价格，以及关于善恶诸意见的标准。

如果没有受到文明社会法律的制约，受此影响，他们将诉诸暴力，行事卑鄙，这又反过来显示了人类比地球上的其他动物更加可怕、可憎，更为邪恶，也更可鄙。

尽管对利益的考虑以动物性需要和欲望经验为基础，但其目标不是满足任何特殊欲求，而是确保满足所有欲求的方式是安全的。利益经常给每一种相关欲望（产生利益的那些欲望）都施加限制，它们比宗教和义务的限制更加强大、严厉。它源自人性框架中的自我保存诸原则；但这是一种腐败，或者至少也是那些原则的一种偏颇结果。在许多论述中，它被很不恰当地称为自爱。

爱是使心灵的关注超越自身的情感，具有一种温柔的品质，这不可能与利益的考虑相伴。这种情感是一种自我满足以及对其目标的持续满意。离开任何外部事件，它在失望与伤痛之中也有快乐和胜利，行事不考虑同伴的人则不会知道此中的愉悦。每当条件改变的时候，它仍然完全不同于我们在个人成功或是挫败中所感受到的那些情感。但是，由于个人对自己和他人利益的关注可能具有相似的效果，只不过一种是对自己财富产生的影响，而另一种则是对其朋友的财产，我们就混淆了他据以行动的原则。我们假设它们在种类上是一样的，只不过指向了不同的目标。因此，我们不仅误用了爱的名字，使之与自我连在一起，而且在使我们的天性趋向于堕落的行为方式中，我们便把这种假设的自私情感之目标限定为：保卫或积聚构成利益的因素，或那些满足动物性生活的手段。

尽管就学习、才智而言，人对心灵品质评价很高，但就勇敢、大度和荣誉而言，这些人仍被认为具有最高程度的自私，或最大限度

的自我关注。他们最关心动物性生活，却最不在意令那种生活成为值得关心的对象。然而，我们却难以说明，为什么在每个人的感觉中，好的理解、坚毅大度的心灵不应该像肠胃、嘴唇一样被认为是他自身的部分，而且比财产和服装更为重要。一个咨询医生如何才能恢复食欲，以及通过创造欲望来增加享受方式的饕客至少也应该同等地关心自己，咨询怎样才能强化对父母和孩子、对国家和人类的情感。有可能，此类欲望将被证明是享受之源，且不逊色于前者。

尽管如此，借用我们假设的自私原则，从我们关心的诸多目标中，我们排除了许多更为幸福、更令人尊敬的人性品质。我们认为情感和勇气只不过是愚蠢的行为，让我们忽视或暴露自己；我们认为智慧就在于为自己的利益考虑，而不需要考虑利益的含义。我们希望把它当作人类行为唯一理性的动力。甚至还有一种哲学体系建立在此类信条之上。人们根据自私原则会做什么？这就是我们的观点。我们认为它必定具有一种危害德性的趋势。但这一体系的错误却少在其总体原则，而多在其特殊应用；少在其教人关心他们自己，多在其教人忘掉最为幸福的情感、公平率直、思想独立实际上是自身的一部分。这种假设的自私哲学让自爱成为人类的主导情感，其反对者们有理由发现，这种哲学的错误较少在于它对人性的总体呈现，更多在于将一种语言创新强加于科学发现之上。

当粗俗之人谈及他们的不同动机时，他们只是满足于普通的名字，指涉已知的和明显的区别。术语“仁慈”和“自私”就是这一类，它们表达了对他人福祉的欲望，或对自己财富的关心。善于思考的人并不会总是满足于这种做法，他们将会分析并列举自然的原则；很可能，由于只是获得一些新面貌，看不到真正的优势，他们将干扰俗常理解的秩序。在我们当前的处境中，他们的确发现，所谓的仁慈不过是自爱的一种；如果可能，它将促使我们向外寻找新的词语，从而区分父母照看孩子时的自私和他只关心自己时的自私。根据这种哲学，因为在两种情况下他都只是为了满足自己的欲望，那么他就是同等的自私。但是，与此同时，仁慈并非用以描述那些对自身福祉毫无欲望的人，而是描述那些在自身欲望的促使下，为他人谋福利的人。事实就是，为了使人的推理仍如以前那般运行，我们应该只需提供一套新的语言，而非因这似是而非的发现我们原本应该丢弃掉的语言。但是，如果不用不同的名称将仁爱与残忍、仁慈与自私区分开，我们当然不可能与人一起生活和行动。

这些术语在每一种语言中都有其对等词，它们是那些谈不上有什么涵养的人创造的。他们只是想要表达他们所清楚认识到并强烈感受到的东西。如果一个善于思考的人可以在他自己的意义上证明人是自私的，但这并不意味着我们在普通人的意义上也是如此。或者，普通人将会如此理解他的结论：每当我们在利益、贪婪、胆怯和懦弱的驱使下行动时，我们就要受到谴责，因为它们在人的品格中引入了自私。

任何种类的情感或激情有时给我们一种对其目标的兴趣；而人也关心人类自身的福祉。利益通常用来指代比财富更多的东西，它有时用来描述总体的效用，有时指代幸福。就此而言，在这种模糊性中，我们仍然不能够决定利益是不是人类行为的唯一动力，或者区分好坏的唯一标准，这也就没什么奇怪的了。

我们在这里说了许多，但并不想参与此类争论，而只是想要将利益这个术语的含义限定在其最通常接受的含义上，提醒我们注意，它表达的关怀对象涉及我们的外在处境以及动物性自然之保存。在此意义上，我们并不能确切地认为它包含了所有人类行为的动机。如果人们不允许有无私的仁爱，我们就不能够否认他们有另一种无私的激情。仇恨、义愤和愤怒经常促使他们的行为违反已知的利益，甚至使其生命遭受危险，却没有任何希望在将来升迁或赢利中得到补偿。

第三节　论人类联合的原则

人们总是成群结队地四处漂泊或安土重迁，彼此同意或相互争论。无论把人们聚拢在一起的原因是什么，那都是他们结伴或联合的原则。

在收集历史材料时，我们往往不愿意把我们的对象仅仅当作我们发现的样子来加以对待。我们不想让众多明显不一致的特殊事例使我们感到矛盾。在理论上，我们信奉普遍原则的研究。为了把我们研究的事物带到我们的理解力范围内，我们准备接受任何体系。所以，在对待人类事务时，我们将从联合原则或纠纷原则中得出每一种结果。自然状态是一个战争状态或友好状态。为了与不同作家的体系相适应，人们要么因为爱的原则，要么因为恐惧的原则联合起来。人类的历史足以表明，他们是彼此恐惧和爱恋的对象。他们被证明要么最初处在一个联盟的状态，要么居于一种战争状态。为了维持他们的论断，这些作家们争执不休。我们对某一个分支，或某一个派别的依附似乎经常从对另一派的仇恨中获得许多力量：反过来，这种仇恨经常源自我们对所拥护的那一方的热情，以及证明我方权利的欲望。

孟德斯鸠说，“人生于社会，存在于社会”。我们知道，社会使之逗留其中的魅力具有多个层次。我们可以断定，父母亲情不会

像野兽一样抛弃成年子女，反而会将其拥抱得更加紧密，因为亲情中还混合了尊敬，以及对早年亲情效果的记忆。此外，人类及其他动物共有合群的倾向，他们会不加反思地跟从群体。我们不知道在其运转的首要时刻这种倾向是什么；但是，与惯于共处的人在一起，其享受和失望能够在人类生活的主要快乐或痛苦中得到认识。悲伤和忧郁与孤独联系在一起；快乐和愉悦跟人们的共处相连。拉普兰人在白雪皑皑的海滨留下的足迹会让孤独的水手感到愉悦；对他做出诚挚与友好的无声标记将唤醒他在社会中所感受到的快乐记忆。总而言之，在描绘了这样一种无声的情景之后，那个北方航程的作家说道："我们极为高兴地与人交谈，我们已有 13 个月没见过一个人了。"[①]但是，我们不需要遥远的观察来证实这种状态：孤身一人的时候，婴儿哭叫不息，成年人也倍感倦怠；当同伴归来，一方生动的快乐、另一方的振奋充分证明了它在我们人性结构中的坚实基础。

在论述行为的时候，我们经常忘记我们自己的行动；我们认为人的行为动机是其在离群索居和冷静沉思时的考虑，而非见到目标时刺激心灵的情感。在这种情绪里，除了利益审慎的前景，我们看不到什么重要的东西。在我们的理解中，伟大作品（如塑造社会）必定因深思熟虑而产生，并且考虑人类从商业和相互支持中得来的好处就要继续执行下去。但是，无论是动物共有的习性，还是在那里感到的利益感都没有包含人类借以联合起来的原则。当人们在一起经营了财富事业之后，他们对朋友、部族便具有了一种坚

① 《荷兰航海故事集》。

毅的热情。与之相比，上述那些纽带甚至非常虚弱。彼此发现对方的大度，彼此融合的坚毅使友谊的热情加倍热烈，并在胸中燃起任何对个人利益和安全的考虑都无法扑灭的火焰。当我们在胜利或遭受痛苦的状态中注视着激起温柔情感的对象，我们就会看到快乐最生动的传递，听到绝望最大声的尖叫。一个印第安人意外地在胡安·费尔南德斯岛上重新发现了他的朋友：他拜倒在地，跪在他的脚边。“我们默默无言地看着这一幅温暖动人的情景。”丹皮尔说。如果我们知道美洲野人的宗教，他心中的情感就最近似于信仰的奉献：这并非他对巫师的恐惧，亦非他对源自空气和树木精灵的希望；这是他选择和拥抱朋友的炙热情感。有了这种情感，在每一个危险的季节他都坚持与朋友在一起；当危险使之感到惊奇时，他便自遥远处召唤他的精灵。[①] 有些人在最简单的境况中生活，他们还没有学会假装出没有真正感觉到的情感。关于人在熟悉和邻近场景中的社会倾向，无论我们拥有什么证据，如果我们能够从这些人的境况中获得观察，那么，它们很可能颇为重要。

单纯的熟悉和习俗使情感变得活跃，社会经验将每一种心灵情感都带向这一方。胜利与繁荣、平静与悲痛产生了诸多情感的力量，他们只有在与同伴共处时才能占有一席之地。正是在这里，一个人忘记了自己的弱点、对安全的关心以及生存，并根据那些使之发现其力量的情感来行动。正是在这里，他发现他的箭矢飞得比苍鹰更为迅捷，他的武器比雄狮的爪、野猪的牙伤害得更深。是什么激发了他的勇气，使其心灵充溢着一种信心，而这信心却超越

① 夏勒瓦，《加拿大史》。

了自然力量的赋予呢？这不单是他对近处支持的感知，亦非其部族意见中对身份地位的热爱。憎恨或依恋的强烈情感是他对胸中活力最早的运用。受到这些情感的影响，除了他的目标，他就忘记了所有其他的考虑。危险和困难只会在他身上激发出更多憎恨或依恋。

那种境况必然有利于每一种存在的天性，他的力量在其中得到了增长。如果勇气是社会给人的礼物，我们就有理由认为他与其种群的联合是其命运中最高贵的部分。从这一源泉中不仅产生了力量，还有快乐情感的存在；不仅有更好的部分，还几乎有全部理性品格。将他孤身一人送往荒漠，他就是一棵被连根拔起的植物：虽然能保留其形状，但每一种能力都遭到弃绝、枯萎凋零；人的身躯和人的品格也将不再存在。

人们远非仅依据其外在便利来评价社会。在这些便利最不经常出现的地方，他们通常最紧密地联系在一起，在他们对部族的忠诚以鲜血为代价之处，那里就有最高的忠诚。在遇到最大困难的地方，爱慕之情的运转就具有了最大的力量。在父母胸中，当孩子遇到危险和痛楚时，关爱之情最为浓烈。在一个男人胸中，在朋友遇到错误和伤害时，或当祖国需要其帮助时，他的火焰燃烧得倍加炽烈。简而言之，我们单靠这一条原则就可以论证：当舒适和安全的诱惑可能使他们逃离饥荒和危险，达致一更加富足、安全的状态时，为何对于迁徙不定、缺乏防卫的部落，野蛮人仍怀有一种顽固的依恋？所以，每一个希腊人对其祖国怀有乐观的情感，早期的罗马人也怀有诚挚的爱国心。让我们将这些例子与统治商业国家的精神加以比较。在一个商业国家里，人们在最大程度上体验到个人在保卫国家时获得的利益。的确，正是在这里，人有时被认为是一个超然、孤立的存在：他找到了一个让他与同伴展开竞赛的目标，他因同伴们为其带来的利益与之相处，对待他们好似对待牲畜和土壤。我们假定塑造了社会的强大引擎只倾向于使其成员陷入矛盾冲突，或者在情感纽带破裂后继续交往。

第四节　论战争和冲突的原则

“在人的命运中，有些环境表明他们命中注定会有友好和睦的关系。它们是：彼此之间的相互需要，他们相互的同情和怜悯，他们对相互利益的感知，以及从同伴中产生的愉悦。还有其他环境促使他们走向战争和冲突；他们对同一个目标拥有的崇敬和欲望、相反的要求，以及在竞争过程中相互提供的挑衅。”苏格拉底如是说。

当我们致力于用自然正义原则来解决难题，我们发现：有些事件可以被假设也的确会发生；在这些事件当中，合法的对抗先于任何挑衅或不正义行为发生；在那里，安全和人口数量的保存彼此不一致，在一方开始攻击之前，另一方可以使用其防御权。当我们加入这些事例——这些人类暴露于错误与误解之中的诸多例证——我们就会感到满意：战争并非总是起于伤害意图；甚至最好的人类品质，他们的正直和坚毅都可能在他们的争论中发挥作用。

关于这个主题，我们仍有很多有待观察之处。人类不仅在其境况中找到了分歧和纠纷的根源，他们的心里还具有仇恨的种子，高兴且愉悦地拥抱相互对立的状况。小而简单的部落在其内部社会中具有坚固的联合，它们作为相互独立的国家处于对立状态，经常被最难平息的仇恨激发。在罗马共和国的早先年代，在其公民之中，异邦人和敌人的名字完全一样。在希腊人当中，在那些一个城邦即由一个种族构成、说一种语言的民族当中，野蛮人的名字成了一个不加选择地受人轻视、令人厌恶的术语。甚至在没有宣称任何优越性的地方，对联合的厌恶、频繁的战争或永恒的仇恨均发生在粗野的民族和独立部落之间，我们也发现人类就像倾向于和谐一样倾向于对抗。

晚近的发现带给我们关于人类所处的每一种情境的知识。我们发现他们蔓延覆盖了巨大广阔的大陆，交流在那里是开放的，国家联盟也很容易形成。我们在逼仄的地区也找到了他们，那里被崇山峻岭围绕，被巨川大河包围，或偏居大海的臂弯之中。我们在狭小、遥远的岛群上发现了他们，居民很容易在那里聚集起来，并从联合中获得好处。但在所有的情形中，他们被分化成诸多片区，有名称和社区之别。同胞和国人的名称并非与异族或外邦人所指的对象相对，它们可能会被误用，丧失其含义。论及个人品质，我们喜欢个人；但是我们热爱自己的国家，它是整个人类分化中的一个派别。我们对国家利益的热情是一种偏爱，它代表着我们所维系的一方。

在混杂的人群里，我们有一个选择伙伴的机会就已经足够了。我们疏远那些与我们趣味不相投的人，我们也把栖息地固定在更合我们心意的社会里。我们热衷于追求荣誉。不需要任何实质性的争论主题，我们就使自己相互对立，在名目繁多的派系和政党中进行争吵。憎恶就像爱一样，是持续针对其特定目标所产生的。分离、疏远和对立扩大了并非起于任何冒犯的裂缝。看起来，直到我们将人类降低到家庭的水平，或找到某种外在的考虑来维持他们在众多人口中的联系，他们将永远分裂为众多团体，并形成诸多国家。

意识到共同的危险，受到一个敌人的进攻通常于许多国家有益，能够将其成员更为紧密地团结在一起，阻止其衰落和实际的分裂。而只要存在这些衰落和分裂，公共秩序的混乱就不会终止。这一由外部提供的联合动力不仅对巨大且广袤的国家是必要的，它们的凝聚力因距离和行省名称的区别遭到削弱；甚至对最小国家的狭窄社会也是必要的。罗马自身就是一个由从阿尔巴逃离出来的小党建立的国家；其公民经常面临分裂的危险。如果沃尔西的村镇更彻底地清除了纷争的场景，那么在母国准备好做出这一放弃之前，圣山就可能已经得到一块新的殖民地。她持久地期待感受到贵族与人民之间的争吵，雅努斯的大门经常敞开，以便于提醒居民勿忘他们对国家的义务。

如果社会和个人需要关心他们自己的保存，如果我们理解了两者之中可能产生嫉妒与竞争的利益分裂，我们就不会因为发现从这些源头诞生的敌意而感到奇怪了。但是，如果没有一种不同的愤怒情绪，那么加入利益对立的仇恨就应该维持一定比例来支持主题的价值。科尔本(Kolben)说："霍屯督民族通过偷窃牲畜和妇女来相互侵害；但是除了用一种触怒其邻居的观点将他们带入战争外，我们很少触犯这样的伤害。"然后，这些劫掠不是战争的基础，而是我们已经认识到的敌意的效果。北美民族没有任何牧群需要保养，也没有任何定居的族群需要防御，他们之间也进行着永恒的战争。除了荣誉的观点和继续父辈所维持的战争的欲望，我们找不到其他使之征战的原因。他们并不重视从敌人那掠夺来的物品，获得战利品的武士会将这些战利品随手奉送给他在路上遇到的第一个人。①

但是，为了找到敌意的证据，要在各独立社会的对抗中观察任何并非源自利益对立的愤怒情绪的影响，我们无须跨越大西洋。在地球的这一面，没有任何一部分人性特征能找到更加臭名昭著的例证。当国家敌人被命名的时候，在普通人的心里能激起什么来呢？在同一个帝国或同一片领土内的不同省份、城镇和乡村里存在的偏见源自何处？是什么引起一半的欧洲民族相互对抗？政治家也许会用民族忌妒和审慎的动机来解释其行为，但是人民却有不喜欢和反感的东西，而他们自己也不知道该如何论述。他们互相指责对方背信弃义、不公正，比如霍屯督人从事劫掠。但这只不过是我们已经认识到的仇恨症状，是敌对倾向的语言。对所有其他人懦弱无力的指控，利益相关且谨慎的敌人可以在其敌人身上找到的那些品质由仇恨催生，并且成了厌恶的基础。听听阿尔卑斯山、比利牛斯山、莱茵河或不列颠海峡两侧的农民吐露偏见和民族激情。在他们之中，我们找到了没有政府引导的战争和抗争的材料，它们闪着光，准备点燃火焰，而政治家们则经常倾向于使之熄灭。这股火焰并不会总是占领受其国家理由引导的地方，却也不会在因利益一致产生同盟的地方止熄。一个西班牙农民说，“如果他能预见到与法国的战争，我的父亲将从坟墓中翻身而起”。在君主的争吵中，这位农民及其亡父的尸骨有何获益？

这些观察似在指控我们人类，描绘了一幅并不悦意的人类图

① 夏勒瓦，《加拿大史》。

景。上述事例与我们自天然本性中最温和的品质一致，通常为我们提供了应用伟大能力的场所。它们是激荡在卫国勇士心中的大度和自我牺牲的情感；它们是最为人喜爱的倾向，却成为公然敌视他人的天性。每一种动物在运用其自然才能和力量时会感到高兴：狮子和老虎用脚掌运动；马驹乐于迎风扬起长鬃，忘记了牧草，疾速在原野上奔跑；甚至公牛在以角来武装自己之前、羊在幼弱无邪的时候就有用头相互撞击的倾向，在游戏中即已经预见了它们注定要维持的冲突。人也倾向于对抗，使用天生的力量来反对每一个平等的对手；他热衷于使用其理性、雄辩、勇气，甚至身体的力量来证明这一倾向。他的运动通常是一幅战争的形象：汗与血在游戏中自由抛洒，骨折与死亡也通常被称为闲散、欢庆活动的结局。他并未被造得长生不死，甚至他对娱乐的爱也开启了一条通往坟墓的道路。

没有国家之间的相互竞争和战争行为，文明社会本身很难找到其目的或形式。人类在贸易的时候无须任何正式公约，但没有全民族协调一致的行动，他们就不可能获得安全。公共防御的必要性产生了许多国家部门，人类的智识才能在行使其民族力量时找到了最繁忙的场面。恐吓、威胁，或当我们不能用理性加以说服时坚决抵抗，这些工作赋予蓬勃的心灵最富活力的行为和最伟大的胜利。从未与人争斗过的人对一般人类情感都毫无所知。

的确，个人的争吵通常是恶意、仇恨、愤怒这些不幸和可憎情感的应用。如果让这些激情占据了胸腔，纠纷的场面就成了恐怖的对象。但是，由众人维持的通常对立总是伴随着另一类激情。爱与友谊的情感混杂着仇恨。积极而强壮的人成了社会的护卫者，在他们看来，暴力自身就是对大度和勇气的应用。从国家或党派精神出发，我们击掌赞许那些由于个人的反感无法忍受的东西。我们也承认敌对国家间的竞争，认为我们在诡计和暴力行为中为爱国者和勇士找到了人类德性最卓越的事业。甚至在这里，个人之间的反对也没有分化我们关于人类功劳的判断。阿格西劳斯（Agesilaus）和伊巴密浓达（Epaminondas）、西庇阿（Scipio）和汉尼拔（Hannibal），相对抗的名字总被反复提起，并获得同等赞誉。在一种观点看来，战争本身会带来致命的毁灭，在另一种观点看来则是自由精神的运用。就在那些我们感到懊悔的效果中，战争只不过是另一种瘟热，造物主借此为我们指明退出人类生活的通道。

这些反思可以打开我们观察人类生活的视野，但是它们倾向于使我们与神意行为相协调，而非让我们去改变自己的行为：认识到同伴的福利，我们便努力平复其仇恨，并通过爱的纽带与他们联合起来。在寻找这种温和的意图时，在某些情况中，我们可能希望缓和嫉妒和忌恨的愤怒情感；也希望在私人心胸里注入针对其同伴的公正情感，以及仁慈和正义的倾向。但是，如果期待我们赋予民众联合的情感，却不承认敌对者的敌意，那就是痴人说梦。在任何民族中，如果我们能够立刻清除由外国激起的竞赛，我们将很可能破坏或削弱国内的社会联系，并且为国家事业和德性最繁忙的场景拉上幕布。

第五节 论智力

现在，我们已经列举了诸多倾向。对于这些倾向，许多人已经尝试做出分析。但是，当我们能够确定一种倾向之存在时，科学的一个目的（或许是最重要的一个目的）就得到了支持。与其起源或形成方式相比，我更关心其事实与结果。

相同的观察也可用于其他力量和天赋才能。它们的存在和使用是我们研究的主要目标。亦即，思考与推理是某些官能的运用，但当它们未被使用时，思想和推理的官能是以什么形式保留下来的呢？在不同的人并不平等这一框架中，他们之间的差距是什么？这些都是我们不能解决的问题。唯有它们的使用才发现了它们：当未得到应用之时，具备这些能力的人甚至都不知道它们藏身何处。它们的行为是其本性的一部分，以至于在许多情况下，我们都很少区分这一官能本身与那些因对它频繁使用而获得的习惯。

从事不同职业、在不同场景中活动的人普遍表现得拥有不同的才能，或至少拥有适合不同目的的同一能力的不同形式。各民族和个人特有的天才可能是以这种方式，从它们的命运状态中产生的。合宜的做法是：在我们贸然对他们这方面的功过做出判断，或假装用他们不同的成就来衡量他们可能宣称要获得的敬重等级之前，我们努力找到某种法则，借以判断什么才是令人景仰的人类能力，或在运用他们的能力时，什么才是幸运的。

获得感觉信息也许是最早与理智本性相结合的动物能力。有生命的行为者具有一大技能，它由动物器官的力量和感觉构成。他通过动物器官感受到快乐或痛苦。对他而言，这些快乐或痛苦构成各认知对象间的一大区别。在他听从欲望的指令以前，他就能清晰地区分苦乐。他必须通过别的知觉来仔细检查感觉对象；在他冒险触摸之前，用眼睛加以检查；在满足饥渴的欲望以前，运用每一种观察方式。经验要求的洞察力成了他的心灵能力；有时候，我们也没有区分思想的推论与感觉的认知。

我们周围的对象既具有独立之表象，又彼此关联在一起。当我们对之加以比较，它们就展现出在独立思考时不会出现的情况。它们具有各自的效果，又相互影响。它们在类似的环境中展示出类似的活动，产生一致的结果。它们的活动具有一致性，当我们找到并表达出构成这种一致性的要点时，我们就确定了一条物理法则。许多此类法则，甚至最重要的那些都为粗俗之人所了解，并对最低级别的反思产生影响：但是其他法则隐藏在类似的寻常天赋无力加以清除的混淆之中，因此成为学习和长期观察的对象，以及高级能力的目标。职业人和科学家用洞察力和判断力解开此类难题。在看起来毫无共同点的各类情形里，他们能够找到适用这些情形的普遍法则。在粗鄙之人易于混淆的目标之间，他们也能够发现重大差异。他们具有何等聪明才智就由他们在这两方面获得的成功衡量。

科学的目标是在具有普遍意义的题目下收集众多特例，将纷繁杂多的活动归于它们的共同原则。至少在他积极参与的事务范

围内，以娱乐为业的人，或职业人也在做同样的事情：看起来，勤勉积极之人如此热衷于同一个任务，致力于从观察与经验中发现据以思索其目标的普遍观点，以及能够有效应用于行为细节中的法则。他们并非总是在不同的主题中施展才能。看起来，他们之所以卓尔不凡，主要是因为其评论的深度与多元，或因为其收集评论的意图。

当人们出于欲求和激情继续行动，志在获得外在目标时，他们就很少放弃在细节上对目标的看法，以便在普遍求索之道路上走得长远。他们多么敏捷地理解每一主题下的重要内容，以及他们通过什么方式摆脱每一种艰难处境，他们就据以衡量其能力之大小。我们必须承认，对注定要在困境中行动的人来说，这些是对能力和力量合宜的测试。堆砌辞藻、泛泛而谈有时呈现出富有学识的样子，在生活行为中却没有多少用处。它们由之产生的才能最终不过一场炫耀。在困惑不解的时候，人们会积极施展高等洞察力，上述才能很少与这种洞察力联系在一起。在经历艰难困苦时，人们需要勇毅和精神力量，上述才能更少与这种勇毅和精神力量关联起来。

然而，积极的人拥有诸多能力，与他们关注的诸多主题相符。一类才智应用于外在无生命的自然，它构成一类能力。一类才智应用于社会和人类事务，它就形成了另一类能力。在我们知道通过运用何类能力人们才获得那种声誉以前，在任何意义上，各部分的声誉都不可靠。在赞美人们拥有的最伟大的能力时，我们能说的全部内容就是：他们深刻理解了他们致力于探求的主题。如果我们不能选择理解的目标，不能选择心灵的才能，不能选择内心的情感，以及积极品格的习惯，那么每一个部门、每一个职业原该有自己的伟人。

最受敬重的人宣称，一些称号唯有高等能力才有权获得。的确，从事最微贱职业的人不时忘掉自己，或忘掉其他人，以至于在赞美以各自方式出类拔萃的事物时，他们就僭取了上述每一个称号。在其特定职业中，每一个技工都是一个拥有学徒和谦逊崇拜者的伟人。我们可以宣布是什么令人的能力受到尊敬，天才受到崇拜。或许，与之相比，我们可以更加确切地宣布是什么令人幸福，变得和蔼可亲。按照才能自身的观点，这或许是不可能的。然而，效果将会指出我们进行判断的法则和标准。受人景仰或崇拜就是要在人群中出类拔萃。哪些才能最直接地让人获得那种优势地位呢？它们是那些施加于人、洞悉其观点、阻止其愿望或挫败其设计的才能。高等能力用一种非凡的能量，引导每一个体将要走向何方，并为优柔寡断的人指明实现目的之康庄大道。

这一描述并不适合任何特定技能或职业，它或许暗示了一种能力。人们在特定行业中对这种能力的分别运用只会倾向于压制或削弱这种能力。如果我们将一个集合体打碎，将每个人的观察限定在彼此分割的轨迹中，我们到哪去寻找那些适于在集合体中与人一起行动的才能呢？

人是一个社会成员，是一个朋友或敌人。他要按照同伴的观点行动，在公共生活中塑造其心灵，赋予它所有情感与思想的活动。看起来，这就是他主要的天职和适合其天性的职业。如果他必须劳动才能生存，那么人类的福祉就是其生存的最好目的了，那些使他能够与人一起行动的品质也就是他能获得的最好才能了。

的确，在这里，理智似乎从激情那儿借取了许多。我们能在人类事物中发现一种行为的幸福(felicity of conduct)。在这行为的幸福中，我们难以区分头脑的敏捷与内心的热情和敏感。当两者结合在一起时，它们才构成那种心灵的优越性。在特定的时代和民族中，相比起人们在沉思中，或在机械与自由技艺中获得的进步，这种心灵优越性在人群中出现的频率更能决定其天才的等级、分配殊勋与荣誉的棕榈叶。

当诸民族前后相继从事发现与探究的事业时，最后一个民族总是最有学识。科学体系是逐渐形成的。地球自身也是逐级旋转的，并且当每一时代的历史逝去之时，它也是后继者获得知识的途径。罗马人比希腊人更加博学。在这个意义上，与身负累累盛名、拥有最高成就之人相比，每一个当代欧洲学者都要更有学问。但是，就此而论，他是否比他们更加优越呢？

我们估量一个人，不是看他所知道些什么，而是看他们能够做些什么；是根据他们依照生活目的调整材料的技能，根据他们在追求政策目标中的活力与行为，以及在寻找战争与民族防御措施中的活力与行为。甚至在文学中，他们也是依据其天才的作品来获得评价，而非其知识的范围。在希腊共和国，纯粹的观察领域是极为有限的，积极生活的忙碌场面也显得与研究不相一致。但是，尽管如此，人类心灵在那里积聚了伟大的能力，也在汗水与尘埃中汲取了最好的信息。

现代欧洲人特有的做法是：使人类品质如此依赖我们能够在退隐休憩时学习到、从书籍信息中获得的东西。对古代文学的正当推崇认为，没有它们的协助，人类情感和理智就会从人类社会中消失。对古代文学的崇拜导致我们走进了阴影。在这阴影中，我们努力从想象和思想里获得真实的经验与情感；我们也努力通过僵死语言的语法，借助评论家的渠道来获得思想与演说之美。但是，活跃的社会精神才是它的源泉，我们也只有从一种积极生活的鲜活印象中才能获取思想与演说之美。我们的收获经常局限于每一种科学的因素当中，很少扩大有用的知识所能给予的能力和力量。就像研究欧几里得元素却从不思考测量的数学家一样，我们阅读社会，却从不计划与人一起行动；我们重复着政治学的语言，却感觉不到民族的精神；我们参与军事纪律的制定，却不知道通过战略或力量将众多人口用于实现任何目的。

可以说，我在这里指出了一种无药可救的灾难，但这是为了什么目的呢？如果民族事务需要运用人的天才，人的天才就可能苏醒。但是，如果不去更好地运用天才，投入在学习上的时间就专注于清白无害的事物，成为闲暇的光阴，即便我们不能获得任何其他优势，却也能设定边界，抑制对毁灭性的琐碎娱乐的追求。没有什么是比这更好的理由了。因为这一理由，当我们年幼之时，我们就在棍棒的驱使下，花费许多年岁去努力获取知识，但没有人期待我们走出校门后仍需保留这些知识。我们给予文学一种错误的重要性，认为它是一种生命的职责，而非对我们行为的帮助。我们也不只是把它当成一种手段，以便塑造一种因其自身就会幸福，并对全人类有用的品格。我们因这种错误的重要性承受了许多痛楚，与之相比，人类心灵并不会因为轻视文字而要忍受更多痛苦。

有人打发时间，让心灵力量松弛下来，只去追求倾向于虚弱和腐败的目标。如果这些时间被用来强化那些心灵力量，教会心灵识别它的目标，认识其力量，那么在成年后的岁月里，我们就不会因职业而困惑，也不会沉迷于赌桌的运气而误用了我们的才能，或浪费了维持在心灵中的火焰。至少，那些因其地位而在国家政府里占有一席之地的人相信，他们自己能够胜任其职责；而且，当国家有了军队和议会，它能够找到足够的目标，并从目标中获得快乐，而不会仅仅因为要治疗一个倦怠且无足轻重之生命的呵欠，就把个人命运抛入凶险境地。我们不可能永远保持沉思的语调，有时候，我们也不可能不感受到我们生活在人间。

第六节　论道德情感

只要对人类生活中所发生的事情稍做观察，我们就会倾向于得出结论：对生存的观照是人类行为的主要源泉。这一考虑导致了机械技艺的发明和应用，它将消遣从职责中区分出来。而且，对许多人而言，因为要考虑生计，就很难再去追求和关注其他问题。当剥去了虚荣或关于独立与权势的更严肃考虑所给予的推荐，财富与命运的巨大优势仅仅意味着为动物性享受所供应的储备。如果清除掉我们在这一主题上的热情，不仅工匠的辛苦劳动会停止，学者的研究也会终止，公共事务的每一个部门都变得没有必要，每一个元老院都要关门，每一所宫殿都要废弃。

就其目标而言，人类是否就因此仅仅被视作野兽呢？是否仅仅因为能够为了动物性生活的维持和便利而增加发明的才干，我们就将人与动物加以区分呢？相比起与之一道分享自然丰产的兽群，人类想象力的范围使之对肉体的保养更觉累赘，亦是否因此我们就将人与动物加以区分呢？如果真是如此，那么成功带来的喜悦、因失望而产生的悲伤就构成了他情感的总和。当他的财产由于过失遭到了损害，或由于收益而得以维持或增加，那么毁坏或增加其财富的突如其来的洪流就给予了他所能够掌握的所有情感。他的同伴也仅仅在影响其利益时才得到考虑。赢利或损失将有助于标记出每一个转折性事件，有用或有害这样的词语将有助于在社会中区分其伴侣。就像用来形容一棵挂满水果的大树，如果它只是让土地受累，那么它就是“有用的”，如果阻挡了他的视野，那么它就是“有害的”。

然而，这并不是人类的历史。我们用独特的关心来接受同伴的言行。在人类事务往来中，每一种语言都充满了不同于成功与失意的表达。人与人的陪伴能在胸中激起火花，而眼中的利益却无法点燃任何东西。当原本无足轻重的问题揭露了人的意图和品格时，它就变得重要了。一个异邦人相信舞台上的奥赛罗因为丢失了手绢而愤怒，推理家（reasoner）将更为激烈的情感仅仅归因于利益得失的印象，他们一样失之于谬误。

人们集结起来商谈贸易，他们因为利益的嫉妒而分离。但在诸多冲突中，无论作为朋友还是敌人，他们激发出的火焰并非限于利益和安全的考虑。当我们觉察到友善的情感时，恩惠的价值是无法衡量的；与屈辱和错误相比，厄运这个词只有一个模糊的含义。

作为行为者或旁观者，我们永远能够感觉到人类行为之间的区别。当人们不加修饰地讲述发生在久远年代或遥远国度的事件，我们总会被打动，心生崇敬或怜悯，或者总是在传诵时心怀义愤与怒火。我们在这一主题上的情感潜移默化地赋予了历史关系、诗歌小说魅力，催生了同情的泪水，给予血液轻快的行为，给予眼睛对苦闷和快乐最生动的顾盼。它使人类生活变成了一场生动有趣的表演。哪怕是惰怠之人，人类生活也永远要求他以反对者或朋友的身份，加入在他们眼前上演的场景。当结合慎思和理性的力量，它就构成了道德本性的基础；与此同时，它还支配了赞扬和谴责的词汇，用最令人崇敬和迷人的名称，或最令人可憎与可鄙的名称来给我们的同伴分类。

我们很高兴地发现，有些人在沉思中否定道德区分的真实性，却在生活细节中忘记了他们所持的普遍立场。他们放纵在奚落、义愤和轻蔑的情感中，仿佛哪怕人的行为没有区别，这些情感也有其位置一样。他们还冷嘲热讽，假装发现了据以施加道德约束的欺骗性，仿佛他们在谴责欺骗时，不是已经采取道德的立场一般。①

我们能够解释人类据以判定品格偏好的原则吗？他们根据这些原则，纵容强烈的崇敬与轻蔑情绪。如果我们承认自己不能够，事实就变得没有那么真实了吗？或者，我们必须推延心灵的运动，直到那些致力于塑造科学体系的人发现了运动据以产生的原则？如果手指被烧伤了，我们不关心火焰特性的信息。如果心灵受到了折磨，或者过度喜悦，我们也没有闲暇来思考道德感受的对象。

我慎思明辨，将理论运用在本文和其他文章里。幸运的是，在本文中，自然按照自己的轨迹运行，与此同时，满怀好奇心的人则忙着寻找自然诸原则。农民或孩子都能够推理、判断，他们讲的语言具有洞察力，前后一致，还能运用比喻。当逻辑学家、道德学家和语言学家想要找到这一过程赖以建立的原则时，或者当他们在具体情境中，面对这些令人熟悉又持续出现的事件，想要把它们归纳为一些普遍法则时，他们都会为之感到困惑。与我们在理论或普遍性思考中能够找到的指示相比，我们拥有的处理细节的才能、

① 曼德维尔。

具体情境给出的建议更有助于实现我们行为的幸福。

在每一次研究的结果中，我们一定会遇到我们无法解释的事实。忍受这一屈辱将使我们频繁地避免许多无益的麻烦。我们必须承认，与我们的生存感受一起，我们以同样的方式同时认知了许多具体的环境。我们还必须承认，它们事实上构成了我们的存在方式。每一个农民都会告诉我们：人有自己的权利，而侵犯这些权利就是不义。如果我们问得更深一点：他所谓的权利是什么意思？那么，我们就可能迫使他用一个较为次要，也不怎么合适的术语来替换它；或者要求他论述，在他运用自己的特定语言来解释自己时，其思想的原初模型是什么，他最后诉诸的情感为何。

个体的权利能够与许多主题发生联系，也能在不同的头脑中得到理解。在确立财产权和区分阶层之前，人就拥有了人身防卫和自由行动的权利。他们有权维持理性的理解、内心的感受。在他们彼此交谈的每一刻，他们都会感受到，他们所持一方的观点是正义的还是不正义的。然而，我们在这里的工作并非将权利观念应用到不同的环境。在我们的心灵当中，那种权利观念是受到一种情感的支持才为人所喜，我们在此要做的工作便是对这种情感做一番理性的思考。

人们因直觉而团结在一起，由于温和友爱的情感在社会中行动。甚至，在相熟和养成交往习惯之前，人们就同为彼此关注的对象，也是一定程度上彼此关心的对象。人们淡漠地看到他人的富足生活，然而，考虑到他人的哀伤却不免心生怜悯。如果这些都是真实的，如果灾祸是按照受灾人数和灾害性质来衡量的，如果同伴忍受的每一次痛苦都能吸引众多旁观者的关注；对有些人来说，我们不会习惯性地期待他们获得正面的福报，如果对于他们，我们甚至仍然反对施加任何形式的伤害；那么，如此看来，在这么多友爱倾向的不同表象中，道德理解的基础就应该得到了充分的奠基，我们为自己所维持的权利感也通过人道和公正的运动扩展到了我们的同伴身上。

当我们谴责某种残忍或压迫行为时，是什么激发了我们的语言？是什么限制了我们，让我们不至于冒犯同伴或倾向于让同伴们感到悲伤？在两种情形中，它都可能是对那一原则的具体应用。当我们见到有人悲伤难过，它令同情之泪夺眶而出。所有这些情感结合在一起，构成了一种仁慈的倾向。即便它并非一种行善的决心，那它至少也是一种对成为伤害工具的厌恶心。①

然而，我们难以列举所有应用于人类行为中的谴责与赞赏的动机。甚至当我们进行道德评价时，在形成判断、促使我们说出谴责或褒赏的语言时，人类心灵的每一倾向都参与其中。如同嫉妒经常是贞洁最警惕的护卫，怨恨经常能够最快刺探到邻居的不幸。嫉妒、矫情和虚荣能够支配我们做出裁决，人性中最糟糕的原则可

① 有人告诉我们说，人类是献身于利益的。在所有商业民族中，这无疑都是真的，但这并不意味着他们因其自然天性就反对社会或相互关爱。甚至在利益胜出最多的地方，仍然保留着许多与之相反的证据。我们必须如何考虑倾向于同情、公正、善意的力量呢？尽管普遍流行的意见认为，构成人类幸福的是占有尽可能多的财富、特权和荣誉，但同情、公正和善意却仍然维持着那些群体，他们在一个可接受的和睦基础上竞相关注这些目标，并且使他们在获得自己的利益就可能伤害他人时远离自己的好处。在那些阻止我们对财富主题做出如此理解的环境中，或者在跟前一种观点同样强劲和流行的观点的影响下，我们不能从人心中期待的是：人类的幸福并不由对动物性欲望的放纵构成，而是由善良的心灵构成；并不由财富或利益构成，而是由对它们的轻视，以及从中产生的勇气和自由构成；它们与行为的坚定选择结合在一起，导向了人类的善好，或这一部分人所隶属的特定社会的善好。

能就在我们佯装的道德热情之底部。有些人对人类怀有一种善良的性情。但是，如果我们只想探究，为何他们在任何情况下都能理解同伴的权利，为何他们能够赞赏对那些权利所付出的考虑；那么，除了表达赞许之人希冀受他称赞各方获得福报外，我们或许找不到更好的理由了。

当我们考虑到，关于人类心灵中一切友善倾向的真实性，人们频繁地提出质疑；当我们回想起，人们激情高涨，心怀猜忌、嫉妒与怨恨，普遍参与着利益竞争：我们仍然声称，爱与同情是人类心中最强有力的原则，这看起来就非常奇怪了。但是，在许多情况下，它们注定以最难以抗拒的强度敦促我们；如果自我保存的欲望更加持久且更为一致，那么这些就是热情、满足和快乐更为丰富的源泉。它们用一种不弱于气愤与盛怒的力量，催促心灵一次次牺牲利益，使心灵无惊无惧地穿过每一次困难和危险。

当我们把友谊嫁接到自然倾向之上，它就在宁静的时刻也闪烁着满意的光芒。并且，不仅在胜利时分，甚至在失落之时，它也令人快乐。它将优雅抛给外表，用面部表情弥补美丽的缺失，或者，它赋予一种任何肤色与特征都无从媲美的魅力。从这一源泉之中，千姿百态的人类生活获得了主要的幸福、诗歌中的模仿，以及主要的装饰。我们发现，在斗争中，在胜利时，或在遭遇厄运时，悲怆之情就会从温柔的爱慕之心中产生。如果没有呈现慷慨情感与悲怆之情，那么对自然的描绘，甚至是对富有活力的行为与男性勇气的呈现都不能吸引人的心灵。在《埃涅阿斯记》中，波吕忒斯(Polites)与其他许多人都随特洛伊城的毁灭而死亡，波吕忒斯的死亡并不比其他人的死亡更加动人。但是，在他的最后一个儿子遭到屠杀时，年迈的普里阿姆（Priam）也在场，极大的痛苦和悲伤迫使他走出避身处，死于沾着他孩子鲜血的敌人之手。荷马的作品之所以能打动人心，就在于它展现了爱的力量，而非仅仅引起恐惧与同情。他从不曾刻意去唤起激情。

由于这种激发热情的趋势，由于这种对内心的控制，由于与诸种情感相伴的愉悦，以及所有鼓舞信心、收获尊敬的效果，如下现象就不会令人惊讶了：一条人道原则应该为我们的赞许与责备定下基调，甚至在其未能指导我们行为的地方，它仍然在我们进行反思的时候，赋予心灵以知识，使我们得以认知哪些人类品质值得欲求。“你对你的兄弟亚伯做了什么？”这是道德的第一条训诫。如果第一个答案经常重复，那么人类还是在某种意义上充分承认了对其本性的指控。他们像同伴的保护人一样感受、谈论，甚至行动。他们用公正和相互爱慕的种种象征来检测，在人类诸多品格中，哪些值得称赞、令人愉悦。他们将残忍与压迫当成义愤与盛怒的主要对象。甚至当头脑完全被利益的设想占据时，其心灵也常被引向友爱。当其职业遵循自我保存原则时，其无所挂碍的时光还是投入在慷慨大度与仁义友善当中。

因此，人们假设，外在行为会对普遍善好产生何等影响，并从中获得了通常用来评价外在行为的法则。避免伤害是自然正义的伟大法律，传播幸福是道德的法律。当我们谴责那种牺牲多数人利益让一人或少数几个人受益的行为时，我们考虑的是将公共效用当作人类行为应该致力于实现的伟大目标。

总而言之，我们必须承认，如果对人类而言，情感原则是道德赞许或反感的基础，那么，我们有时就没有严格按照同伴受伤害或得到帮助的程度分配赞许或谴责。公正、友爱、大度诸德以及公共精神与这一原则紧密相关，不仅如此，其他德性看起来也从另一个源头获得他们的表扬。节制、审慎、刚毅是按照一种关照同伴原则受类似崇敬的品格吗？为什么不呢，既然它们自身就让人感到快乐，并且对他人也颇有助益。谁若有能力提升人类幸福，他就不是一个酒鬼、蠢货或懦夫。我们是否可以更为清楚地表达说：对于我们热爱、崇敬的品格来说，节制、审慎、刚毅是必不可少的呢？我清楚知道我为何在自身中意愿它们，为何在朋友中意愿它们，以及为何在每个我喜爱的人身上意愿它们。但是，在那些为我们的幸福所必需，构成我们本性完善之重要部分的品质中，人们是出于何种目的追求认可原因呢？当这些品质受到我们忽视时，我们必须停止尊重我们自己，并且区分出优秀杰出的事物。

一个人具有情感充沛的心灵，持守着这样一条原则：作为个人，他自己不过是需要他关心的整体之一部分。在那条原则中，他发现了一切德性的坚实基础。他因此蔑视将取代其主要享受的动物性趣味，因此同等蔑视阻止他追求公共利益的危险或痛苦。“一种强烈且稳定的情感展示了它的目标，并削减一切挡在路上的困难或危险。”“问问那些陷入爱河的人，”艾比克泰德说，“他们会知道我所言非虚。”

另一个著名的道德学家[①]说：“我面前有一种正义观念，若我能时刻遵循，我就应该认为自己是最幸福的人。”如果幸福的结果和行为的结果能够分离，那么人们就能适当地形成此种观念：人类

① 孟德斯鸠，《波斯人信札》。

善好或许还有另外一个名字，它是有德之士致力于提升的对象。如果德性是最高的善，其最好、最显著的效果就是传播和扩散它。

基于道德品质的理解来爱来恨，根据正义支持一方，受不平等的激发而愤怒地反对另一方，这都是刚正不阿的表现，是富有活力的、正直且大度的精神行为。反对不正义的片面行为与对恶意的反感，在任何事情上都保持头脑镇定，具有敏锐的洞察力和辨别力，却不损害其感受或活力。能够通过人类生活的各个方面来追求此种精神的指示，无论身处顺境还是逆境，心灵都能成为自身的主人。人们在危险中如同对待简单有趣的问题一样灵活自如，这就是大度的胜利，是心灵真正的提升。“白天的事情已有定论，现在把标枪从我身上拔出来吧，”伊巴密浓达说，“让我流血吧。”

在什么情况下，或通过什么样的教育才能形成这种卓越的品质呢？我们能在鼓吹时尚、宣称文雅的矫揉造作、傲慢、虚荣的温室里找到它吗？能在繁华的大城市找到它吗？人们在那里相互竞赛着装备、服饰以及财富的虚荣。能在令人向往的宫廷中找到它吗？我们在那里学习强颜欢笑、假意拥吻，被嫉妒和忌恨的暗箭伤害，在那里，个人重要性总是依赖我们无法控制的环境。不，只有在伟大的道德情感被唤醒时，只有在人的品质而非境遇和财富才是主要的区分时，我们才能找到它们。只有对利益或虚荣的渴望在更强有力的情感光芒中走向虚弱时，当人类的灵魂就像品尝猎物鲜血的动物一样，感受到并认出了它的目标，却不会不运用自己的天赋才能去追逐时，我们才能找到它们。

只要给予适当的时机，高尚快乐的性情就可能产生出令人敬仰的效果，而纯粹的说教则让人们不能理解其含义，或者认识不到它的指示。然而，在形成我们的政治系统和风俗之前，直到我们耗费自由来购买头衔、装备和荣誉，直到除了繁荣和权力我们看不到任何别的功劳，除了贫穷和无知我们感觉不到其他羞耻之前，这种情况并不令人绝望。何种说教的魅力能够纠治这已被无序污染的心灵呢？何种塞壬之歌能够唤醒被认为是平庸和欠缺雄心的自由欲望呢？或者什么样的说服能够将虚假的面孔转化成为人道和真诚的真情实感呢？

第七节　论幸福

我们已经思考了与自然人相区分的积极力量和道德品质，我们是否还有必要单独处理幸福？在我们的对话中，这是一个重要的词语，最经常出现，也最为人们所熟悉。当任何欲望得到实现的时候，它最能表达满意。当我们的目标还遥遥无期时，它就会发出一声叹息。这意味着我们想要获得的东西，以及我们很少考察的对象。我们通过效用来评估每一件事物的价值，以及它对幸福的影响。但我们却认为效用自身和幸福不需要任何解释。

那些欲望被最频繁地得到满足的人通常被认为是最幸福的。但事实上，我们对所欲求之物的占有和持续的满足对幸福是必要的，大部分人类都有理由抱怨。他们认为享受在总体上都是暂时性的。乐观期待的对象一经获得就不再继续占据人们的头脑。一种新的激情又继之而起，想象就像以前一样向往着遥远的幸福。

有多少这类反思通过想象表现出来，或者在免除操心和烦扰的观念下，通过我们愿意陷入的倦怠无力和失业效果表现出来？

当我们进入一个正式的为人民准备的关于享受和痛苦的计算之中，它是一个机会，但是我们发现那种痛苦，它的强度和频率占有极大的主导地位。我们迫使自己从一个生活阶段进入另一阶段的活力和紧迫感，返回自己开辟之道路的不情愿，在老年时对恢复青年嬉戏的反感，或成年后对重复儿童娱乐的反感都被说成是证据：我们关于过去的记忆、对当下的感觉都同样是厌恶和不愉快的对象。[①]

然而，就像许多其他的结论一样，这个结论得自我们所假设的关于原因的知识，不会与经验相一致。在每一条街道、每一个村庄、每一片原野，我们遇到了更多的人，便具有令人或振奋，或大意，或冷漠，或镇静，或匆忙，或活跃的面貌。劳工向他的团队吹口哨，技工对其召唤则表现得颇为自在。嬉戏和快乐的人感受到一系列快乐，对此我们知道的不仅是源头，甚至展示出人类生活悲惨一面的那些人在关注他们的争论时也摆脱了悲伤，并在证明人是不幸福之时也找到了可忍受的消遣。

也许，快乐与痛苦这个词是模棱两可的。但是，正如它们在许多推理中的表象一样，如果它们仅限于与外在目标相关的感觉，这些外在目标要么存在于过去的记忆、现在的感受中，要么存在于对未来的理解中，那么，当我们假设，它们包含了幸福与悲哀的所有构成要素，我们就犯下了一个巨大的错误。或者，那些快乐拥有各自的名称，我们在反思中也能分别记住它们。当我们假设，那些快乐流行开来，日常生活就维持在一种好的状态，我们也就犯下了一个巨大的错误。

在我们生存的大部分时间里，我们都积极地运用心灵，不只是积极关心自身的苦乐感受。而且，理解、记忆、远见、情感、意志和意图是心灵的官能，其官能清单仅仅包含着不同心灵运动的名字。

---

① 莫佩尔蒂，《道德论》。

当我们通常称之为享受或痛苦的每一种情感缺席时，我们的存在也可能拥有幸福或悲苦这些相反的品质。如果与那些在发明和执行中，在追求和期待中，在行动、反思和社会契约中消失的东西相比，我们称之为快乐或痛苦的东西只占有人类生活的一小部分，那么，至少在关于其持久性的论述上，我们的积极追求值得我们给予更多关注。当他们失去机会时，他们需要的不是愉悦，而是去做某事。而且受难者的抱怨也并非痛苦的确切标志，疲倦之人的凝视同样如此。

然而，置身于诸多生活乐事中间，我们很少思考任何必定要去执行的任务。我们总是以某段纯粹享受或免于困扰的时期为目的，并且忽视大部分当下满足的源头。问问那些忙碌的人，他们所觊觎的幸福在哪里？他们仍然会回答说，或许，那可以在某个正在追求的目标中找到。如果我们问，在幸福缺席的情况下，他们为何并不悲惨？他们会说，因为他们希望获得幸福。但是，在不安定和不确定的期待中，希望就足以支持心灵吗？对成功的确信就能用更加令人快乐的情绪来填充期待的空隙吗？把猎物交给猎人，把赌桌上的赌金交给赌徒，一个人不至于让自己筋疲力尽，另一个也不会内心迷乱，但两人都将笑话我们的愚蠢。一个仍将掏出新的赌金，备尝心思混乱之困；另一个仍将奔向原野，他会听到狗叫，紧紧追赶危险和困苦。取消人的职业，终止他们的欲望，那么生存就是负担，记忆的重复就是折磨。

某位夫人说：这个国家里的男人应该学习播种和编织，使其时间不再是他们自己和其他人的负担。另一位夫人说：确实如此，就我而言，尽管我从不盯着室外看，但我一预见到恶劣天气就会发

抖，到那时候，绅士们就会愁眉苦脸地来我们这里，以图消遣；看到一个丈夫悲伤难过，我就会觉得这只能是一幅忧郁的景象。

在设计、执行一项计划时，当负载在情感和情绪之潮流上时，心灵展开了它的存在，并且享受自身。甚至，当人们认识到其目的与目标很少产生利益之时，人们仍然经常密集地运用才能与幻想，工作或游戏也能给他们带来类似的快乐。我们只欲求休息来重新获得有限的和正在浪费的力量：当工作疲乏之时，娱乐便常常出现，但只是改变了一种工作。即便在我们抱怨的时候，我们也并非总是不快乐。有一种痛苦使心灵达到舒适的状态，悲痛自身有时就是对快乐的表达。画家和诗人把握了这个契机，在娱乐的方式中，他们发现那些创作出来唤醒内心感伤的作品很受欢迎。

所以，对我们描述的这种存在来说，无论是对快乐的欲望还是对痛苦的厌恶，满足行为动机就是幸运。与他寻求的快乐相比，其行为更加重要。与他所遭受的痛苦相比，倦怠无聊是一种更大的恶。

动物性欲求的满足不会持续很久，声色之娱也不过是一种心灵的病症。如果没有被希望永远点燃，它就需要得到记忆的治疗。追赶因为游戏的结束而终止，迷于酒色的乐趣随着堕落之完成而终止，这两者都是确定的。作为一种社会纽带，作为一种长远追求的对象，感觉对象在人类生活系统中占有重要部分。他们促使我们在保存其个体、使种类延续中满足自然的目的：但是为了依赖它们作为人类幸福主要构成要素的用途，思辨中的过失在实践中将会是一个更大的错误。甚至土耳其的苏丹从他那些战栗的居民身上勒索到了整个王国的财富，从矿藏中采到最精致的翡翠和钻石也只给他一个人，在每一阵微风中都为他浸润了香水，从每一个角落为他召集美女。美人们在太阳直射下获得了成熟的激情，并因此青春焕发，但也只能被束缚在装有格栅的牢室里供苏丹使用。即便如此，苏丹或许比他的人民更为凄凉：他们的劳动和财产使之免于烦忧，并且为之获取享乐。

积极心灵常常热衷于一些追求习惯，任一追求习惯都很容易克服感官享乐。当好奇心被唤醒，或者当激情被激活，甚至在节日宴饮中当谈话逐渐变得温热、快活或严肃时，因饕餮而来的愉悦也会被遗忘。少年男儿因为游戏而蔑视它们，年长的男子则因为工作事务而拒绝它们。

当我们考虑与任何动物天性，尤其是人类天性一致的环境时，例如安全、居所、食物以及其他享受和自我保存的方式，我们有时就会认为，我们已经找到了一个其幸福可以依赖的感性的坚实基础。但是，那些最不倾向于道德教化的人注意到，幸福并非与财富联系在一起，尽管财富涵盖了所有维持生计的手段，以及满足感官糜乐的方式。那些要求节制、勇气和行动的环境将我们置于冒险之中，被描述为痛苦的类型；然而，当能干、勇敢、热情的人置身困境中时，他们似乎最为自得，并被迫运用自己的力量。

斯庇诺拉(Spinola)曾被告知，弗兰西斯·维尔爵士(Sir Francis Vere)因无所事事而厌倦不已，他说："这足以杀死一位将军。"[①]有多少人认为战争本身就是一种消遣啊！他们选择了士兵的生活，让自己经历危险和疲惫。他们选择成为水手，需要不断与艰难困

① 《赫伯特爵士传》。

苦作战，享受不到任何舒适。他们选择成为政治家，他们的运动就是政党和派系间的对抗。他们宁可从事他们毫不关心的人与民族的工作，也不愿意疏懒怠惰。这些人并不认为痛苦比愉悦更让人倾心，但他们却被一种永不平息的倾向激励着，不停运用自己的能力和决心。他们在战争中获得胜利。当他们停止劳作时，他们就会枯萎、凋零。

根据塔西佗的观点，对那些热爱危险本身而不是勇气之回报的年轻人而言，什么才是真正的享受呢？当战争的号角、狗的吠叫或厮杀的叫喊唤醒运动员或战士的热情时，什么才是快乐的景象呢？人类生活中最生动的场景是对危险或艰苦的呼吁，而非安全和安逸的邀请：当人处在其卓越状态中时，他自身并非享乐的动物，也并非注定只能享用这些元素带给他使用的东西。就像跟人共同生活的狗和马一样，人追求天性的运用甚过追求其享乐本身。他们会在安逸和富足中消瘦，在看起来会威胁其存在的警报中感到喜悦。在所有情况下，他的行动倾向只与他所拥有的各种力量保持一致，其天性中最受人尊敬的品质，大度、坚忍和智慧都与他注定要对抗的困难有关。

当精神被一个不同的对象激发，动物性的愉悦变得索然无味时，我们都会知道：痛楚的感觉就为灵魂中一种强烈的爱慕之情所阻止。在内心骚动渐渐平息之前，人们从来都感受不到在热切的激情中、在仓促中、在战斗的热血和惊愕中受到的伤痛。当心灵拥有一些活跃的情感，无论是宗教的、自发的还是对人类的爱、谨慎施与的折磨、被延长的劳碌甚至都与坚毅和轻松的外貌并生。在基督教堂的许多世纪里，迷信的狂热者们持续禁欲。东方的宗教主义者仍然自愿坚持多年野外的苦行。许多野蛮民族轻视饥饿和折磨。在战场上，士兵们斗志昂扬，百折不回。运动员所经受的艰苦甚至在消遣时仍然继续。上述例子均表明，若通过他们看似经历的辛劳和痛楚来计算人类的不幸，我们会在多大程度上犯错。如果我们改善上述论断，声称他们的幸福也不能用与之相对的享受来衡量，那么这一改善早在哲学时代以前就由雷居鲁斯（Regulus）和辛辛那图斯（Caincinnatus）做出了。每个游戏中的男孩都知道这个改良。当每一个野蛮人从森林中观察平静的城市，对种植园不屑一顾，对其主人也不屑于模仿之时，他也确证了这一改良。

我们必须承认，尽管他具有这一心灵行为，但在动物这一名称的完整范围内，人仍然是一种动物。当身体染疾，心就低落。当血液停止流淌，灵魂就要分离。人关注自身的保存，为一种苦乐感所震动，并且为一种对死亡的直觉性恐惧所保卫。所以，自然并未将人的安全仅仅交托给理智的警戒心，或是不确定的反思的统治。

身体和心灵的区别会带来最重要的结果。但是，无论根据任何原则，我们都不能找到我们现在提到的事实。无论承认还是拒绝我们正在讨论的区别，无论我们假设有生命的行为者具有同一形式，还是各种独立性质的聚集，它们都同样真实。唯物主义者将人视为引擎，不能在他的历史状态中做出任何改变。他是一个存在，通过多样的器官，执行着多种功能。他的关节弯曲，肌肉放松，吸引着我们的目光；心脏在胸腔内跳动，血液流向组织的每一个部分。他还完成了一些其他的活动，我们无法将之归结到任何身体性器官。他认知、回忆、预见，他欲望、规避，他崇敬、轻视。他享受自己的愉悦，或忍受痛楚。在某种程度上，所有这些不同的功能无论好坏都携手同行。当血液的运动变得凝滞，肌肉松弛，理解力变得迟滞，想象也随之迟钝：当瘟热袭击了他，医生对其思想的关心不会少于对其食物的关心，既要诊问其激情做出的回应，也要诊问其脉搏的跳动。

人的精明、审慎、直觉都被用来保存其存在，他与其他动物具有相同的命运，他也会死去。无数人在达到人类的完美境地之前就逝去了。个人能够选择拓展其短暂的一生，并将此拓展诉诸决心与行为，或诉诸卑鄙的恐惧。他时常选择后者，通过胆怯的习惯，使得他意图保存的生命承受痛苦。

尽管人们经常免于遭受这一令人痛心的命运，但其行为似乎并不顾及生命的长度。当他密集地思考，或者热切地渴望时，从其他角落产生的快乐和痛苦徒劳地攻击着他。甚至当其大限将至，肌肉也获得了一种来自精神的活力。看起来，心灵也是在强健有力的状态下离去。为了实现近期辛苦追逐的目的，心灵奋力搏斗，看起来，它就在这一搏斗中离去。穆雷·莫鲁克(Muley Moluck)躺在担架上，被疾病折磨得精疲力竭，但他仍然坚持战斗，在战斗中死去。他做出最后的努力，把手指放到嘴唇边上，这是一个隐瞒其死亡的信号：为了避免败仗，这或许是他至今能够采取的一切预防措施，也是最必不可少的预防措施。

难道没有任何反思帮助我们获得了灵魂的习惯吗？这些习惯在帮助我们度过许多日常的生活情景时如此有用。如果我们说它们不能，那么幸福的真相就是明显的了。希腊人和罗马人把轻视享乐、忍受痛苦、忽视生命看作一个人的高贵品质，视为规训的首要主题。他们相信，富有活力的精神将找到值得运用其力量的目标。他们还坚信,坚定不移地选择这些目标的第一步就是,摆脱焦虑不安、胆小怯懦的卑劣行径。

总而言之,人类在寻求展示勇气的时机。为了博得他人的崇敬,他们常常展现出一种景象。对那些不再认为刚毅精神因其自身就值得尊敬的人而言,这种景象就成为一个恐怖的对象。塞弗拉(Scevola)把手放到火中,令波森纳(Porsenna)的灵魂动摇。野蛮人让自己的身体习惯于折磨,以便在经受考验时,在敌人面前得意扬扬。甚至穆斯林们也将自己的肉撕下来以博得情人的欢心:一边淌着血,一边兴高采烈地走来,以表明,他值得情人为之倾心。[①]

一些民族在残忍或荒谬的程度上施加痛苦的折磨,或从事痛苦的运动。其他民族则认为,每一种身体折磨景象都罪大恶极。在他们备受困扰时,这些景象又令柔弱和忧郁的想象产生恐惧,为真实的折磨再添苦楚。我们无须回应任何一种愚蠢的行为,在处理与人性有关的问题时,我们也无须从任何专属于某个民族或时代的习惯、领悟出发,对其力量或弱点做出评价。

① 《尊敬的沃特利·蒙塔古夫人书信集》。

第八节　论幸福(续)

谁要是比较过不同教育和命运下人类的不同境况与习俗,他就会满足于此:环境并不单独构成他们的幸福或悲惨;就道德主题而言,外在观察的差异也没有暗示任何情感对立。他们在不同的行为中表达友善与敌意,但是,在人类生活中,友善或敌意仍然是人们首先要考虑的问题。他们参与到不同的追求中,或默认了不同的境况,但是,其行为源自近乎相同的激情。为了适应它们的便利,我们并没有确切的调整方式,也没有任何特别适合行动的危险或安全等级。勇敢与大度、恐惧与嫉妒并非专属于某一阶层或某一类人。我们也找不到任何一种这样的境况:某些人类种族还没有表明,在这些境况中,他们可能合宜地运用人类的才能与德性。

然后,那种被称作幸福的东西颇为神秘。它在各种各样的阶层中都可能占有一席之地。对它而言,在一个时代或民族中被认为是必不可少的环境在其他时代或民族中却被认为是有害的或无效的。这一神秘之物究竟是什么呢?在它们让心灵关注的职业与同伴之外,在生命之绵延中,动物性愉悦只占据了少数时刻。幸福不是单纯的动物性快乐的延续。因为过于频繁地重复,那些愉悦转变成厌腻和厌恶。它们过度运用在其结构上,将其结构撕碎。

它们就像夜晚的闪电，只能加深被它们偶然打破的沉郁。幸福不是那种宁静的状态，或精心呵护的想象的自由。当这种自由相距遥远时，它时常是欲望的对象；但当其临近时却带来沉闷、倦怠，甚至比痛苦更加无法忍受。如果对此主题的先期观察是正当的，那么，与其说幸福源于已经实现的目的，不如说幸福源于对目的的追求。当我们到达一种新的情境时，甚至在追求富裕生活的过程中，幸福也更多地依赖于我们适当运用心灵的程度，而非我们注定要在其中行动的环境、我们手中的物质，或我们拥有的工具。

一类追求以娱乐之名得到凸显，在通常被视作最为幸福的那些人身上，对娱乐的追求占据了一大半人生。如果幸福根据这类对娱乐的追求得到承认，我们就可以认为，相比起人们通常怀疑的情况，幸福更多地伫立在许多职业情形中。在那里，人们致力于实现的目的(而非职业本身)被假定具有首要价值。

据说，守财奴自己有时将照料财富当成消遣，从而不相信其后代自挥霍中得来的乐趣要高于他从聚集财富中获得的乐趣。关于其他人的行为，他漠视到了如此高的程度。他选定一些事务作为自己的本职工作，尤其是当他征服撕扯贪婪心灵的忌妒和忌恨时，他便只关心这些事务。既然如此，如果这个人以金钱为目标，我们为何不能认为，他过着一种娱乐和追求快乐的生活呢？为何我们不能认为，这种生活不仅比挥霍无度者的生活更加完整，甚至可与艺术大师、学者、有品位的人相媲美？或者，我们为何不能认为，其生活之完整足堪与如下阶层中的任何一人媲美：有人找到了一种方法，既可度过闲暇时光又不冒犯他人；在有些人看来，添置的物品或制作的产品在很多方面也毫无用处，就像对守财奴来说，背包是无用之物，正如对那些沉迷于技巧或机会游戏，从中获得玩乐的人而言，柜台是无用的？

我们很快就对那些不会通往职业本性的消遣感到厌倦。亦即，这些消遣不会激起激情，甚至不会产生一种与我们的才能和官能成比例的运动。狩猎与赌博各有其危险与困难，从而刺激人们运用心灵。所有争抢游戏都激活了我们的竞争，赋予我们一种党派热情。数学家只对复杂问题感兴趣，律师和决疑论者则只对那些考验其细致敏锐，需要他们全神贯注运用判断力的情况感兴趣。

就像其他动物性欲求一样，积极奋战的欲望也可能走向极端。人们也可能放纵于欢娱，纵情畅饮佳酿或其他让人陶醉、激动的饮料。首先，一份微不足道的赌注、适度激情的投入就能让赌徒欢娱。但是，当这一药物变得熟悉，它就不再能产生任何效果：为了唤醒他的注意力，赌戏变得深入，利益水涨船高。他逐级深入进去，越发沉迷其中，直到最后，他努力寻求欢娱，将全部财富抛入这场冒险，并只能在因此产生的那些焦虑、希望和绝望的激情中找到一点娱乐。

在不考虑任何遥远的后果或将来的事件时，为什么人们不会选择工作和许多人类生活职业，把它们当成一种娱乐，并根据它们带来的消遣加以接受？如果人们能将他们的欢娱变成比工作场景本身更加严肃和有趣的场景，那么，我们很难指派一个原因，对上述问题做出解释。在没有反思加以协助时，心满意足且愉快之人就将其快乐性情建立在此基础之上。它或许是一切反思能够奠定的最坚实的刚毅精神之基础。通过制造一系列行为，使之成为我们的娱乐；并且，通过在总体上评估生活价值时，又在每一个具体境况中考虑生活，认为它只是心灵活动和内心奋战的场景，幸福自身就有了保障。布鲁图斯(Brutus)说："我将尝试并且努力做好每一件事情。我决不会停止把祖国从这一奴役状态召回。如果事情是有利的，它将被证明是我们所有人的乐事；如果不是，即便如此，我也会为之高兴。"他为何在失意中仍会高兴呢？当他的国家被征服时，他为何不感到沮丧？因为悲伤与沮丧或许不能带来任何好处。但是，当它们到来的时候，人们却必须加以忍受。罗马人可能会说：它们会在何时来临？我已在追随我的心灵，并能够继续追随它。诸多事件可能已经改变了我注定要在其中行动的处境，但是，它们能够阻止我像人一样行动吗？请向我展示一种处境，在那里，人既不能行动也不能死去。然后，我将承认他是一个可怜虫。

人的倾向，以及他们的职业也相应地区分为两大类：自私的和社会性的。第一类倾向沉湎于孤独之境，如果它们关涉人类，它们与竞赛、竞争和敌意相关。第二类使我们与同伴共同生活，并带给他们好处。它们倾向于将社会成员团结在一起。它们最终将导致同伴彼此关心，相互分享欢娱，并给在场的人带来一幅快乐景象。在这一类别之下，我们可以列举两性的激情、父母与子女间的爱慕之情、普遍的人道或者单向的依恋。总之，通过那种灵魂习惯，我们将自己视为友爱共同体之一部分，视为某一社会的个体成员，认为社会的整体福利是我们热情的最高目标和行为的伟大法则。这种爱慕之情是一项公平原则，它不了解任何偏狭的区分，不受任何边界的限制。它可能扩展其效果，使之超越我们的熟人。至少，它可能让我们在心灵中、在思想里感受到与宇宙、与上帝创造的整个世界之间的关系。安东尼（Antoninus）说："若有人热爱刻克洛普斯（Cecrops）的城邦，你却不爱上帝的城邦吗？"

没有什么内心的情感是冷漠的。它要么是一种快活、愉悦的行为，要么是一种悲伤的感情；要么是愉悦的传递，要么是痛苦的冲击：我们诸种倾向的运动和满足很可能确证那些对我们的幸福和悲痛来说最为重要的事情。

个人有责任关心他的动物性保存。他可以孤独地存在，远离社会，发挥许多感觉、想象和理性的功能。他甚至因为适当完成这些功能而受到奖赏。所有与他和同伴相关的自然运动不仅没有让他感到惆怅，甚至在许多情况下还给他带来了正面的愉悦，使之在有生之年从事令人惬意的工作。

然而，我们假设，一定程度的自我关心变成痛苦焦虑和残忍激情的源泉，并堕落为贪婪、虚荣或骄傲。通过培育猜忌和嫉妒的习惯，培育恐惧和怨恨的习惯，它变得对我们自己的享乐具有破坏性，正如它有损人类福祉。然而，我们不能将这一邪恶指控为过度自我关心，它只是我们在选择目标时犯下的错误。我们向外寻求只能在内心品质中才能找到的幸福。我们认为自己依赖机遇，因而总是犹豫不决、焦虑不安。我们认为自己依赖其他人的意志，于是过分屈从、胆小怯懦。我们认为，幸福就在大家汲汲以求、相互竞争的对象上，并且，在对幸福的追求中，我们参与那些竞赛、忌妒、怨恨、敌对和复仇的场景，从而走向悲伤之顶峰。简言之，我们行动，正如保存自己就是维持我们的弱点，延长我们的痛楚。在描述同胞时，我们指责他们不健全的想象力，以及由此滋生的诸多弊病,也指责他们拥有一颗腐坏的心。我们将失望或怨恨之痛归因于他们。当我们遭遇不幸时,我们大感惊讶,发现对自己的关心没有产生更好的效果。但是,谁若铭记着他天生为一理性存在,为一社会成员,谁若铭记着保存自身就是保存其理性,保存内心中最好的情感,他将不会遭遇这些不便。在他的自我观照中,他只会找到满足与胜利的主题。

我们的欲望被区分为仁慈的和自私的。在一定程度上,这一区分有助于误导我们对个人享受和私人福利的理解。我们热切地想要证明德性与利益无关。这一热望并有利地拔擢德性之因。有人认为,自私欲望之满足为我们自己带来利益或愉悦,仁慈欲望之满足则最终给其他人带来利益或愉悦。实际上,在任何地方,每种欲望的满足都是人身享受,其价值与情感的独特品质或力量成正比。当同一个人在为他人带来福分时,与他在为自己获取福分时相比,他很可能会获得更多好处。

所以,仁慈的满足就像我们的许多其他欲望的满足一样。在许多情况下,这一倾向的运动被认为是人类幸福首要的和主要的构成要素。父母向子女表达出每一种友善或关爱的行为。内心在友谊、爱情、公共热望或普遍人道中表达出每一种情感。这些行为与情感全都是享受和满足的行为。当嫁接到某种温柔的感情上时,怜悯与同情,甚至悲伤和忧郁都分有了储蓄的本性。如果它们不是正面的愉悦,至少也是具有独特本性的痛苦。我们甚至不愿意用它们换取某种真实的享受,如果我们要在放弃目标时才能获得这种享乐的话。当心灵为利益所困,残酷的焦虑、嫉妒和恐惧就撕扯着它。因为我们这一类倾向是仇恨、忌妒和恶毒的反面,所以，甚至在它们走向极端时，它们也从不会带来那些残酷的焦虑、忌妒和恐惧。或者，如果有人伪装出一种对我们同胞的依恋(实际上也的确有人这么做)，只要任何带有恶意的激情产生于那种伪装，我们就可以安全地将那种依恋谴责为不真实的。如果我们心怀疑虑或是妒忌，我们伪装出来的爱慕之情就很可能只是一种引发关注或人身考虑的欲望，是一种让我们频繁地倾向于与同胞联系起来的动机。但是，我们也经常愿意为之牺牲同胞的幸福。我们认为它们是满足自己的虚荣、愉悦和利益的工具，而不是我们可以将良好意志和爱的效果施于其上的对象。

当一颗心灵沉醉于这类仁慈的爱慕时，它就对那些习惯性地引发这类激情的目标全神贯注，不会退而追求品性恶劣之人用以修复其反感的那些欢娱和快乐。当感觉的满足被内心的满足取代时，节制就是一项简单的工作。在社会、友谊或公共行动中，勇气也很容易得到保证，或言之，它与心灵的热情不可分割。社会、友谊与公共行动使我们忘掉人身忧思或恐惧的对象，让我们专注地投身于热情或爱慕之目标，而非那些琐细的不便、危险或者艰辛，尽管我们在努力维持它时可能会遇到这些不便、危险或艰辛。

所以，看起来，人的幸福应该就是：让他的社会倾向成为其职业中的主导原则；让他声称自己是共同体的成员，其内心洋溢着追求共同体普遍福利的热烈激情，并为之压制那些个人关切——这些个人关切正是痛苦忧思、恐惧、忌妒的基础。或者，关于这种相同的情感，正如蒲伯(Mr. Pope)先生所言：

人啊，就像慷慨的葡萄藤支撑着许多生命；
他所获得的力量来自他给别人的拥抱。[1]

如果这是个人的福利，那么它也是人类的福利。德性不再给我们强加一项任务，使我们必须授予他人我们自己努力抑制的福利。在其最高级别上，正如被我们自己拥有时，德性假定了我们需要努力提升的在此世界中的幸福状态。

我们通常认为，与人为善是我们的义务，收获他人的善意便是我们的幸福；但是，如果勇气和致力于实现人类福祉的内心实际上构成了人类的幸福，那么，根据已经做出的善行，我们即可推断，行善之人(而非受施之人)就拥有一份幸福。性格坚毅、气度慷慨之人能给同胞带来的最大福利就是，让他们一道分有这种幸福品格。埃比克泰德(Epictetus)说："通过提升同胞的灵魂，而非升高房顶，你将为你的城市带来最大的好处，因为伟大的灵魂安居在狭小的住所要好过凄惨的奴隶藏身广厦。"[2]

对于仁慈的人而言，他人的满足是享乐的基础。在一个由上帝的智慧所统治的世界里，生存本身就是一种祝福。心灵从导致怯懦和卑微的关注中解放出来，变得平静、积极、无畏与大胆。它能够从事一切事业，精力充沛地施展所有才能。人性因为心灵施展的才能备受推崇。许多令人赞赏的品格在此基础上诞生。在他们的故事的某个时期，这些品格使那些著名的古老民族脱颖而出。

① 同样的格言可以应用在自然的每个部分。爱，就是享受愉悦；恨，就是深陷痛苦。

② 卡特尔夫人(Mrs. Carter)所译的埃比克泰德作品。

它们的习俗中充满了慷慨大度的榜样，这些品格使之变得如此熟悉和普通。但是，在不那么支持公共情感的政府治下，慷慨大度的榜样很少出现。或者，尚未被许多人践行，甚至理解时，那些令人称赞的品格就成了崇拜和赞美的主题。色诺芬说："色拉西布洛斯（Thrasybulus）就是这样死去的，他的确看起来是一个好人。"多么富有价值的赞扬！谁若了解这个可敬之人的生平事迹，这对他来说是多么重要啊！在那些光辉夺目的国家中，成员习惯认为自己是共同体的一部分，或者至少是深刻地融合在国内某个群体之中，他们并不关心私人的考虑。他们永远关注着那些在灵魂中激发出极大热情的目标。他们灵魂中的热情使之永远根据同胞的观点行动，使之练习那些慎思、演讲、政策与战争的技艺。诸民族的财富，以及人在集体中的财富均依赖这些技艺。在这一事业中，人们凝聚起心灵力量，在追求智慧的过程中，人们获得了智慧的提升。由此，这些民族就获得了宏伟之气魄，取得了政治军事行为的优势地位，甚至赢得了诗歌与文学艺术的高超成就。这些民族在其他方面运用、开发、改善其天才，诗歌和文学艺术只是其天才不太重要的附属物罢了。

对古希腊人、古罗马人而言，个人什么都不是，公共事务则是一切。对现代人而言，在太多的欧洲民族中，个人就是一切，公共生活则什么都不是。国家只是诸部门的结合。在那里，思虑、财富、高位或者权力是作为公共服务的报偿授予的。甚至在创制伊始，现代政府在本性上就要赋予每一个人固定的地位和尊严，他则要为自己维持这一地位和尊严。在粗野的时代，在抵御外敌的间歇时期，我们的祖先在国内为个人的诉求而战。通过他们的竞争以及力量的平衡,他们在国内维持了一种政治自由,而私人的政党却臣服于持续的错误和压迫。在更文雅开化的时代,他们的后代镇压了内乱,内乱则构成早先年代的主要行为。法律和政治为他们带来了保护,但是他们并没有用他们获得的平静来培育对那些法律、政府制度的热情,而是每个人都为自己独立实践着数种追求个人利益的技艺,他们的政治制度也确保他们能够成功地加以追求。商业被认为包含了每一种获利的技艺,因而被认为是国家的伟大目标以及人们主要研究的对象。

我们如此习惯于将个人财富视作唯一的关心对象,以至于甚至在平民政制中,在不同阶层都被召唤来参与政府事务的国家,在没有臣民的警觉和行动,其自由就不能够得到长期保存的地方,谁若不能发财致富(用粗俗的话语来说),他们就仍然被假定不能胜任职业,一味致力于孤独的消遣,或培植起一些消遣趣味——他们乐于将这种消遣趣味称为对园艺、建筑、绘画或音乐的品位。他们借此帮助,努力填补倦怠生活的空白,也回避通过对国家或人类的积极服务来治疗其倦怠的必要性。

在一切清白无辜的事物中,柔弱或心怀恶意之人都得到了广泛的雇佣,他们也幸运地发现了一些职业。他们具有一种自我折磨或掠夺同胞的性情,这些职业则阻止这种性情产生效果。但是,由于娱乐过度地占据了他们的时间,那些有幸拥有了一种幸福的倾向、具有能力和活力的人招致一种真实的放荡。他们的确为快乐所骗,以至于相信,一切职业或消遣都更适合娱乐他们自己,无须同时给同胞带来某种真实福利。

的确,此类娱乐不会是唯利是图的、充满忌妒的或恶意的选择。其价值仅能通过我们诉诸他们的经验，为那些具有相反性情的人所知。在营生、友谊以及公共生活中，他们只受自然倾向的引导，没有反思的帮助，他们常常把自身的义务摆脱得干净。他们满意地感知着情绪与情感的潮涌，享受当下时光，既不追忆过往，也不寄希望于未来。他们在沉思而非实践中发现，德性是一项严厉的自我否定的任务。

第九节　论民族的幸福

人因自然而为共同体之成员。当我们依据此种能力进行考虑，从表象上看，自然造人，就不再是为他自己。在其幸福与自由妨碍了社会善好之处，他必须抛弃自己的幸福与自由。他不过是整体的一个部分。我们授予群体的一个成员、织物或引擎某个部分更为普遍的颂扬。我们认为，我们对其德性的赞美只是这种普遍颂扬的一个分支而已，因为它非常适合其位置，并能产生其效果。

如果这随部分对其整体的关系而来，如果公共的善好是个人的主要目标，那么这很可能就是真的：个人的幸福是文明社会的伟大目标。如果单独考虑共同体(a public)的成员，他们不幸福，那么共同体在何种意义上能够享有任何福利呢？

然而，社会及其成员的利益很容易得到调和。如果在一切级别的考虑中，个人都心系公众，那么，在做出这种考虑时，他就收获了其本性有能力获得的最大幸福。共同体能给予成员的最大祝福就是让他们与自己结合在一起。这是最幸福的国家，它得到了臣民最诚挚的爱戴。这是最幸福的人们：他们全心热爱共同体，在共同体中找到大度和热情的所有目标，找到运用每一种才能与德性倾向的空间。

在我们因此找到普遍原则后，大部分麻烦尚未解决，这些普遍原则有待正当地应用到具体情境中。在疆域、人民数量、财富等方面，诸民族间存在区别；关于他们所运用的技艺、他们已经获得的居所，各民族也有所不同。这些条件可能不仅会影响人的风俗，在我们看来，它们甚至要与诸风俗自身的规定竞争。它们被假定构成一个民族独立于德性的幸福。正如私人的虚荣心因其财富和荣耀得到满足一样，这些条件也被授予一种头衔，在其财富与荣耀的范围内，我们可以据以放纵自己和其他民族的虚荣。

但是，如果将这种衡量幸福的方式应用到私人身上，它便是毁灭性的和错误的。如果把它应用于民族则同样如此。当财富、商业、疆域和技艺得到适当运用时，它们就是自我保存的方式，是权力之基础。如果它们在一定程度上没能得到合理的应用，民族就会遭到削弱，如果他们完全被抑制住，种族就会灭亡：其趋势在于维持人口的数量，而非构成幸福。它们满足了一个目的，却不足以满足所有目的。当它们仅仅被用来维持一个胆小怯懦、令人沮丧且奴性十足的民族时，它们就一点也不重要了。

伟大的强国能够跨越和克服柔弱，文雅的商业国家比粗朴之国拥有更多的财富，并实践着更多样的技艺。但是，在所有类似的情况下，人的幸福存在于正直、活跃、强大之心灵带来的福祉里。如果我们仅仅将社会状态视作人类因其倾向所导入的状态，作为一种依据保存其族群、孕育才能、训练德性之效果来加以评价的状态，那么，为了享有这些利益，我们无须扩大我们的共同体。我们经常在最显著的程度上获得它们，诸民族仍然独立，且只有狭小的疆域。

增进人口数量可被认为是一个伟大且重要的目标，但是扩展任何特定国家的疆界(limits)也许并非达到这一目的的途径。当我们欲求同胞人口成倍增长时，我们并不能就此推断，如果可能，所有人都应该在一个首领下团结起来。我们仰慕罗马帝国，视之为民族伟大、辉煌的模型，但是我们在此景仰的伟大却有害于人类的德性与幸福。我们认为，人类的德性和幸福与征服民族在政府及风俗准则下享有的任何利益毫不一致。

民族间的竞争源自它们的分化。诸国集合成群就像人的联合。在它们所办理的事务中，立足于平等与各自独立的利益，诸国结成的群体就找到了对其理性的运用，以及对其德性之检测。在每个国家内部，为安全而采取的措施(包括大部分国内政策)，都与从国外而来的理解有关。在德性的锻炼中，雅典对斯巴达来说是必需的，就像为了生火，钢铁对燧石是必要的一般。如果希腊诸城邦团结在一个首领下，我们就不会听说伊巴密浓达或色拉西布洛斯、吕库古或梭伦了。

所以，当我们代表自己的族群进行思考，尽管我们可能会为源于独立和利益对立的放纵发出悲叹，但凡要人们具有任何程度的美德，我们就不能发愿将数量众多的人口挤压在一个统治集团下，他们可能致力于组建多个政府。或者，我们也不能把所有事务委托给一个元老院、一个立法或行政权力处理。立足于差异与独立，它们就能为许多人提供施展才干的条件，为其提供赢取并展示荣耀的剧场。

关于这点，人们可能无法给出固定的法则，但对无垠疆域的崇拜却是一个具有毁灭性的谬误，是对人类真实利益最大的误解。

对任何特定国家来说，可欲求的扩展手段经常依据邻国的状况而定。如果许多国家彼此接壤，为了成为相互尊敬、彼此重视的对象，为了让它们可能拥有独立的民族政治生活，它们应该接近于平等。

当西班牙诸王国联合起来时，当法兰西的大采邑被国王吞并时，不列颠诸民族若继续保持分裂状态就不再合适了。

的确，希腊的小共和国下面又有许多分支，再加上权力制衡，几乎在每个村庄都能找到一个国家。每一个小区都是卓越之士的温床。当今大帝国的荒凉角落却曾是人们收获重大荣耀的处所。但在现代欧洲，小范围的共和国就像灌木丛一样，生长在高大乔木的阴影下，为强邻所窒息。就它们而言，某种程度的实力悬殊削弱了分立的优势。它们就像波兰的商人，既不是主人也非奴隶，因此就更遭人鄙视而更缺少安全了。

与此同时，诸独立共同体尽管柔弱，但只要联盟会带来一种强制或不平等对待的氛围，甚至当联盟仅仅意味着新成员享有与老成员同样分量之时，它们都反对联盟。公民对诸王国的并吞毫无兴趣。当国家扩大的时候，他必然会发现，其重要性遭到削弱：但从疆域的扩张中，富有雄心的人却能获得更多的权势和财富，政府自身则变成一个相对容易的任务。于是便有了帝国的毁灭进程。于是，自由民族也在对获取领土的夸耀中备受摧残，最后却为他们征服的奴隶所束缚。

我们增强民族势力的欲望是扩展疆域的唯一借口。但若把此手段发展到极端，它便总会让自己遭遇挫败。

尽管有数量优势、战争中的资源优势，一个民族的力量却是来自品格，而非财富和人口的繁衍增长。如果一个国家的财富能雇佣众人，建筑工事，准备战争，那么惊恐者的财物就很容易获得，胆怯的群氓则会陷入自我混乱；在无人严防死守之处，用来防御的城墙也易于攀爬。武器只有在勇士手中才能显现威力。与其他城市用砖石水泥建筑的城墙相比，阿格西劳斯王（Agesilaus）指派军队作为城墙，为他的国家带来了更为坚固、更为有效的防御。

对于力图修建防御工事来取代德性之外在应用的政治家，我们不应怀有感激之情。作为一个理性存在，对人来说，明智的命令就是：为了他的自我保存，必须运用理性。在对出类拔萃的追求中，其人身考虑取决于他自己的品格，这是他的幸运。为了变得强大安全，他们必须竭力维持人民的勇气、培养人民的美德，这是民族的幸运。通过这些途径，他们立刻获得了外在的目的，他们是幸福的。

和平与一致通常被认为是公共幸福的主要基础，而独立共同体之间的竞争、自由民族的活力被认为是政治生活的原则，也是人类教育的原则。我们应该如何协调这些相互冲突的信条呢？也许，我们并非必然要将它们调和一致。爱好和平的人将竭尽所能，缓和仇恨，调和意见。如果他们能够成功压制他们的犯罪，平息最坏的激情，幸福就会来临。与此同时，正直者平等参与了国家管理，除了腐化和奴役，没什么能够压服存在于正直者中间的争辩。

在最用心拣选的同伴中，我们无法就意见问题达成完美的协定。如果能够，那么社会将变成什么样呢？普鲁塔克说：“斯巴达立法者似乎在其同胞中间种下了差异和争吵的种子。他的意思是，好公民必须导向冲突。他认为竞争是点燃美德的火把。他似乎认为，人们为了讨好他人，不加辨析就服从他人意见，这是腐败的主要源头。”

人们假设，政府形式决定了人类的幸福或悲戚。但是，为了适应疆域、生存方式、品格和不同民族的礼法，政府形式必须有所不同。在某些情形中，大众必须忍受艰辛来自我统治；在其他情形下，他们则必须受到严格的限制。在某个原初的时代，村庄居民安心地将自己托付给理性行为，并安心听取他们根据天真无邪之观点提出的建议。但纽盖特监狱的住户却很少得到信任，他们的身上戴着枷锁，腿上绑着铁做的镣铐。所以，要找到适合一切人类境况的单一政府形式，这怎么可能呢？

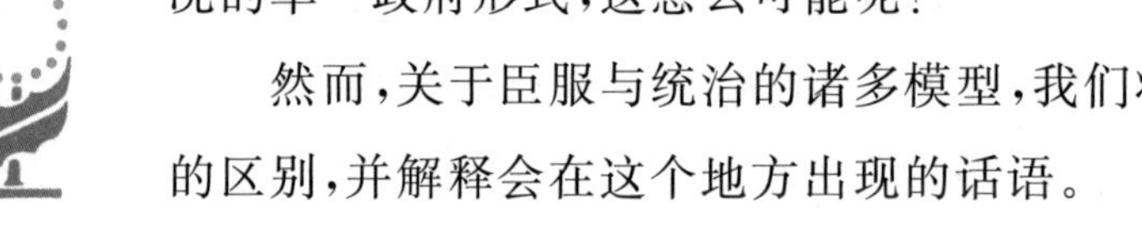

然而，关于臣服与统治的诸多模型，我们将在下一节指出它们的区别，并解释会在这个地方出现的话语。

第十节　论民族的幸福(续)

人类原本是平等的,这是人们的共同观察。他们的确天然拥有自我保存和运用才能的平等权利,但他们适合不同的地位。当他们在此环境中取得一条法则,将自己分出不同阶层,他们在自然权利上并未遭受任何不义。很明显,某种臣服模式对人是必要的,正如对人而言,社会自身必不可少一样。这不仅是为了实现政府的目的,还是为了顺从由自然确立的秩序。

在任何政治制度之前,人们具有各色各样的才能、不同的灵魂品性及激情活力,它们扮演着不同的角色。若把他们聚集在一起,每个人都能找到自己的位置。他们在一个群体中批判或赞赏,在更细心选择的党团中咨询或沉思。作为个人,他们占据一种支配地位,或赋予他者一种支配地位。通过这种方式,在正式分配职权之前,众人便适于结伴行动,来保存他们的共同体。

我们被塑造出来,以这样的方式行动。如果我们在总体上对政府权利抱有任何怀疑,我们的困惑更多来自思考之精微,而非任何心灵感受的不确定性。在同伴的决心中,当我们决定以何种法则集合众人的意志以前,我们就随波逐流,融入在同伴的决心之中了,与群众一起行动了。在我们发现其装腔作势的基础,或调整其选举形式之前,我们就追随一位头领。尚未等到人类在行政官与臣民能力上犯下许多错误，他们就认为建造政府自身便是诸多法则的一个主题。

所以，在考虑到社会得以维持的不同形式时，决疑论者乐于探究：一个人或任何数量的人有何凭据来控制其行为？他可能会回答他，如果他的行为对同伴的偏见没有任何影响，那他完全没有任何凭据。但是，如果他们拥有任何凭据，它们就是为集体和个人所有的防卫权和阻止犯错的义务。许多粗野民族没有正式的法庭来裁判犯罪，当他们收到公然入侵的警报时，他们就聚集起来，对罪犯采取措施，仿佛他就是一个敌人。

当社会在其集体能力中行使主权，或社会将全部权力委托给一些人，由他们来行使主权时，上述考虑就确证了主权的凭据。这一考虑是否也支持对统治权的诉求，但却不管统治权为谁所有，哪怕它只由武力所维持？

通过观察，这个问题就可以得到充分的回答：每一个个人或人类群体都能胜任行正义、为善的权利。除了能力的缺陷，这一权利的行使没有任何限制。但是为恶行不义的权利却是对语言的滥用，是逻辑的混乱。与一切个人篡位者一样，任何集合体都不能胜任它。当我们在任何主权条件下承认这种特权时，我们只能表达其权力的大小，以及他能够率意而为的力量之大小。强盗、土匪的首领，以及握有重兵大权的专制君主都被认为有这种特权。当他们拔出利剑时，旅行者或居民可能因为情势紧急不得不为，或因为恐惧而屈从。但是，他并不受缚于任何源自一种职责或正义动机的义务。

同时，不同社会在我们眼前展现出多元的形式。这种多样性几乎是无限的。他们将成员区分为不同阶层,以各自的方式建立立法权和行政权,客观环境引导他们拥有不同的习俗,并使统治者具有不平等的权力和权威手段。这些都产生了制度间的永恒区别,即便对那些彼此相似的制度也同样如此。它们也赋予了人类事务细节上的差异,就其完整的程度而言,没有理性可以完整地理解,也没有谁的记忆力能够保存。

为了对整体有一个概括性的综合的理解,就像在其他主题上一样,我们必须决心在这个问题上忽略细节和特殊性,区分出不同的政府。我们必须关注某些为众人认同的要点,从而建立起一些总体纲目,此主题方能借此得到专门研究。当我们标注出形成普遍一致要点的诸特征时,当我们在许多立法、行政和司法模式中,在与政策、商业、宗教或国内生活相关的建制中追寻其结果时,我们就获得了知识。尽管它并未取代经验之必然性,却有助于引导我们的研究,在纷繁的事务中为我们所观察到的特例赋予秩序和安排的方法。

当我回想起孟德斯鸠庭长写下的内容时,我要不无伤感地说:我为何要探讨人类事务呢?但我也受到思想和情感的激励。我将用一种更能被普通人理解的方式来表达,因为我更接近一个普通人的水平。出于方便考虑,我们可以把不同的政府形式安排在一些标题下,对它们进行论述。如果我们有必要通过这样的方式,为民族普遍历史的推论铺平道路,那么,读者或许应该参考这位深刻的政治学家和温和的道德学者对此主题做出的论述。在他的著作中,我们不仅能够发现我为了条理清晰而从他那引用的原创性观点,还可能找到许多观察的源头。我自以为这些观察乃出于我的创新，从而在许多地方反复评述却未引用其作者。

古典哲人在讨论政府的时候通常将之归为三类：民主政体、贵族政体、专制政体。他们主要关心共和政体的多元化。孟德斯鸠区分了专制政体与君主制，但古典哲人对它们的区别却不怎么关心。孟德斯鸠也认为政体可以大体上分为三类。为了“理解每一政体的本性”，他认为，“有些人只具有最少的反思能力，我们只要回想起他们熟知的观念就足够了，他们承认三种定义，或三个事实。共和国是人民集体具有或部分人民拥有主权权力的国家；君主国是由一人根据固定、确切的法律加以统治的国家；专制国家由一人统治，但没有法律或行政法则，仅靠专制君主的任性、决定、一时意志的冲动，一人统揽一切”。

共和国承认，民主制与贵族制之间具有一种颇具物质色彩的区分，这一区别由普遍定义指出。在民主政体中，最高权力掌握在集合体手中。在主权的名义下，每一个行政官职向每位公民开放。在行使其职权时，他就成了人民的股肱之臣，在人民信托的每一个目标上，他都要对人民负责。

在贵族制下，主权属于某个特定的阶层，或人的群体。他们一旦受命，便终身任职。或言之，因为世袭的显赫身世与财富，他们就被拔擢到永恒的高贵地位。通过他们的任命，所有的行政官职都被来自这一阶层的人填满。在他们构成的各式会议中，与立法、行政、司法有关的一切事务都得以最终拍板决定。

孟德斯鸠先生已经指出了，在这些不同的政府下，人的行为源自何种情感或原则。

在民主国中，他们必须热爱平等，他们必须尊重同胞的权利，他们必须因共同的情感纽带与国家联系在一起。在提出个人要求时,他们必须将自己的能力与对手做一番公正的比较,这样一来他就会为自己获得的公正程度感到满意。他们必须为公众劳动却不寄希望于营利,他们必须拒绝每一个创造人身依附的努力。正直、力量,简单言之即心灵的提升,是民主的支柱。德性则是保存民主制所需要的行动原则。

就大众政府这一方而言,它具有一种多么优美的卓越之处啊!如果这种政府形式倾向于确立德性原则,或者,在所有情形中,它都确切地指出了德性的存在;那么,人们应该多么热情地渴望这一形式啊!

但无论我们希冀何种利益,为了获得这种形式,我们必须拥有其原则。如果在人们已经不太幸福的地方,还有任何多余的邪恶值得避免的话,那么在原则被彻底拔除的地方,形式亦将充满邪恶。

在君士坦丁或阿尔及尔,当人们假装在平等的基础上行动时,那便是一副凄惨的景象:他们只想要撼动政府的限制,尽可能多地获得主子平时大肆挥霍的物品。

民主制的一个优点是,出人头地的主要基础是个人品格,人们依据能力和行为的功劳被区分为不同的阶层。尽管所有人都同等地假装拥有权力,国家却是由少数人统治。甚至在他们的主权能力中,人民中的大多数人也只能假装运用他们的感觉,来感受国家何时困于不便,或何时受到公共危险之胁迫;并运用那些倾向于在拥挤的会议中产生的热情,敦促实现他们参与的追求,击退威胁他们的进攻。

最完美的权利平等绝不会排除卓越心灵的上升。如果不挑选出委员会，没有委员会的指导，集合体的议会也不会进行统治。依据这一论述，大众政府或许会与贵族制相混淆。但这并不构成贵族政府的品质。国家成员在这里至少分为两个阶层，一个注定发布命令，另一个则注定服从。没有什么功过能够让一个人从一个阶层上升或下降到另一阶层。个人品质的唯一效果是让个人获得一种与其地位相应的适度关注，而非变动其阶层。在一种情况下，他被教导着，去假设自己是卓越的。在另一情境中，他则被教导着，去获得这种卓越地位。他获得了主人或受庇护人的地位。他要么是国家的主权者，要么是国家的臣民。所有公民都可以在执行国家计划时团结起来，却不能在思索方略或制定法律中实现联合。在民主制下，属于全体人民所有的仅限于一部分。统治阶层成员很可能根据才能，在他们自己中间进一步划分等级，但维持一种永远超越下层人民的优势。他们立即成为国家的仆人和主人，为他们所享有的民政和军事荣誉尽心竭力、抛洒热血。

对这一共同体的成员来说，其主导原则不再是为自己争取，并承认同胞享有特权与地位的完全平等。人们的权利被他们的境况改变。一个群体要求的东西多于他愿意生产的东西，另一阶层则必须准备生产它不能确保获得的东西。孟德斯鸠先生有很好的理由将这种政府的原则命名为节制而非德性。

一个阶层的上升是一种节制的傲慢，另一个阶层的臣服则是一种有限的顺从。前者必须小心，通过隐藏其优势地位中招致怨恨的部分，从而减轻公共安排中令人痛心的东西。而且，他们还要通过教育，借助受过教化的礼仪、得到增进的才干，表现得有资格占有他们的地位。另一阶层必须学会通过尊敬和人身依附来获得无法借助武力勒索到的东西。如果这种节制在每一方都荡然无存,制度就会动摇。一旦民众被激怒,揭竿而起,他们很可能要求民主国家承诺给他们的平等权利。倾心于统治的贵族可能从他们自己中间选出一个君主,或发现已经有人向他们指明谁会是君主。由于财富、声望和能力上的优势,君主准备为其家族攫取那种引人嫉妒的权力。这种权力已经带着他的阶层超越了节制的限度,并让这具体的人感染了无限的野心。

相应的,人们已经发现,君主制具有一些贵族制新近出现的特点。然而,君主不过是首席贵族,他必须满足于有限的权力。他的臣民被区分为不同的阶层。在其权威四周的每一个角落,他都发现有伪装的特权。他也找到了一种力量,它足够强大,能将其行政事务束缚在一定的平等边界中,并能决定法律。

然而,在这些政府下,对平等的爱是荒谬的,节制本身也没有必要。每个阶层的目标都是出人头地,他们都最大限度地展现各自的优势。主权者自己的权威很大一部分要归因于他在公众中展现的辉煌的头衔和令人目眩的车马随从。君主以下的各级官员也以类似的炫耀来证实自己的重要性。为了这个目的,他们随身携带着显示其高贵家世的标志,或能凸显其财富的装饰。还有什么能够使他与同胞相比显得鹤立鸡群呢?或者能使他在那些填补君主与农民之间差距的无数阶层中脱颖而出呢?或者,在幅员辽阔的国家里,在那些被野心和利益分化的众多成员之间,还有什么能够保留任何秩序的外表,没有共同关心的情感却仍然必定能够形成共同体呢?

如果一个国家在人口和领土上进行扩张，超过了与共和政府相适应的人口数量和幅员范围，那么就普遍的情况来看，我们就会在那里发现君主制。与这些环境一起，它们在财富的分配上产生了巨大的不平等，出人头地的欲望成为主导性的激情。每个阶层都会运用自己的特权，而君主则永远倾向于扩张自己的特权。臣民无望获得主导地位，如果他渴求平等，他就会愿意支持他们的要求，帮助他们获得必然会唤醒一种力量的事物。在许多情况下，有了这种力量，他自己就必须满足。因为这一政策，许多令人不满的区分和专属于君主政体的抱怨将在表面上被清除掉。但是，臣民接近的平等状态却是奴隶的平等，他们平等地依附于一个主人的意志，而不是保有自我意志的自由人的平等。

根据孟德斯鸠的论述，君主政体的原则是荣誉。人们可能获得好的品质、心灵的提升和坚忍。但他们不会拥有平等感：即便是最卑微的公民，其人身权利也不会有遭到侵犯的感受。人们不会有义愤精神，即不去寻求一份保护，不会把原本的权利当作恩惠接受的精神。人们也不会拥有公共的爱慕之情，它的基础是忽视个人的考虑。平等感、义愤精神和公共的爱慕与君主政体的自我保存并不一致。君主政体给成员分配了相应的地位，他们则从其地位中获得了相应的习惯。平等感、义愤精神和公共的爱慕也与君主政体成员在其地位中养成的任何习惯都不一致。

每一种境况都具有特定的尊严，并指明一种有地位的人都有义务维护的行为之合宜。在上下级之间的交易中，级别的晋升是野心和虚荣的目标。为了方便文雅社会中人与人之间的交往，良好教化的目标则是掩盖或拒绝阶层的分化。

尽管思虑的对象是地位的尊严而非个人品质，尽管友谊不能仅仅通过倾向就得以塑造，联盟也无法仅仅依靠心灵的选择就得以形成，但是，这般联合起来的人即便没有改变他们所属的群体，也对道德卓越产生高度怀疑，或在不同程度上走向腐败。作为国家成员，他们可能相当活跃，在私人社会的贸易中，他们则又和蔼可亲。或者，他们可能放弃作为公民的尊严，甚至作为私人派系，他们飞扬跋扈，不可一世。

在君主政体下，所有群体都从君主那里获得荣誉，但他们却把它当作一种权利继续持有。他们在国家中行使臣民的权力，其权力奠基于他们享有的永恒地位，以及与他们受命领导和保护之人民的爱戴。尽管他们并不会迫使自己参与国家事务委员会和公共会议，尽管元老院的名字尚不为人所知，然而他们接受的情感必然对君主有些分量，每一个人也依各自的能力在一定程度上为他的国家殚精竭虑。在任何不会损害其社会地位的事务上，他都做好准备为共同体服务。在任何危害其荣誉感的事件中，他都加以厌弃并且反感，这些都会对君主意志产生消极影响。

依赖与保护的双向纽带彼此纠缠，君主制下的臣民尽管没有像共和政体中的人民一样为公共利益的感觉绑缚在一起，他们却发现自己是积极社会的成员，致力于在自由的基础上对待其同胞。那些荣誉原则使个人免于人身奴役，不至于成为他人玩弄于股掌中的器物而遭受压迫。如果这些原则失败了，如果它们为商业原则、为一种假定哲学的改良，或为错置的共和精神开辟出道路，如果他们因为臣民的懦弱而遭到背叛，或因君主的野心而被征服，那么欧洲诸国将变为什么呢？

君主制腐败之后就变成了专制政体，它表面上还维持着一个宫廷和君主，但君主以下的所有阶层都被摧毁了。臣民被告知没有任何权利，他不能拥有任何财产，或占有任何地位，不能摆脱君主瞬息万变的意志。这些原则建立在征服的法则之上，它们必须用皮鞭和利剑相逼方能灌输到人民的脑中，它们在锁链和囚禁的胁迫下才能被最好地接受。所以，恐惧是它的原则。恐惧使臣民有资格拥有其社会地位。君主却如此自由地向他人挥舞着恐惧的大旗，有充分的理由给这种激情一个重要地位。他为他人权利所设计的保有制（tenure）很快就应用到他自己身上。出于他保护、扩张其权力的迫切欲望，他认为这一保有制就像其人民的财富一样，只是想象和不安定贪欲的创造。

所以，尽管我们能够如此精确地辨明区分不同政体的理想边界，但实际上，我们发现它们无论在原则还是形式上都以各种方式混合在一起。在什么社会中，人们不是通过外在的区别和个人品质被分为不同阶层的呢？在什么国家，他们不是被多种原则驱动，不是被正义、荣誉、节制和恐惧驱动？科学的目的不是要掩饰目标的混淆，而是要在特殊性的多样化与联合中找到值得我们注意的要点。如果理解得好，这些要点就能够保护我们，使我们避免多种独立案例可能造成的难堪。政府在多大程度上需要人们依据德性、荣誉或恐惧的原则行动，它们就在多大程度上具有共和制、君主制和专制政体的性质，普遍理论就在多大程度上能够适用于具体案例。

实际上，诸政府形式逐级经历着双向的前后推移，它们前进或后退的等级有时很多，但经常难以察觉。通过承认某些阶层的不平等,民主政体趋近于贵族制。在大众和贵族政府中,通过个人权威或有时通过家庭的信誉,特定的人获得了一系列君主权力。君主受到不同程度的限制,甚至专制君主也只是这样一个君主,他的臣民要求最少特权,他自己也充分准备好用武力使之臣服。所有这些差别都是人类历史中的阶梯,标志着他们曾经历的由德性支持或受邪恶压迫的飞速、短暂的情境。

彻底的民主和专制看起来是政体两个相反的极端形式。民主政体要求完美之德性,专制政体则假定了彻底之腐败。仅就形式而言,在人的阶层划分上并没有什么是固定不变的。在对权力的随意短暂拥有之外,社会很容易从一种情况滑向另外一种:在第一种情况下,每一个人均可平等地要求统治;在第二种情况下,他们只是同等地注定服务。两者中相同的品质,勇气、人口、地理位置和军事行动将野心家提升至显赫地位。拥有了这些品质,公民或奴隶就很容易从目前的阶层走向对军队的号令,从默默无名变得声名赫赫。在这两种情况下,单独之个人可以运用不受限制的权能加以统治,人民大众可能破除所有秩序的阻碍以及法律的限制。

如果我们假设,在专制国臣民中建立起来的平等为其成员注入了自信、刚勇和对正义的爱,那么专制君主就不再是恐惧的目标,必定沦为普通大众的一员。相反,如果民主国家的成员享受的人身平等仅仅被认为是贪婪和野心的伪装,那么君主就获得了再生,并得到了那些想要与之分享利益的人的支持。当贪婪之辈与唯利是图之人汇聚成党,那么他们居于何人麾下就并无分别,无论这个人是恺撒或是庞培。掠夺或对权力的希望只是他们彼此依附的动力。

在腐败社会的混乱形势中，场景频繁地由民主变换为专制，或从专制变换成民主。在腐败之人的民主中，自没有法律的混乱场景中，僭主用沾满鲜血的双手为自己加冕。但是在他获取的地位上，他的放纵和虚弱终将反过来唤醒叛乱和复仇的精神，并为之扫清道路。即便人民退回自己的私宅，军事政府的日常运作也会使之备感恐惧，杀戮和掳掠带来的悲号响彻穹庐，穿透了苏丹王宫的栅栏和铁门。在狂躁的无序和混乱中，民主似乎要复苏：在一个犯了热病的国家中，这两个极端只不过是转瞬即逝的阵痛或倦怠状态而已。

如果哪个地方的人们一旦堕落到了这个程度，看起来就没什么直接补救的希望了。不论大众还是僭主的上升都不会确保正义的执行：仅靠暴乱的许可，还是忧郁及奴役的平复都不能教导公民，他是为公正而生并要热爱同胞。如果善于思考的人发现，他们有时乐于将惯常的战争状态尊称为自然状态，那么他们将在专制君主与臣民的相互竞赛中找到这种状态。然而，当一个粗野单纯的部落向诸民族之条件与内政安排迈出第一步时，他们却无法在这第一步中找到自然状态。

第二部分

论粗野民族的历史

第一节　从古代流传下来的关于这个主题的信息

人类的历史局限于一个有限的时期，并从世界各地带来一种信息，即人类事务本有一个起点。那些因其技艺、幸福的政治建制而负有盛名的民族源自一个虚弱的起点，在他们的传奇中仍然保存着缓慢、逐渐发展过程的标记。正是通过这个缓慢发展的过程，这个民族才获得其显赫地位。在这一点上，每个民族的古老风俗无论如何多样、如何难以分辨，它们都包含了相同的信息。

在神圣的历史中，我们发现，人类的父母最初只是孤零零的一对：他们被派来继承大地，却不得不在遍布荆棘的地表谋求生存。他们的族群再一次减少到几个人时，他们就不得不与那些正在等待一个柔弱、年幼种族的危险搏斗。斗转星移，许多世纪过去了，在沙漠里放牧的一些家庭成长为最令人尊敬的民族。

希腊人的祖先是漂泊不定的部落，他们频繁的迁徙就是其共同体野蛮、幼弱状态的证明。在故事中，祖先部落英勇作战的行为得到大力颂扬。这些英勇的战事仅仅展现出，他们用战斗争夺为后世所占有的国土。他们的叙事才能、艺术和政策造就了人类史上这个辉煌灿烂的民族。

意大利必然也曾分裂为许多野蛮、虚弱的部族。那时候，有一伙劫匪(就像老师们教给我们的那样)在台伯河畔找到了一个安全的居留地,一个由单一性别支撑起一个民族的品质。在很多个世纪里,罗马都只能从城墙中观望群敌环伺的领土,无力制约或窒息这些柔弱的原始国家,就像它后来难以限制帝国的扩张进程一样。就像鞑靼或塞西亚游牧部落搭建起自己的居留地,这个年幼的共同体如果不比每个相邻部落更加强大,那就是与它们不分伯仲。能用树荫覆盖田野的橡树曾经也不过是柔弱的植株,与在早年限制其生长的野草无异。

我们对高卢人和日耳曼人的了解也有类似的标记。在罗马第一次入侵时,不列颠居民在许多事情上也与北美土著类似:他们对农业一无所知,在身上涂抹油彩,以兽皮为袍服。

所以,一切民族的历史开端都表现出这样的特点,我们便能在这些环境中寻找人类的原初特点。这一研究可以追溯到久远的时代,每一个结论都应该建立在那些得以保留以供我们使用的事实上。尽管如此,我们的方法还是过于频繁地在整体上依赖推测,将我们天性中的每一优点都归结于我们自己拥有的技艺,并想象只要否认所有德性,就足以描述人的原初状态。我们自己就是礼貌与文明的假定标准,在我们的特点黯淡之处,我们就认为没有什么需要去认知。但是,就像在许多其他的场合一样,从我们对原因所假定的知识中,我们不足以预见到效果;或者当缺乏对环境的理解时,我们就不足以断定什么是我们的特性与功能,甚至我们的人性。谁能够仅仅通过推测就断定说,赤身裸体的野蛮人是一个自命不凡的蠢汉或热衷于攀比的赌徒呢?没有身份与财产的区别,他难道会变得骄傲和虚荣?他主要关心的是装扮自己的身体,并以此为乐？甚至如果我们可以假设，他因此分有我们的邪恶，在森林中也会竞相展现出城镇中的蠢行，那么也没有人会如此大胆地论断：在任何情况下，他都可能在才能与德性上超越我们。他本具有洞察力、想象力和演说艺术，具有无畏的心灵、情感和勇气——少有国家的技艺、规训和政策能够提升它们。然而，这些特例只是那些有机会看到人类最野蛮状态之人所做描述的一部分：在这些证据之外，我们既不能安全地采用这个主题上的信息，也不能安全地给出相关信息。

如果推测和意见是在很久远的时候形成的，它们在人类历史上没有充分的权威，那么，恰恰由于这个原因，对于每个民族自己的古代，我们就应该审慎地加以接受。对大部分人而言，它们只是后世的推测或虚构。即便它们在开始包含了一些类似真理的东西，它们仍然会因为流传者的想象而发生改变，在每一代人那里都会获得一个不同的形式。它们被塑造出来，承载已经逝去的诸时代的烙印，而非它们假定在描述的那个时代的烙印。它们带来的信息不似镜子反射而来的光线，勾勒出它映照的对象。但是，就像从一个晦暗粗糙的平面发出来的光线一样，只反射出物体的颜色和形状。

当传统故事经初民复述出来，它们就印上了民族性格的标记。尽管混合了谬误，却能经常提升想象，打动心灵。当它们成为诗歌的材料，并饰之以大胆、卓越心灵之技艺和雄辩，它们就指导着理解，也唤起了激情。只有在对单纯的古代的理解中，或剥除掉历史法则不允许佩戴的装饰，它们才会变得甚至不适合娱乐我们的想象，或不适合服务任何目的。

考据与人类历史有关的事实之时，如果我们引用《伊利亚特》或《奥德赛》，赫拉克勒斯、忒修斯或俄狄浦斯的故事作为权威依据，那这是荒谬的。但是，它们可被正当地引用，以确证创作这些故事之时代的概念与情感，归纳出人民的天赋特点。它们受到人民的喜爱，被传诵和赞美，人民的想象力融入其中。

通过这一方式，我们就能接受传说故事，用以印证民族的天才，而历史则不能提供任何被冠名为信用的东西。相应的，希腊神话传达出作者的特质，让我们可以了解那个并无其他记录得以保存的年代。这一民族的过人之处的确在他们的神话中，在那些极好的关于英雄、诗人和圣贤的故事中得到了最显著的体现。这些神话和故事被想象力创作出来，或由想象加以润饰。这些想象中加入了英雄之所以被颂扬的主题，以便于点燃人民后来在追求每个民族目标时获得的炽烈热情。

对那些民族而言，这无疑是伟大的优点：他们的传说体系是原创的，在民众传统中得以接受。那些天赋最好的人提升了理性、想象和情感，随后把它们注入传说自身，或在其道德中表达出来。所以，他们的传说体系扩散了那些理性、想象和情感之改良。诗人的激情四散到人民的心灵之中，天才人物的诸多概念传播进草莽之民的心里，成为民族精神的诱因。

从海外借来的神话，一种以异国他乡为参照、充斥着异国情调的文学，它们在使用中受到了更大的限制：它们只对有学识的人言说。尽管它们倾向于传播理解、修补心灵，但由于仅限于少数人，却产生了相反的效果。它们在常识的废墟上培植起自负。雅典水手在划桨时喊唱的号子，羊倌在放牧时反复吟诵的牧歌至少是天真无邪的。它们却将之变成一种邪恶的原因，变成卖弄学问和学术傲慢的基础。

也许，当我们的学识扩大影响时，它在一定程度上压抑了我们的民族精神。我们的文学有其母邦，那些民族由另一个种族的人构成。当我们的祖先尚未摆脱野蛮状态时，他们就已经步入繁盛之境。所以，当他们被掌握了文学技艺的民族轻视，他们就产生了一种带有侮辱性的观点，认为我们自己是卑微的、受人轻视之民族的后代。他们认为，在天才受到海外榜样的激发，或受到海外课程的指导之前，我们的想象和情感不能产生任何效果。我们的论述主要源自罗马人。在他们自己的祖先尚未摆脱粗野状态时，罗马人就已经承认了一套或许为所有粗朴民族平等具有的德性体系：鄙视财富，热爱他们的祖国，能够忍受艰苦、危险和疲劳。尽管如此，他们却曾诽谤我们的祖先。他们声称，至少在其技艺之缺陷中，在忽视那些技艺致力于产生的便利时，我们的祖先或许只是在效仿他们的祖先。

然而，从希腊和罗马的史家那里，关于我们祖先的部族，我们获得的论述不仅最真实和最富有教益，也最引人入胜。这些崇高、深刻的作家们理解人性，能够收集诸种人性特征，并在所有情况下将其展示出来。早期现代欧洲的史家们并未很好地继承他们的任务，他们被培育成为职业教士，将自己限制在寺庙生活中，致力于记录他们乐于称之为事实的内容。然而，他们忍受着天才枯萎的后果，他们也无力通过选择材料，或借助写作风格来呈现人类在任何情况下的积极精神。借由它们，叙述被假定构成了历史，但它却没有传达出任何关于人的知识。他们按照时间顺序记录下事件更迭和君王轮替，他们允许以此方式完成历史自身的写作。在所有人类事务中，唯有理解与内心诸品格能够让故事引人入胜或富有教益。在他们留下来的历史记录里，我们只能徒劳地寻找那些理解与内心品格。

所以，在恺撒和塔西佗的史笔舍弃我们先祖之处，我们就自愿放弃了他们的历史。有些东西与现今的事务关联在一起。或许，在进入它们触及的范围，使之成为我们正在处理的体系的一个部分以前，我们就没理由期待，有任何主题能够唤起心灵的兴趣，或对心灵产生影响。然而，从今往后，我们没有理由来这样总结：与人类热衷于展现内心运动，展示大度、慷慨与勇气之效果的每个阶段相比，在现代欧洲，材料本身更为贫瘠，人类事务的场景也更加了无生趣。

那些时代拥有什么呢？在一个博学且文雅的时代里，当天赋出众、能力卓越的人利用这个时代的成就，把他们找到的材料收集起来，以最成功的方式将蛮荒时代的故事与后代的事务联系起来时，他们甚至不会对这个问题做出公允的裁断。在如此不同的处境里，在那些与他们自己相距如此遥远的年代里，人类是什么样的呢？关于这个问题，通过应用在新社会状态中的名字，他们甚至难以传达一种正当的理解。

从具有这种品格的史学家那里，我们获得了其著述适于传达的教诲，并因此频繁忘记那些概括性术语。这些概括性术语被用于从偶尔呈现出来的细微环境中收集一个时代的真实风俗。皇室和贵族的头衔适用于塔尔昆（Tarquin）、科拉迪努斯（Collatinus）、辛辛纳图斯（Cincinnatus）这样的家族；但卢克蕾西亚（Lucretia）

要和她的侍女一起从事家庭手工业，辛辛纳图斯也要下地耕作。在欧洲，许多世纪以前，文明社会的爵位和官职就以它们现今的名字为人所知。但在英格兰，我们却发现国王和他的宫廷聚集起来庆祝节日，而以抢劫为生的歹徒也参与到这盛会中来。国王亲自起身要将这不速之客赶走，他们之间爆发了一场混战，国王被杀死。[①] 一个内阁大臣和首相现今拥有富丽堂皇的豪华家具，它们是引人崇拜和嫉妒的主题。但是，在英格兰史中，在冬日的每一天，他都用干净的秸秆和干草覆盖居所，在夏日里则用青翠的灯芯草和树枝来覆盖。在那些时代，甚至主权者自己也为他的床榻准备了可作牛马饲料的干草。[②] 这些对时代特征的生动刻画与描摹唤起了我们的想象，将之从假定的君主与臣民的区别唤回到一种粗粝的熟络的状态。我们的祖先正是在这种状态中生活、行动。对于目标和行为原则，他们持有自己的观点。当我们致力于记录他们的交往，或研究其品格时，我们就很少理解这种观点。

尽管他的国家对所谓野蛮人怀有偏见，但修昔底德认为，从野蛮民族的习俗中，他能够了解到希腊人更加古老的风俗。

罗马人在论述我们的祖先时，他们可能已经找到了他们自己的祖先的形象：如果一个阿拉伯部落可以成为一个文明民族，或任何美洲部落逃脱欧洲商人的毒害，那么从现时代的诸多关系、由旅行者所做的描述中，这个民族将在后世收集到关于其起源的最好论述。就像照镜子一样，我们能从他们现在的情况中看到祖先的

① 休谟的《英格兰史》第 8 章，第 278 页。

② 同上书，第 73 页。

诸多特点，此后，我们就能结合祖先有理由生活于其中的环境的影响归纳我们的结论。

在思想或生活习惯中，在其生活方式或理性领悟中，有什么能够将一个日耳曼人或布立吞人与一个美洲人区分开来呢？这个美洲人像他一样，拿着弓矢，准备穿越森林；在同样严酷多变的气候里，他不得不依靠捕猎来养活自己。

在成熟的年岁中，关于我们始于摇篮的进步，如果我们能够形成一个正当的观念，那我们就得追溯到婴幼期。有些人仍然处在我们试图描述的生命阶段。从他们的事例中，我们可以看到过去风俗的表象。通过任何其他方式，我们都无法回忆起来。

第二节　论财产权建立以前的粗野民族

从美洲的一端到另一端，从堪察加半岛（Kamschatka）往西一直到奥北河（Oby），在北海时越过一个国家的长度到中国、印度和波斯的边界；从里海到红海，越过内陆直到非洲西海岸：我们在每一处几乎毫无例外地都遇到了这样的民族，我们可以称之为野蛮人（barbarous）或原始人（savage）。这片广袤的土地包含了如此多样的情状、气候和土地，它应该在居民的风尚中展示出所有因太阳的特殊影响、不同的饮食和生活习惯而产生的多样性。然而，在我们一开始努力形成关于人类在野蛮状态下的总体概念之前，在我们学会区分无知和驽钝、缺乏技艺和缺少能力之前，每个与本主题有关的问题都尚不能被称为成熟。

那些居住在那或任何其他较不开化地区的民族主要依靠狩猎、捕鱼或土地的自然出产。他们不怎么关心财产，几乎没有任何臣服或政府的起点。其他拥有羊群，其生计依赖放牧的人则知道什么会导致贫穷或富裕。他们知道出资人与代理人之间的关系，通晓主奴之道，还会以财产为尺度来划分社会等级。这个区别必然造成性格上的巨大差异，从而为研究人类在最野蛮状态下的历史提供了两个独立论题。一方为不知道财产的原始人的历史；另一方为野蛮人的历史，他们把财产当成主要关心和欲求的目标，尽管并未通过法律加以确定。

财产权是一种不断演进的事物，这必然显而易见。在其他诸种因长时间演变而产生的特例中，它需要某种界定所有物的方法。对财产的欲望是从经验中产生的。人们为获得、增进财产付出辛劳，这需要一种着眼长远目标而行动的习惯，从而能够克服眼前的懒惰与致力于享受的倾向。这种习惯是缓慢获得的。对那些拥有发达的机械与商业技艺的民族而言，它实际上也是一个主要特征。

在靠狩猎和捕鱼为生的部落中，个人随身携带的武器、器具和皮毛是他唯一的财产。明日的食物还在森林中野游，或隐藏在湖泊里，人们不去捕获它就不能获取。甚至在那时，由于众人追捕，结成团体渔猎，猎物在共同体中积累起来，由于即刻的需要而被用掉，或称为公共的储藏。

就像美洲大部分地方一样，野蛮民族在捕猎的同时也粗犷地从事着几种类型的农业种植。根据土壤和地上出产果品的特性，他们仍然遵从着其主要目标的类比。男人在打猎的时候，妇女也一块劳作；她们分担了种植的辛劳，也共同享受收获的果实。就像他们惯于捕猎的地区一样，他们耕耘的土地也被认为是民族的财产，但尚未分出成员各自的份额。他们成群结队地翻耕土地、播种和收获。一年之所获归入公共谷仓。从那之后，在预先宣告的时间，公仓的物品被分为许多份额，以维持各自家庭的生计。[①] 甚至他们在市场与外邦人交易得来的物品也被带回来，成为国家的储备。[②]

① 《加勒比史》。

② 夏勒瓦。

正如皮毛与弓矢属于个人，棚屋与屋里的器具适合为家庭所有。因为照料家庭是主妇的职责，所以看起来，家室的财产就授给了妇女。人们认为，孩子属于母亲，很少考虑到父系一脉。男人在结婚前不会离开他降生的屋子，当他与女性形成了一种新的联系时，他们就改变了习惯，正式加入了他妻子的家庭。主妇们把猎人和战士当作财宝的一部分，予以清点计数。在公共议会休会期间、捕猎或战争的间歇期，他们得到妇女的关照和供养，终日只顾寻欢作乐和游手好闲。①

当一种性别继续主要依靠其勇气、决策天赋和战争成就来评价自身时，这类授予他人的财产事实上就是臣服的标志，而非如某些作家说的那样，是获得支配地位的标志。② 武士不会选择去照料某个对象，忍受因此而来的麻烦，那只会令他感到窘迫不堪。如果不能获得荣誉，它就是一种奴役和持续的摧残。事实上，在他们国家，这便是奴隶和希洛人的职责。如果在此性别的目标中，当男人们继续沉湎于对卑微的商业技艺的蔑视，奴隶制的严厉建制就要推迟好几个世纪。如果在这种尽管不平等但尚属温和的联盟中，内心的情感阻碍了对奴隶施加奴役，那么就像在许多其他场合一样，相比起自然在经过改良后的诸多表现，我们在习俗中就有理由偏爱自然最早的征象。

如果在任何情况下，人们都基于我们已经陈述的内容来写作论财产的文章，我们就很容易相信旅行者们进一步报道的内容。

① 拉菲托。

② 拉菲托。

野蛮民族没有阶层和地位的差别，他们在事实上也没有因年龄、才能和倾向而产生的功能分配之外的臣服。在需要运用个人品质的场合，个人品质产生支配地位，但在放松的时刻，个人品质却没有留下任何权力或特权的痕迹。武士率领民族的年轻人奋勇杀敌，在追赶中总是一马当先，凯旋时与部族中其他人平起平坐。当他唯一需要做的事情就是睡觉、饮食的时候，他也享受不到卓越的荣光，因为他不会有更舒适的卧榻或更加精致的饮食。

在统治不会带来利益的地方，就像其他党派羞于永久处在臣服的地位一样，一个党派也同样厌恶发布号令的麻烦。"我爱胜利，热衷于伟大的行动，"孟德斯鸠在描述希拉（Sylla）的性格时说，"但我并不钟情于温和统治下疲软的细节，或是身居高位时的雍容华贵。"他或许触及了在最单纯的社会状态下弥漫的情感。在那时，人们轻蔑追求利益的动机，认为它虚弱无力，人们也轻蔑一切不以功劳为基础的升迁，斥之为愚昧无知。

然而，在这种状态下，心灵的品质并非单纯地以无知为基础。人们认识到了他们的平等，坚决维护自身的权利。甚至当他们追随领袖奋战疆场时，他们也不能够忍受假装接受一个正式的命令：他们绝不听命于任何人，他们也不参与任何军事协定，而是服膺相互的忠诚，以及事业中平等的热忱。[①]

我们相信，这一描述并不能同等地应用于不同的民族，他们在不同程度上建立起财产权。在加勒比人中，以及美洲更为温暖气候下的其他土著人中，部落酋长的尊贵由继承或选举而来，终身享

① 夏勒瓦。

有。财产的不平等分配创造了一种可见的臣服。[①] 但是在易洛魁人和温带的其他民族中，行政官与臣民、贵族与平民就像富裕与贫穷一样少有人知。老人没有掌握任何强制权力，在建议或为部落寻求解决方案时运用自然权威。军事领袖因出众的男子气概和英勇得到任命，政治家则仅仅因为闻达于议事会对时务的关注而得到任命，国家的年轻人因为对武士的信心而追随他奔赴疆场。如果他们彼此配合，构成一个政治政府，那么我们就找不到合适的语言来描述它。权力不过是心灵的自然优势，官职的履行不过是个人品质的自然运用。当这个共同体以合于秩序的表象行动时，在其成员胸中绝无等级悬殊之感。[②]

通过这些虽不正式但却称心如意的程序，单凭年龄就可在议事会中占有一席之地。凭借年轻、热情和活力就可以在战场上谋得领袖的头衔。整个共同体在听到警报时就会聚成一团，我们可以冒险地说，我们已经找到了元老院、行政权和人民大会的起源。这些机构使古代的立法者闻名遐迩。从词源学上讲，希腊和拉丁的元老院似乎最初就是由老人们组成的。罗马的军事领袖以一种不同于美洲勇士的方式发布征兵的通告，公民通过自愿加入准备奔赴疆场。在美洲原野指导民族政策的自然征象也在欧罗塔斯河(Eurotas)和台伯河(Tyber)畔得以遵循。吕库古和罗慕路斯建立起自己的制度模型，每个粗野民族的成员都从中找到了联合其天赋、融会其力量的最初模型。

① 韦佛的《达连湾地峡记》。

② 科尔登的《五族史》。

在北美诸民族之间，每一个体都是独立的，但因为情感和习惯，他们热衷于关照家庭。就像这么多相互独立的部落一样，家庭并不屈服于任何国外的监察或统治。不论国内发生了什么，甚至是流血和谋杀，各家庭都只关心自己。与此同时，家庭也是行政区的一部分。妇女们聚集起来，计划如何种植玉米。老人们参加议事会。猎人、武士和村庄的年轻人一起奔赴战场。许多这样的行政区聚集起来，构成了国家的议会，或执行某项国家的事业。当欧洲人在美洲建立起第一个居住地的时候，六个这样的民族结成联盟，有其派驻近邻各邦联盟的代表或联邦将军。由于他们联合之牢固、议事会之才能，他们获得了对圣劳伦斯河口到密西西比河口一带的支配权。[①] 他们显然理解了联盟和各独立民族的目的。他们研究权力平衡。一国的政治家关注着另一国的设计和进程，并偶尔调整自己部落的权重。他们有自己的联盟和条约，就像欧洲的民族一样。他们依据国家理由来维持或破坏盟约。他们出于必然或权益的感受维持和平，因为被挑拨或嫉妒而走向战争。

所以，他们没有任何确切的政府形式，或任何联合的纽带，只有本能的启示而非理性的发明。在这种情况下，他们依靠诸民族的协调与力量来行动。外国人不能够发现谁是行政官，也不知道元老院是如何构成的，但他们总能找到与之交涉的理事会、与之战斗的武士军团。没有警察，也没有强制性的法律，他们内部的社会总是有序地行动，也没有邪恶的倾向。他们比任何压制犯罪的公共建制都更为安全。

① 拉菲托、夏勒瓦、科尔登等。

然而，有时候也会发生混乱，尤其是在走向败坏的时候：人们酗酒无度、毫无节制、沉醉其中不能自拔时，他们丧失了日常风范中的审慎，点燃了暴动的激情，促使他们加入争斗和流血斗殴。当一个人遭到杀害，凶手很少即刻遭到法办：凶手往往与死者的家人和朋友之间还有一场争执。如果死者是陌生人，凶手还会与死者的乡民发生冲突，有时甚至是与其国内的民族发生冲突，因为伤害被认为是社会的警报。国家、行政区或是家庭努力通过馈赠来补偿任何成员所受到的伤害。通过平复任一方的怨气，他们努力阻止对共同体较之最初的混乱更大的危害，即后续的复仇和敌意。[①]然而，如果罪犯仍然待在案发地点，流血事件就很少能逃脱惩罚。死者的朋友知道如何掩饰其怒火，尽管他并不压制它。甚至多年以后，他也一定要报复，将亲友或家人所受的伤害回报给凶手。

这些顾虑让他们变得审慎而周全，让他们防卫自己的激情，赋予其日常行为一种冷静的气度，比文雅国家的人民更为镇定。与此同时，他们的行为富含感情，交谈时彼此关注、尊敬。夏勒瓦说，他们比文雅社会礼仪中所称的关注和尊敬更为温和也更具魅力。

这位作者观察到，他们在北美游历过的那些国家从不以义务之名提及大度与善良。他们率性而为，就像他们依欲求而动一样，不考虑行为的后果。当他们做了一件好事，他们就满足了一个欲望。工作完成了，就从记忆中溜走。当他们获得了一份支持，它可能会也可能不会证明友谊的存在：如果不会，双方显得不知感激为何物。感激是一种义务，一方必须给予回报，如果没有做到，另一

① 拉菲托。

方则可予以斥责。他们赠予或接受礼物的精神与塔西佗在古日耳曼人中观察到的无异：他们为此感到高兴，但并不认为这是一种义务。[①] 不过不是作为交易或协约的标志，这些礼物不怎么重要。

这是他们喜欢的信条：没有人天生就亏欠他人，所以他没有义务承受任何强加的或不平等的对待。[②] 因此，在一条明显阴沉冷淡的原则里，他们怀着再也无法增加的坚定与坦率发现了正义的基础，并观察到正义诸法则。他们在与善良、友谊相关的事物中给出的自由只会让他们一旦倾注感情，就会更全心全意地投入。我们喜欢毫无限制地选择目标，并且当友爱的义务通过法律执行时，我们则把善良自身当作一项任务。所以，通过对别人关注的需要，我们腐化而非改良了道德体系。我们执行感激的义务，并时常制定方案为其遵守注入力量，这不过表明我们误解了它的本质，只会让我们对利益的敏感不断增长，让我们根据利益来衡量友爱与大度本身，并由此为情感的沟通注入交易的精神。此过程的结果是，我们常常不得不用与摆脱奴役契约或拒绝贿赂的精神谢绝他人的恩惠。而粗粝的野蛮人欢迎每项恩惠，会毫无保留、不假思索地接受每一件礼物。

爱平等和爱正义在起源上是相同的，尽管在不同的社会制度中，社会成员被授予了不平等的特权。尽管正义要求给予这些特权者以适宜的酬报，尽管那些忘记人之原初平等的人很容易堕落为奴，或在一个主人的能力中，他也不会获得信任，被授予跟同伴

① 赐人礼物这一乐事不在于礼物之贵重，亦不在于履行义务。（Muneribus gaudent, sec nec data imputant, nec acceptis obligantur.）

② 夏勒瓦。

一致的权利。这一幸福的原则赋予心灵独立的感受，使他对别人权力下的恩惠无动于衷，对不正义的任务予以制约，让心灵向大度和善良的情感开放。它给予未受过教育的美洲人以公平的气度，使之关心他人的福利。这在一定程度上软化了他为人的傲慢。在自信与和平的时光里，没有政府或法律的协助，陌生人在与他接触、交往时也会感到安全。

在这些民族中，荣誉的基础是卓越的能力和坚毅品格，而非出众的装饰和财富：受人敬重的才能是情势让他们去使用的才能、对一个国家的确切知识，以及战争策略。一位加勒比首领经历了关于这些资格的考试。当人们需要选出一位新的领袖时，一个侦察员被派往穿越通过帝国的森林。当他回来后，人们要求候选人找出他行走的轨迹。人们向他指出边境上的一条小溪或一股清泉，要求他找出到特定地点最近的道路，在那里打个桩。[①] 相应的，他们能根据野兽或是人类的踪迹穿过许多无路的丛林，通过那些惯于借助各种工具的旅行者无法做到的细致观察穿过树木茂密、无人居住的陆地。他们驾着细长的独木舟，穿过汹涌的大海，与最富经验的引航员一样娴熟灵巧。他们能洞见需要与之交往的人的思想和意图。当他们想要行骗之时，他们就用连最机巧的人也难以识破的技巧来伪装。他们在公共议事会慷慨陈词，刚健且有文采；在处理部落间的协议和条约时，他们又能非常清晰地辨明民族利益。

他们有充分的能力精细地处理自己的事务，在特殊事务上亦

① 夏勒瓦。

能充分胜任，他们不研究科学，也不追求任何普遍原则。他们甚至看起来无力预见超越了捕猎或战争经验的较远结果。他们对每个季节的赐予总是顺其自然，在夏天享用地上的水果，冬天则在林间和白雪覆盖的荒地上田猎。他们并不会仓促地形成可能阻止下一个错误的原则。对那些忧惧，他们无可奈何。这些忧惧在激情的间隙产生出朴实的羞愧、同情、悔恨或对欲望的控制。他们很少对暴烈的行为感到悔恨。在一个人头脑清醒或在他堕落的时候，人们都不认为他需要对出自内心激烈的情感负责。

他们的迷信是卑贱的：如果这只在野蛮民族中发生，那么我们无论怎样赞美文雅的效果都不过分。但在这个问题上，少有哪个民族有资格谴责其邻居。当我们考察了一个民族的迷信，在其他民族的迷信行为中并没有什么不同之处。它们不过是对类似的柔弱、荒谬行为的描述，它们有一个共同的源头，是关于不可见行为者的混乱理解。这个行为者被认为引导了所有人类无法洞见的危险事物。

在那些依赖于已知的或常规的自然经过中，心灵信任自己。但在危险和不常见的情况下，其自身复杂性能产生欺骗，不依赖人的审慎或勇敢，却诉诸神圣性。大量非理性的观察也总是产生颠倒事实的效果。我们在怀疑和惊惧中发现的迷信，由无知和神秘孕生。与此同时，它的各项原则并不总是与日常生活的原则结合在一起，其弱点和愚昧也并非总是阻止人在处理日常事务时习惯的明辨、慎思和勇武。罗马人通过让小鸟啄食来占卜未来，斯巴达君主则根据野兽的行走线路来预知后事，米特利达特（Mithridates）则让女人替他解梦。这些例子都足以证明，在这个主题上，孩子气的愚笨与最伟大的军事和政治才能并不矛盾。

对迷信观察效果的信任并非专属于某个时代或民族。很少有民族能克服这一弱点，即便在颇有成就的希腊和罗马也是如此。在它的境况中，它并未因高度发达的文明而消除。它只屈服于真实的宗教之光，或对自然的研究。通过这两样武器，我们可以用通过物理原因运行的明智神意来取代恐吓、迷惑无知者的幻象。

在美洲的野蛮民族中间，就像在人们并未严重腐败的每一个时期一样，荣誉的核心原则是坚忍。然而，他们维护荣誉的方式非常不同于欧洲的民族。他们通常的作战方式是伏击。他们努力尽可能靠近敌人，从而造成最致命的伤害，或冒最小的危险抓捕最多的囚徒。他们认为在杀敌时让自己人暴露出来是愚蠢的行为，如果胜利为人民的鲜血所污，他们也不会感到高兴。就像在欧洲一样，他们不会用与鄙薄敌人相同的语言来评价自己。他们甚至夸口说他们像狐狸一样靠近，像鸟一样飞翔，像狮子一样怒吼。奔赴战场在欧洲被认为是一种荣誉，在美洲的土著民中则被认为是羞辱。[①] 当受到莫名其妙的攻击或落入敌人之手时，或当他们不得不维护自己和民族的荣誉、饱受折磨之时，他们更需要的是努力忍耐而非勇猛，他们为自己忍受的磨难护持着坚忍的精神。

在这些时刻，他们不允许人们认为他们想要拒绝冲突。逃避，甚至通过自杀来逃避被认为有毁名誉。一个囚徒可能遭受的最大侮辱就是在执行方式上拒绝他作为人的荣誉：一个老人在他受折磨的时候说，“挡住刀剑的刺戮，让我被烈火烧死，那些越洋而来的

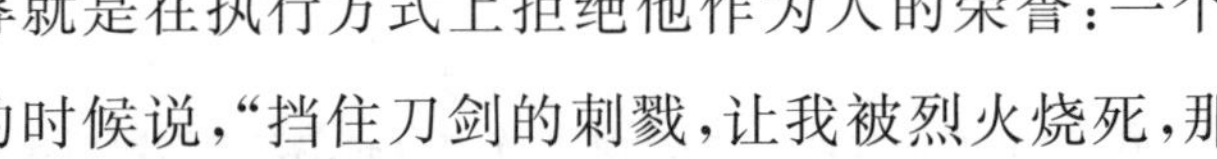

① 夏勒瓦。

狗，你的盟友便能学会如何像人一样忍受痛苦”[①]。这个受害人在那些严酷的审判中说的表示轻蔑的话通常激起施害人和他自己的仇恨。当我们因人性而犯有错误，并因此错误产生的效果忍受痛苦时，我们也必须崇拜它的力量。

流行这种做法的民族通常想要补救自己的损失。接纳战俘，使之融入他们的家庭就是其补救方式。甚至在最后一刻，高高举起打算施加折磨的手通常释放了收养的信号，囚徒由此成为敌人的孩子或兄弟，开始享受所有公民权利。在对待那些受到折磨的人时，他们显得不是受仇恨或报复原则的引导：在施加和忍受酷刑的时候，他们遵守荣誉的精神。通过一种奇怪的情感和温柔，在他们渴望最高程度的尊敬之时，他们却转向最大的残忍：懦弱的人立刻被妇女之手杀死，勇敢者被冠以人能想出来的一切褒奖坚忍的美名。一位老人对他的俘虏说：“如此勇敢的年轻人到了我这，我感到高兴，我打算让你取代我的侄子，他被你的族人杀死。我要把对他的所有关爱给你，借你的陪伴来让我获得安慰。但是你现在却身受重伤，身体残疾，死亡胜过苟且偷生。所以，请准备好像男人一样就义吧。”[②]

或许是考虑到这些表现，抑或是赞美坚忍这一他们的行事原则，所以美洲人在最年幼的时候就注意磨炼他们的意志。[③] 人们教育孩子相互竞赛忍受最严酷的折磨。年轻人在经历了饥饿、炙烤和窒息等考验证明其忍耐力之后才被承认为男人。[④]

① 科布登。

② 夏勒瓦。

③ 夏勒瓦。这位作者说，他曾看见一个男孩和一个女孩将他们的裸臂绑在一起，中间放一块燃烧的煤来考验谁能忍受得久。

④ 拉菲托。

我们可以理解，在这些野蛮民族中，人们需经历一番困难才能获得生存手段，心灵的思虑也从未超越谋生的范畴。在这种情况下，人们将给出关于最严苛和最仁慈精神的榜样。然而，反过来也是正确的。人们在这个问题上受到自然欲望的指引，在其最简单的状态中，人们对自然欲望的关心不会超过欲望的要求。他们对财富的欲望也仅限于满足口腹之欲的一日三餐。他们并不知道占有财富的更高等级，比如能激发贪求、虚荣或野心等习惯性原则的富裕阶层。他们不能用于任何能够引起当下激情的任务，那些毫无危险、无须勇气的职业不能为他们赢得荣誉，也不能让他们感到愉悦。

工商业技艺或一个卑污的心灵并不仅仅在罗马才受到轻视。一种类似的精神弥漫于每一个野蛮、独立的社会。一个加拿大的官员计划用货物与一个美洲人交换几名他抓住的囚犯。美洲人对他说："我是一个武士，而非商人。你的衣物和器皿不能诱惑我，但我的俘虏就在你的掌握中，你可以把他们抢走。但如果你这么做，我要么战死，要么努力获得更多俘虏。如果死亡的机会降临，我一定像个男人一样死去。但你记住，我的族人一定会认为是你造成了我的死亡。"[①]正是由于这些想法，他们举止高雅庄重，就算是文雅国家最受尊重的贵族气派也很少能与之相比。

他们对自己的身体很用心。在那些用来装饰其身体的方法中，他们花费了许多时间，忍受了巨大的痛楚。为了显示其优越地位，他们在身上文下永恒的颜色，或留住不断修改的图画。

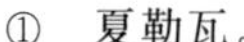

①　夏勒瓦。

他们厌恶任何类型的卑贱职业，这让他们的大部分时间付诸睡眠和怠惰。若追赶一只野兽或去惊扰敌人，一个人将在雪地里跑上数百里。他不会为了获得食物而屈服于任何普通劳动。塔西佗说："奇怪啊，同一个人居然如此厌恶休息，却又如此沉醉于怠惰。"

赌博游戏并非文雅时代的发明，好奇的人在苍茫的古老时代毫无意义地寻找它们的起源。它们很可能属于某个连考古学家都难以推测的洪荒年代。野蛮人把他的皮毛、器皿、念珠拿到了赌桌上，他在这里发现了单调乏味的劳动无法产生的激情和刺激。由于依赖投掷骰子的运气，他愤怒地撕扯着自己的头发、拍打胸部，而老练的赌徒则有时能够学会抑制愤怒。他经常赤裸着身子离开，他的所有占有物都被扒走。在使用奴隶的地方，为了赢回此前输掉的一切，他甚至以自己的自由为赌注。[①]

人类在野蛮状态下所有这些弱点、邪恶或令人尊敬的品质、他们对社会的爱、友谊、公共感情、洞察力、雄辩和勇气看起来是他们的原初财产（original properties），而非任何人为设计或发明的后续效果。如果人们有足够的能力去改善他们出于天然的行为方式，教育的效果则并非激发其温柔、大度的感觉，亦非赋予一种令人尊敬之品质的核心要素，而是要消除对激情随性的滥用，并且阻止心灵中狂野的欲望和不受束缚的暴力。心灵在最有力量的时候才能感受其最好的倾向。

如果吕库古重新运用我们描述的材料，在许多重要的事情上，

① 塔西佗、拉菲托、夏勒瓦。

他将会发现自然已经为应用做好了准备。既然确立了财产上的平等，就不会有依据穷人或富人截然相反的利益来理解的派系。他的元老院、公民大会得以形成。在某种程度上，他的纪律得到采纳，农奴的位置由分配给妇女的任务所取代。尽管具有如此多的优点，但仍然有一门重要的课程要文明社会(civil society)来教给他，少数人由此学会发布命令，多数人则学会服从：他将尽全力防范未来商业技艺的入侵，阻挡爱慕奢华、竞逐利益之激情的侵蚀。在教育公民驯服欲求、无视快乐、鄙弃痛苦中，在教育公民维持一贯的审慎，努力惊扰敌人却避免受到敌人的惊扰时，他面临的任务或许比此前的任何一种都更为困难。

野蛮民族在总体上缺乏上述优点，尽管他们吃苦耐劳，尽管他们热衷于战争，尽管在面对敌人更为正规的军队并造成恐惧时有勇有谋又生龙活虎。在持续斗争的过程中，他们总是屈服于更高的技艺和更文明民族的纪律。所以，罗马人能够逾越高卢诸省、德意志和不列颠。所以，相比起非洲和美洲，欧洲人能获得不断成长的进步。

某些民族确信自己所具有的优势，他们认为有资格要求统治。恺撒抱怨说，布立吞人在送信到高卢向他表示臣服之后，或许是要阻止他的入侵，他们仍然假装为自由而战，阻止他登临他们的岛屿。他在这样抱怨时，甚至表现得好像忘却了激情与人的权利究竟为何物。①

① Caesar questus, quod quum ultro in continentem legatis missis pacem a se petissent, bellum sine causa intulissent (*De Bello Gallico*), lib.4.

在一种不同的商业状态下，各民族间相互轻贱，彼此仇恨。在关于人类的整体描述中，或许没有哪种环境比之更为引人注目了。由于沉迷于各自的追求，将各自的情况视为人类幸福的标准，所有民族都假称具有优先权，并在实际行为中充分证明他们的诚意。甚至那些还不是公民的野蛮人也要求放弃他们受训练得来的生活方式：他们热爱不受任务制约，不依托任何上级的心灵自由。无论怎样让他们与文雅民族混居在一起，或改善他们的财富，第一个自由时刻又重新把他带回森林中。他在拥挤的城市街道中枯萎憔悴。他在开阔、耕耘过的田野中心怀不满地东游西逛。他渴望前线和森林，他的身躯已准备好忍受那里环境下的艰难困苦。在那里，他远离了满是诱惑的社会，享受着无忧无虑的美妙自由。在那里，除了内心单纯的指示，没什么行为规则是预先制定的。

第三节　打上财产和利益印记的粗野民族

敌人将不得不像鞑靼人一样活着，生活为喂养和照料牛群的愚行所占据。[①] 这是一句在西伯利亚捕猎民族中流行的众所周知的谚语。按照他们的理解，大自然在树林和沙漠中储藏了野味，人们只需要寻找或捕获猎物，放牧的任务则是不必要的。

他们懒散，或者厌恶参与任何并非由即刻的直觉或激情促发的事务，这阻止了他们去扩展财产的概念。然而，我们发现，甚至当生存手段为人所共享，公共储备尚未分割的时候，财产观念就已经用在了不同的物体上。皮毛和弓箭属于个人，而房屋及屋里的家具则属于家庭。

当父母开始为孩子要求比众人合作管理的混乱状况下更好的待遇时，当他把自己的劳动和技艺分离出来，他就志在获得一份专有的占有权，寻求土地财产和对水果的支配权。

当个人在其联盟中再也找不到将每一物品交付公共使用的相同倾向时，对个人财富的关注就捕获了他，每人对自己的关心也向他提出了警示。他因竞争和嫉妒受到的刺激与来自必然感受的刺

① 阿布尔盖茨，《鞑靼人家系史》。

激同样大。他让利益的考虑保留在自己头脑中，当眼前的每一种欲望都得到充分满足的时候，他能够按照一种对未来的观念行动，或在积累竞争目标中，或在得到某件被普遍尊重的物体时找到虚荣的目标。暴力因为这一动机受到束缚，他能把手伸向获利颇丰的技艺，使自己限于某项单调乏味的工作，并耐心等待劳动的远期回报。

所以，人类经历了许多阶段才慢慢养成了勤劳的习惯。他们学会了关心利益，弃绝非法利益，他们能够安全地占有通过公平手段获得的东西。通过这些方法，劳动的习惯、机械和贸易便逐渐产生。在每个野蛮民族中，对简单的自然果实的捡拾、收藏，放牧的牛群就成了第一类财富。土地的环境、气候决定了居民是主要从事农耕还是放牧，他是要定居还是跟随财产而迁徙。

在欧洲西部，从美洲南方到北方（除少数例外），在炎热地带，在温暖气候下的每个地方，人民都致力于某些农业生产，并倾向于定居下来。在亚洲东北部，人们完全依赖于放牧，并在寻找新牧场的过程中不断地放弃原有的场所。与建筑有关的技艺为欧洲的居民所练习，并得到不同的开发。从最早的历史记录开始，那些不断迁徙的人基本上与塞西亚人或鞑靼人保持一致。帐篷支在移动的车架上，马匹被用来劳作、战争、放牧，或被屠宰食用。从最先的记载一直到近期的论述，帐篷和马匹都构成了游牧民族的财富和家资。

但无论野蛮民族通过什么方式谋生，关于财产的最初印象，总有几点几乎得到一致认同。荷马要么在一个民族的进步阶段与人民生活在一起，要么致力于展示他们的品格。塔西佗让他们成为某部著述的主题，如果这是人类值得被注视的方面，我们必然要说：在收集他们的特征中，我们具有单一的优势。图画已经由最富能力的手绘制完毕。有人认为，这些令人景仰的著作者们已经论述了散见于历史学家之间的关系中，或我们有机会从那些仍处于一种类似状态中的人的真实风俗中观察到的事物。

让我们离开那些已经描述完的情况，讨论我们正在关注的事物。人类仍然保留着许多最早期的特点。他们仍然厌恶劳动，痴迷于战争，崇拜坚忍，在塔西佗的语言中，他们更愿意流血而不是流汗。[①] 他们喜爱服饰上美丽的装饰，沉湎于暴力活动。在战争的间隙，百无聊赖之际，他们便致力于各种冒险的运动和依赖运气的游戏。他们将每一种服务性的工作都交给妇女和奴隶。但我们能够理解的是，既然个人已经找到了独立的利益，社会的纽带将变得没那么坚固，内部的混乱也将更为频繁。由于在财富分配中获得了不平等的份额，任何共同体的成员们因而有了自我区分，对他们恒久、明显的臣服就由此奠定了。

在人类从蛮荒状态（savage）向所谓野蛮状态（barbarous state）转变的过程中，这些特殊的事例便相应发生。同一共同体的成员陷入了竞争或复仇的争吵。他们追随领袖而得以联合。领袖则因为财富和出身显贵而鹤立鸡群。他们在抢劫的欲望中加入了对荣耀的热爱，由武力获取之物正当地属于胜利者。从这种观点出发，他们就成了人的猎手，将一切竞争都交付给刀剑决定。

① Pigrum quin immo et iners videtur，sudore acquirere quod possis sanguine parare.

每一个民族都是一群强盗，他们不受限制地抢劫邻人，也不为之感到悔恨。阿基里斯说，牛群可以在每一片原野中被捕获；相应的，荷马笔下的英雄抢劫爱琴海岸并没有其他原因，仅仅因为这些英雄们选择占有铜和铁、牛群、奴隶和女人，他们又在周围的民族中发现了这些。

跨上马背的鞑靼人就是一个捕猎的动物，他只想知道在哪可以发现牛群，他必须跑多远才能发现它们。慑于曼古·常（Mangu Chan）盛怒的僧侣们通过许诺来缔结和平：教皇和基督教君主们必须投降，交出所有牲畜。①

一种类似的精神无一例外地统治着所有欧洲、亚洲和非洲的未开化国家。希腊和意大利的古迹、每个古代诗人的篇章都包括了这种力量的例证。这种精神第一次把我们的祖先带进了罗马帝国行省。然后，与其说出于对十字架的景仰，不如说是这种精神把他们带到东方，与鞑靼人一道瓜分从萨拉森王国劫掠来的赃物。

在上一章节的描述中，我们倾向于认为：人在最简单的状态下就已经处于建立共和国的前夜。他们具有对平等的热爱、参加公共会议的习惯、对其所在部落的热忱，这些品质都使他们适于在共和政府下行动。为了建立共和国，他们似乎只需要向前走出几步就够了。他们只需要限定构成议会的人数、确定会议的形式。他们只需要赋予一个永恒的权威来压制混乱，制定一些规则来维护他们已经承认并严格遵守的正义即可。

但这些步骤要实现起来却不像表面看起来那样轻而易举。从

① 鲁布鲁奎斯。

平等的人中选出行政长官，交付以控制其行为的权利，这一抉择远非一个单纯之人能够想到的。也许没有谁能够雄辩滔滔，说服他们接受这一举措，或给他们使用此权利的任何感觉。

甚至在诸民族选择了一位军事领袖之后，他们也不会授予他任何民事权力。加勒比人的头领不会假装决定内部的争执，他们的语言中也没有司法和政府这两个词。

在此重要改变被接受之前，人们必须习惯于阶层的区分。在他们意识到服从是一个选择的问题时，他们就必须在偶然中陷入不平等的境况。为了获得财产，他们只想要确保自身的安全。但领导作战的勇士就分得最大份额的战利品。杰出的人热衷于营建可以世袭的荣誉，崇尚父母的大众则准备将他们的景仰之情传给后代。

财产世代相传，家庭的荣耀也随年龄的增长而越发辉煌。赫克勒斯也许原本是一个杰出的战士，却成了后世的神灵，他的族人也因为王权而显赫。当财产的优势与身世显赫融为一体，首领在盛宴中也和战场上一样光彩夺目。他的随从处于服从的地位，他们用首领的名字为自己命名，认为自己是首领的追随者，而不认为自己是共同体的部分。他们在自我防卫、维持自己的地位中找到了公共情感的新目标。他们倾其所有来组成首领的财产，他们为首领的一颦一笑所左右。他们以能在自己做出贡献的盛宴中分一杯羹作为最高的荣耀。

正如前一种人类状态看起来指向民主政体，这种状态则似乎展现出君主制政府的原形。但这仍然缺乏那些在后世广为人知的被称为君主政体的建制。首领与随从、君主与臣民之间的区别仍然没有被完全标识出来。他们的追求和职业并无二致，他们的心灵受到了同等的教育。他们吃着同样的菜肴，一起睡在地板上。国王和臣民的孩子都在照料畜群。在尤利西斯的宫廷里，首席顾问是一个牧猪人。

首领在部落中卓尔不凡，足以令人尊崇。通过与其高贵的出身建立假定的亲缘关系，这足以激发人们的虚荣，成为尊敬而非嫉妒的对象：他被认为是共通的联系纽带，而非共同的主人。他们处在危险的前沿，分担着人们的愁苦。首领的荣耀体现在部族人员的数量上，体现在他的宽宏大量与活力中。随从的荣耀则体现在敢于为他抛头颅洒热血。[①]

频繁的战事强化了社会的纽带，抢劫本身也磨砺出人们的友情和勇气。那些威胁要毁坏和推翻人心中美好倾向的事物，那些似乎要将正义从人类社会中放逐的事务倾向于以部落和民族的形式将人类团结起来。他们彼此畏惧，相互敌视，但在每个社会内部却忠诚、公正而且大度。频繁出现的危险、忠诚而又富有活力的经验唤醒了对这些德性的爱，使它们成为令人尊崇的对象，也使富有德性的人为大家所喜爱。

由于受到伟大的激情推动，热爱荣誉、欲求胜利，由于受到敌人的胁迫，或为复仇之火所炙烤，野蛮人一直徘徊在要么征服要么被毁灭的前景之中，他们在所有休闲时刻都放纵于懒惰。他们不能放低身段去追求工商业劳动。捕猎的野兽是一个懒汉。当妇女和奴隶辛劳地为其准备面包时，猎人和战士则酣睡不醒。但如果

① 塔西佗，《日耳曼人尼亚志》。

向他展示远处的猎物，他就变得大胆、勇猛、敏捷且不知满足。没有障碍能够阻止他的暴行，他不停地行动，不知疲倦。

甚至在这一描述中，人类对陌生人也大度、热情，就像在他们社会中一样温和、友爱、善良。[①] 对他们而言，友情与敌意是最重要的术语：它们不仅将其功能融合在一起，它们还单独列出了他们的敌人，并择出了他们的朋友。甚至抢劫的主要目的也是荣耀，劫获的物品被视为胜利的奖章。民族和部落是他们抢劫的对象。那些孤独的旅行者则不会受到伤害，可以无惊险地通过，或者受到慷慨而隆重的接待。他们从这些人身上只能获得大度的名声。

尽管他们在首领之下又分成了许多小行政区，大部分还因为嫉妒和敌意而彼此分离，但当他们受到战争或强大敌人压迫的时候，他们有时候会团结为更大的政治体。就像希腊人在出征特洛伊时，他们追随某位杰出的领袖，并构成由许多独立部落组成的王国。但这些联合都只是偶然性的。甚至在它们持续存在期间，它们更像共和国而非君主国。较低级的首领保留他们的重要性，并以一种平等的姿态闯入首领议事会，就像部落人民通常闯入他们的会议一样。[②] 在最大的家庭中一起生活的人，社会阶层如此模糊地得以标记的人们将基于何种可以假设的动力放弃他们的个人情感和倾向，或含蓄地服从某位既不会被威慑住也不会腐化的领导？

通过武力胁迫或用金钱收买那些唯利是图的人，君主与鞑靼

---

① 简·杜·普兰·卡尔朋，鲁布鲁奎斯、恺撒、塔西佗。

② 克尔伯，《好望角素描》。

人签订契约，将其招致麾下。他向君主承诺说："他听命于君主，上刀山下火海也在所不辞。他听候召唤，随叫随到。君主让他杀谁，他就杀谁。他将会视君主的话语为一柄利剑。"[①]

由于他自己建立起来的专制政体，野蛮人倔强顽固的心已经堕落，以至于说出这些话语。在商业技艺尚处于较低级的状态下时，在欧洲和亚洲，人们已经品尝到了政治奴役的滋味。当利益在每个人胸中弥漫，君主和他的党派就不能免于感染：他运用所授予的权力，将人民转变成财产，为了一己之私利和愉悦来安排他们的财产。如果所有人都将财富视为善恶的标准，那就得让他们提防自己赋予君主的权力。塔西佗说："对于苏伊渥尼斯人来说，财富受到高度尊崇，这个民族因此解体，并陷于奴役。"[②]

在这种悲伤的境况中，本来就可鄙、自私、阴险、善骗、残忍的人类被打上了即便不是最无可救药，也肯定是最可悲的腐败烙印。[③]在他们中间，战争不过是劫掠的行为，是为了个人获得财富。商业变为满是陷阱和强迫的体系，政府也因此是压迫性的或柔弱的。

当人类由利益引导而不是受法律统治的时候，人们乐于分化为拥有适度体量的民族。他们在每一个行政区中找到了限制其进一步扩张的自然障碍。疆域足以维持他们的独立，却不能扩展自己的领土。这对他们而言是幸福的。

在蛮荒时代，人们之间没有阶层分化，这时足以让他们获得具有合法君主形式的共同体。在一个具有可观范围的疆域中，当人

---

① 西蒙·德·圣昆汀。

② 《日耳曼尼亚志》。

③ 夏尔丁，《游记》。

们在一个首领下团结起来时，居民的战争和造反精神似乎要求专制主义和军事力量的约束。在保留了任何程度的自由的地方，如同在欧洲大部分野蛮的君主国中的情况那样，君主的权力极端危险，并且主要依赖于个人品质。与之相反，在君主权力不受人民控制的地方，它们很可能也不受法律的限制。贪婪和恐惧成为行动的主导性原则，并且构成了人类分化出来的唯一两个党派的品格，即压迫者和被压迫者的品格。

由于新居民的征服与定居，这一灾难威胁欧洲好几个世纪了。[①] 这也的确发生在亚洲，那里出现了类似的征服。他们没有感染建立在奢华之上的女人气和奴性的柔弱，这让驾着四轮马车放牧牛羊的鞑靼人大感惊讶。在大陆心脏部位，从这个民族中间产生了大胆、有进取心的勇士。他们以奇袭的方式，或通过胜人一筹的能力征服了邻近的部族。在此过程中，他们的人数和力量都得到增长。就像上升的奔流突然下降时那样，它变得特别强大，任何障碍都无法阻止它通行。沧海桑田，几个世纪后，这个征服民族为他的君主装备了护卫。当他们自己获允分享战利品时，他们就自愿变成了压迫的工具。通过这种方式，专制主义和腐败为自然狂野自由的新领域开辟了道路：震慑软靡地区的力量被解除了武装，民族温床自身也陷入腐化。[②]

当野蛮民族逃出这一灾难，他们便要求发动对他国的战争来维持国内和平：当没有出现来自国外的敌人时，他们就有处理私仇

① 见休谟，《都铎王朝史》。除了一些听命于君王的军团，要建立一个完美的专制王朝，他似乎什么都不缺。

② 见《匈奴人史》。

的闲工夫，在国内的争端中运用其勇武。他们的勇气本应在战争中用来防卫他们的国家。

恺撒说："高卢人分化成许多派系，它们不仅存在于每个民族，还存在于每个地区和村庄；甚至在每所房子里，每个人都必须依傍支持者来寻求保护。"①在派系分化之中不仅有民族部落间的仇恨，还有家族间的争吵，甚至还有个人间的分歧和竞争，它们都付诸武力来交易解决。当主权者免除了迷信的协助，他们就无谓地努力使用自己的司法权，或完成对法律裁定的服从。一个惯于用暴力获取的民族鄙视没有勇气声誉的财产，除了刀剑没什么可被当作裁判来接受。西庇阿试图通过仲裁终止两个西班牙人为继承权发生的争斗。他说："我们已经放弃了我们原有的关系，我们不会将我们的差异付诸人的裁判。甚至在神灵中，我们也只向战神玛尔斯求助。"②

众所周知，欧洲民族执行这一进程模式的刻板程度在世界其他地方闻所未闻。在大多数事务上，民事和刑事法官只能将案件录入卷宗，并让争执的双方通过决斗自行解决。他们认为胜方拥有上帝裁决的支持：当他们在任何情况下放弃这一极端方式时，他们就用其他一些诉诸机运的更加变幻无常的手段取而代之。他们同样认为上帝的判决在其中得到宣告。

欧洲的凶猛民族甚至爱好作为训练和运动的战斗。没有争吵的时候，同伴们彼此挑战技艺，在技艺的较量中，其中一人常常因

---

① 《德·贝洛·加利科》，第六卷。

② 提图斯·李维，《早期罗马史》。

此死亡。当西庇阿为父亲和叔父举行葬礼时，西班牙人走了进来，两人一组对打，通过公开展示他们的决斗来提高庄重的程度。[①]

在这个狂野无法的状态中，迷信甚至频繁地与尚武精神争权夺势。在那里，真正的宗教是如此值得欲求，又是如此富有益处。古代高卢和布立吞人中的德鲁伊特人（Druids）[②]或好望角某些装神弄鬼之辈信任巫术，从中发现了一种获得力量的方法：他的魔杖开始与刀剑竞胜。在德鲁伊特人的风俗中，魔杖为某些人带来了公民政府的雏形，或者就像纳齐兹族人（Natchez）假设的太阳之子、鞑靼人中的喇嘛一样，魔杖使其他人品尝到了早期专制主义和绝对奴隶制的滋味。

我们普遍不能认识到，在与我们自己极端不同的风俗习惯中如何维持自身。通过想象我们自己在不熟悉的环境里会有何等遭遇，我们也倾向于夸大野蛮时代的悲惨状况。但每个时代都有令人欣慰的地方，也有其苦难。[③] 在暴行的间隙，即便在最粗糙的境况下，人们友好的交往也是甜蜜幸福的。[④] 在粗野的时代中，人身

① 李维，《早期罗马史》。

② 恺撒。

③ 普利格斯（Priscus）被派往阿提拉任大使时，一个身着塞西亚人（Scythians）服饰的人上前搭讪。他表达了自己的惊讶，并想知道与一个野蛮人相处的情形。他被告知，这个希腊人曾是一个囚徒，并因此沦落为奴隶。因为某件出色的行为，他获得了自由的奖励。他说："相比起我在罗马政府的统治下，我在这生活得更加幸福：与塞西亚人生活在一起，如果他能够忍受战争的艰辛，就没有任何能扰乱他的生活。他们不受侵扰地占据着自己的财产。在你被外敌或邪恶政府侵害的地方，你就不允许带着武器防身。由于那些受命保护你的人玩忽职守、滥用职权，你备受困扰。和平中的邪恶甚至比战争之恶更为糟糕。有权者或富人从不会受到惩罚的困扰。尽管你的处境得到了明智的设计，对穷人没有丝毫怜悯。由于管理者的腐败，其效果既有害又残忍。"*Excerpta de legationibus*.

④ 达维厄斯，《野蛮阿拉伯人史》。

和财产是安全的。因为每个人都有朋友与敌人,如果其中一人倾向于伤害,另一人则准备予以保护。对武力的崇拜在一定程度上倾向于净化暴力,激发某种慷慨和荣誉的原则,从而阻止犯下过错。

人们忍受着政策的缺陷,就像他们忍受生活方式中的困难和不便一样。有些人习惯了它们,有些人能够鼓舞激情,使之超越相对苦闷或难以忍受的处境,对他们来说,战争的警戒和疲劳则成了必要的消遣。在阿提拉的众多侍臣中,当听说那些他们不再能够从事的英雄行为时,老人们就掩面而泣。[①] 在凯尔特人的诸多民族中,当老龄使得武士们不再适于像以前那样从事艰苦的劳作时,为了避免闲散生活导致的怠惰,人们习惯于请求朋友亲手结束自己的生命。[②]

尽管西方诸野蛮民族拥有如此凶猛的精神,但罗马人的政策和更讲纪律的战争还是征服了他们。当个人将自己置身于特殊的劣势时,即便在民族战争之中,欧洲野蛮民族所接受的荣誉观使之厌恶出其不意地袭击敌人,或通过诡诈赢得胜利。虽然每个人都勇敢无畏,但就像其他野蛮民族一样,当结成大的团体时,他们就沉湎于迷信,屈服于恐慌。

由于他们对勇气和力量的意识,他们在战争的前夜都非常乐观。他们超越了审慎的边界,对成功兴奋不已,受到挫折则大为沮丧。他们倾向于将每件事情都看作上帝的裁决,便从未将审慎的品质一贯地用于构建大部分力量、弥合厄运带来的损害,或者提高

① 达维厄斯,《野蛮阿拉伯人史》。

② 当一个人韶华已逝时,他不能忍受苟且偷生,鄙弃暮年之苦。(Ubi transcendit flowrentes viribus annos, Impatiens aevi spernit novisse senectam.)*Silius*, lib. I.225.

他们的优势。

他们顺从情感与激情的统治，对喜爱的人表现得大度而忠诚，对不喜欢的人则满怀怒火，难以忍受，并展现出残忍。他们纵情酒色，饮酒毫无节制，在欢闹的宴饮中商谈国家事务。他们也在同样的危险时刻构想着军事行动的计划，用刀剑结束国内的纷争。

在战争中，他们宁死也不愿被囚。当罗马军队获得胜利，通过偷袭进入一个城镇，或强制扎营时，他们发现母亲正在杀死她的孩子，以免罗马人把他们抓走。父亲或母亲用家人的鲜血染红了匕首，他也准备最后将之刺进自己的胸膛。[①]

在所有这些特例中，我们都洞见了精神的活力，它使得混乱自身也令人尊敬。如果人们的处境较为幸运，这种精神就奠定了国内自由的基础，使之抵御外敌，维护其民族的独立与自由。

① Livy. Lib. Xli. II. Dio. Cass. [Dio(n) Cassius, *Roman History*].

第三部分

政策与艺术的历史

第一节　论气候与环境的影响

到目前为止，尽管我们对诸民族境况和风俗的观察主要来自温带地区，但在某种程度上也适用于人类在地球各处的粗野状态。但如果我们想在更深刻的层面检视我们自己的历史，我们可能很快进入那些将我们的观察限定在更为狭窄的限定中的主题。政治智慧和公民技艺的天才似乎在地球的特殊轨迹中选择其位置，似乎也在一些特定种族中选出了最钟爱的族群。

人类获得了一种能够在各种气候下生存的动物性能力。他与雄狮和猛虎一道统治着烈日下的赤道，或与熊跟麋鹿一道越过极地。其多种功能的倾向让他适于获得不同境况下的习惯，其技艺、才能又让他能够弥补自己的缺陷。然而，温带气候似乎最适于他的天性。无论我们通过何种方式来论述事实，无可置疑的是，这种动物总是在温带中获得主要的种族荣誉。他在这里不断发明出来的技艺、理智程度、发达的想象力，以及在文学、商业、政策和战争上的天才力量都足以表明其环境的优越性，或心灵的自然优势。

的确，在变得文雅以前，最出众的人类种族亦曾经历过粗野阶段。在某些时刻，他们又复归于粗野：我们并非根据他们对艺术、科学或政策的真实占有，来宣告他们所具有的天才。

我们可以用一种活力、一种能力所及的范围和一种心灵敏感性来归纳蛮人和公民、奴隶和主人的品质。同样的心灵力量可以转而支持多种目的。也许，一个现代的希腊人是淘气的、充满奴性和狡黠的。同样活跃的性情则使古老的祖先在军营和国家议会中热心、智巧、勇敢。现代意大利人因感性、迅捷和艺术闻名于世，而他却在琐细的事情上运用古罗马人的能力。他现在却在娱乐中，在寻求毫无意义的喝彩中展现出格拉古兄弟在论坛中点燃的烈焰和激情。这种激情曾经撼动过这个严肃民族的会议。

在有些气候中，商业和赚钱的技艺是人类的主要目标。它们也已经克服了许多灾难，才得以保存下来。在其他气候中，甚至在机运的浪潮下，它们仍然受到忽视。在欧亚的温暖气候下，有的年代对它们推崇备至，有的年代对它们嗤之以鼻。

在一种社会状态下，技艺因心灵的热情和行动原则而遭到轻视。在另一种社会状态下，它们却因心灵的热情与行动原则获得了最大的成功。当人们满怀激情时，国家的斗争和危险便能使之热血沸腾，拍案而起。当吹响战斗的号角或鸣响社会行动的警报时，他们心潮澎湃。为了研究安逸、追求改良而寻求闲暇反而成了怠惰和精神卑鄙的标志。对他们的目标而言，安逸与改良只意味着便捷和舒适。

很可能，一种忙碌不息、善于创造、博学多才的精神造就了技艺繁盛之所。就在同一个根基之上，诸民族经历了命运频繁的变迁反复。正是由于这种忙碌不息、善于创造、博学多才的精神，人们把每一种民族追求推向极端。他们将专制帝国的结构提升到最大高度，在那里他们最好地理解了自由之基础。他们在自己点燃的火焰中消亡了；也许只有他们能够逐一展示人类可能实现的最大改良，或人类心灵能够堕入的最深腐败。

在这里，人类在历史的罗盘中两次从野蛮的开端上升到非常高的文明程度。在每一个时代，无论因为历史的倾向注定建设还是毁灭，他们都留下了积极热烈精神的痕迹。罗马的建设和毁灭都埋藏在尘埃中了。野蛮人践踏着奢华的精致，唾弃那些艺术，罗马城在他们脚下颤抖。艺术的用途却因为这同一个民族的繁荣而得以保留，它们被发现，受到崇敬。野蛮阿拉伯人的帐篷现在甚至在宏伟之城的废墟上搭建起来，巴勒斯坦和叙利亚的荒原也许会再次成为新生民族的沃土。阿拉伯部落的首领很可能像罗马城的建立者们一样，已经种下一棵树，固定了它的根部，它会在未来的某段时间变得枝叶繁茂。或者，他们已经奠定了一张织锦的基础，它将在未来某个遥远的时期里变得富丽堂皇。

非洲大部分总是不为人知，但就革命的主题来说，声誉之沉默不言恰表明了人民天性之柔弱，除此之外我们找不到其他证据。全球各地的炎热地带即便为地理学家所知晓，也不能为历史提供什么素材。尽管在许多地方，在令人无法轻贱的程度上，它们提供了许多生活的技艺，但没有一个地方孕育成熟了更为重要的政治智慧规划，也未能激发出在公民事务行为中需要的、与自由联系在一起的德性。

的确，在炎热地带，只有机械和数学技艺在新世界居民中取得了最大的进步。在印度，在此区域，太阳垂直照射，机械技艺和商业行为具有古老悠久的传统，它们经受了时间之毁坏、帝国之革命而得以保存下来，只受到最低程度的减损。

催熟了菠萝和酸角的太阳滋养了一定程度的温和，它甚至能够缓和专制政府的苛酷。这正是在东方原生出来的温和、和平专制主义的效果，野蛮人的征服和侵害从未止息。正如同在顽固的欧洲居民中所造成的情形一样，对舒适和愉悦的热爱产生了总体的毁灭。

不用遭遇任何巨大的冲突，印度土著居民即可由一位主人转交给另一位主人。每一次变卖时，他们都准备以自己的勤劳，在享受生活和对动物性愉悦的希冀中获得满足。征服战争也不会延长到让参战诸方处境恶化，或者让他们所争夺的土地荒芜。野蛮的入侵者甚至也不会骚扰没有触怒他们的商镇。尽管他们成了富裕城市的主人，他也只在邻近区域扎营，让继承人根据其斩获提供的快乐、邪恶以及盛况来选择是否进城。他的继任者从商镇中品尝到更多甜头。在与此甜头成正比的程度上，其继承人甚至比他自己更倾向于培植商镇。他们还宽恕了居民及其住所，就像他们宽恕畜群及其畜栏一样，而他们则成了这一切的所有者。

对印度的现代描述只是古代描述的重复。中国的现状则从一个遥远的古代发源出来，人类史上未有可与之匹敌者。君主的继承发生了改变，但没有革命影响到这个国家。如果我们相信他们关于手工业实践和遵守某些政策的故事，认为他们经过了计算，只不过用来规范交通，保护他们在奴役或营利技艺上的运用，那么，就其无知和野蛮而言，非洲人与萨莫耶德人(Samoiede)之间的同一性类同于中国人和印度人之间的同一性。

如果我们从这些关于人类行为的总体陈述转向更为细微的关于动物自身的描述，当他占据了不同的气候，在脾性、肤色和品格方面呈现出多样性，我们将会找到各种对其行为效果和故事结局的真实反映。

当人完全展现其自然官能时，他非常迅疾并专注于情感，他的想象和反思广泛多样。在与其同伴有关的事情上，他周到细致，富有洞见，颇为敏锐。他对目标坚定热切，奋不顾身地投入友情与敌意。他珍爱独立与荣誉，不会为获得安全或利益予以抛弃。尽管他身陷一切腐败或改良之中，如果他不再具有力量，但他仍然保持着自然的感受力。根据心灵从中获得的指引，他就会知道，其商业是一种祝福还是一种诅咒。

但在极端的炎热与严寒下，人类灵魂的活跃程度将会显得受限制。作为朋友或敌人，人只有次属的重要性。在一种极端，他们是迟钝缓慢的，其欲望富有节制，生活方式规律平静。在另一种极端，他们的激情热烈沸腾，判断虚弱，对动物性快乐嗜瘾成性。在此两种情形中，其心灵都贪财慕势，为孩子气的贿赂做出重要迁就。在这两种情形中，精神都在为奴役做准备：一方面，它被对未来的恐惧征服；另一方面，它甚至没有被当下的感受唤醒。

欧洲民族自身的气候要更为快乐。那些在此地北部或南部定居、征服的欧洲民族很少遇到抵抗。除了从海洋和对征服之满足中受到的限制，他们可以随意扩展其领地。随着先于民族衰落而来的剧痛和冲突，强大的行省被成功地并入俄罗斯的领土。它的君主统治着自己的领地和所有部族，也许任何使者都未曾与之交谈。他派出许多几何学家去拓展其帝国，去执行一项罗马人必须用总督和军团[①]才能实现的计划。这些现代征服者们对叛乱发出

① 见俄国地图册。

抱怨，他们因叛变方才遭遇到抵抗。在那些他们试图征收贡赋的土地上，他们惊讶于自己被当作敌人对待。

然而，在东海岸，他们似乎遇到了质疑其统治资格的民族。[1]这些民族认为征税是一种毫无理由的要求。或许，我们能在这里找到古欧洲的天才，并且在用来描述其残暴行为的名字之下，我们还能找到民族独立的精神[2]：在西方与罗马胜利之师争夺土地的那种精神，挫败波斯国王将希腊村落并入其扩张领地之企图的精神。

在彼此相隔遥远的气候地带，居民之间所能获得的巨大、强烈的多样性易于被观察到，就像不同区域中的其他动物一样。马和驯鹿是阿拉伯与拉普兰的象征。就像动物的国度因其族群而闻名，阿拉伯土著无论在丛林中野晃，还是受到艺术的教育，他们都充满活力，是积极的，并对他俯身从事的运动充满热情。这一族群在其野蛮状态下为了自由飞往沙漠。他们成群结队漂泊，骚扰帝国边疆。他们移动的营地也给他们朝之进发的行省造成了恐慌。[3] 当他们被征服的前景唤醒，或倾向于执行一个计划时，他们就在广袤的土地上扩展领土，拓展想象的体系。当他们获得了财产和定居地，他们在科学研究、艺术实践中展现出活泼的创造力和卓越的才智，堪称典范。相反，拉普兰人（Laplander）恰似气候之伴侣，他们强壮耐寒、吃苦耐劳，并能忍饥挨饿。他们迟钝而非驯服。在某个领域，他们得心应手，却不能适应变化。整个民族一代

① 诸兹人。

② 《鞑靼人家系史》注释。

③ 达维厄维。

接一代持续生活在相同的环境中，以不可撼动的冷静，任别人根据他们的居住地称他们为丹麦人、瑞典人或莫斯科人。那些民族勾画出帝国的边界，拉普兰人的国家则依照边线，像一块公地（a common）一样遭到分割。

并非只有在极端地域，这些天才的多样性才能被清楚地加以区分。它们持续变化，跟我们假设与之相联系的气候保持一致。尽管特定程度的能力、洞察力和热情并非一切民族的命运，亦非任何民族的一般特征，但是，在不同国家，它们以不等的频率、在不同的程度上在占据主导地位的习俗、交谈语调，以及职业、娱乐与文学写作才能中得到充分展示。

那些仍然继续为幻想提供材料，为诗意隐喻提供场域的神话与早期传统的发明、润色当归功于欧洲南部诸国，无论古今。浪漫的骑士传说与随后更具理性风格的模型能够温和人的心灵与想象，激活人的理智。这些亦当归功于它们。

勤劳的果实在北部最为丰硕，科学研究也在这里获得了最为坚实的改善。想象和情感的效果在南部出现的最为频繁也最为成功。当波罗的海岸因哥白尼、第谷·布拉赫（Tycho Brache）和开普勒的研究变得闻名遐迩时，地中海岸则因滋生了各种天才人物，遍布诗人、历史学家和科学家而欢欣鼓舞。

一方面，学习从心灵和想象中产生；另一方面，它仍然受限于判断和记忆。公共交易可信的细节几乎对它们的相对重要性没有辨识力。在北方诸国，当理智的光芒、心灵的感受遭到伤害而日益黯淡之时，国家的条约与声明、君主的诞生与谱系都被充分地保存下来。人类品格的历史、有趣的回忆录以漫不经心的私人生活过程为基础，也同等地以公共部门的正式交往为基础。在适于无花果和葡萄生长的纬度，精巧的礼仪、富有洞察力的玩笑，温柔、富有情感或激越高昂的演讲话语在古今都受到限制，只有少数例外。

如果这些自然才能的多样性是真实的，它们很大一部分基础必然在其动物性构造中。我们常常能够观察到，在盛产葡萄酒的地方，要加速人类血液循环，人们并不怎么需要葡萄酒的帮助。在南部国家，令人意气高涨的饮料则因其破坏性的效果而被禁止。或者，出于对体面的热爱，并由于具有足够暖和的温度，人们也不怎么欲求它们。而在北部，葡萄酒却独具魅力，因为它能够唤醒心灵，赋予某种具有生动想象和热切情感的品位，而那里的气候则具有否定性的效果。

两性之间在一种气候下产生的灼人欲望和热烈激情，在另一种气候下则转变为一种清醒的思量或对两相厌恶的忍耐。我们在跨越地中海时，在密西西比河顺流而下时，在攀越高加索山脉时，在穿越阿尔卑斯山和比利牛斯山一直到波罗的海岸时，我们都会发现此种改变。

由于迷信和激情的双重驱动，女性在路易斯安那边疆飞扬跋扈。在加拿大的土著居民中，她们却是奴隶，其价值主要在于她们所忍受的劳作及其对家务的料理。①

内闱和闺房里燃烧的情欲、令人备受煎熬的嫉妒长期在亚洲和非洲居于统治地位。它们在欧洲南部也很少为宗教与政府制度间的区分让路。然而，人们发现，由于它在此种气候中热度降低，

① 夏勒瓦。

则更容易在一种纬度下转变成为占据心灵的暂时激情，又不会使心灵衰弱。它们还激发出浪漫的爱情。如果我们继续往北行进，它则转变为一种勇武侠义的精神。勇武的精神更多地运用才智、想象，而非心灵。较之享受，它更偏爱阴谋。在情感和欲望不能发挥作用的地方，勇武之精神则取代爱与虚荣。当它离开了太阳，同一激情就会进一步形成家庭联系的习惯，或被冰冻为一种冷漠的状态。在此冷漠的状态中，自由的两性很少选择团结他们的社会。

脾性和品格的多样性并非事实对应于从赤道到极地的温度数量，而气温本身也不依赖纬度。人们以为，土壤和地理位置的差异、距离海洋的远近会影响大气层，并对生理结构的形成产生重要影响。

尽管处于同一纬度，但美洲的气候却迥然异于欧洲。那里有宽广的沼泽，巨大的湖泊，古老、衰败、茂密的森林，以及标明它是一个未开发国度的其他环境特点。人们认为，沉重、有毒的瘴气充满了那里的空气，使冬天具有双倍的暴戾。在连续多个月份，那里频繁地出现持久的浓雾、大雪和霜冻，它们将寒冷地带的种种不便带到了温带。然而，在美洲沿岸，尽管其纬度较萨莫耶德人和拉普兰人所居的纬度为低，但却聚居着与之相类的族群。加拿大人和易洛魁人类似于欧洲中温带气候中的古老居民。墨西哥人就像亚洲的印第安人一样，沉迷于享乐，堕落得浑身女人气。在荒野和自由的边界，他们在自己的弱点上建起一种占统治地位的迷信，以及永久专制统治的机构。

大部分鞑靼地区都处在与希腊、意大利和西班牙相同的纬度上，但它们的气候并不相同。海岸受到季节温和变迁的惠泽，不仅地中海沿岸如此，甚至大西洋海岸也是如此。欧洲东部和亚洲北部则备受极端气候的折磨。在一个季节里，盛夏炙热的灾难几乎抵达冰冻的海洋。在同一片烟云下，居民此时必须严防自己受到害虫的侵扰，而在同年的另一时刻，他则要躲避苦寒的伤害。当冬日重返，变化非常迅速。冬天几乎在所有纬度上都一样粗暴，从西伯利亚境内一直到高加索山脚和印度边境，地球表面尽是荒芜。

由于气候的不平等分配，亚洲北部的命运和国民性格便不如同一纬度下的欧洲人。然而，在任一轨迹上顺从子午线，我们都能观察到性情与精神的类似渐变。南部鞑靼人较通古斯人和萨莫耶德人更为优越，欧洲的某些民族就比他们北方的邻居更为优越。他们所处的地理条件则较两者有利多了。

南半球少有此类现象。在那里，温带尚未得以发掘；或者说，我们只知道在两个海角处存在温带——好望角与合恩角。好望角与合恩角都在南半球延伸到中纬度地带了。尽管有秘鲁和墨西哥民族这样的特例，但南美的野蛮人与北方的野蛮人颇为相近。霍屯督人（Hottentot）在许多地方与欧洲的野蛮人类似：他们坚决维护自由，在政策和民族活力上有初步萌芽，这使他的种族与其他非洲部落区别开来，那些部落更加垂直地暴露在阳光照射之下。

在这些观察中，我们只不过提出了最为粗率的人类史观点。或者，我们只不过提出了从对某些民族的朦胧认知以及其他民族之光辉中推测出来的观点，前者分布于地球的广大地域。我们仍然无法解释气候如何影响居民的性情或培育其天性的方式。

我们从经验可知：在某种程度上，心的习性与思想理智的运作皆有赖于生理器官的状态。人在生病和健康时并不一样，当饮食、空气和运动发生改变时亦有所不同。但在这些熟悉的事例中，我们甚至仍茫然于不知如何将原因与假定的结果联系起来。尽管通过囊括此类多样化的原因，通过某些正常的影响，气候可以影响人的性格，但直到我们理解了那些很可能无从理解的、与灵魂运动相联的那些更精细的器官构造，我们都无法希望解释那些影响的方式。

当我们指出，在一个民族所处的条件下，环境通过决定人们的追求来规范他们的习惯和生活方式；当我们并不诉诸其倾向的生理源头，而是将其诱因归结为一种决定性行为：我们以此来谈论其联系较多为人熟知的因果。例如，萨莫耶德人这样的种族在一年大部分时间里受到黑夜的制约，寓居山洞，与世隔绝。我们能够理解，为何他们在习俗和理解力上不同于那些在每个季节均可自由活动的族群，或那些无须躲避严寒，却要着力防范艳阳炙烤的族群。火与运动能治疗寒冷，阴凉和休憩则能免去暑热。在欧洲，荷兰人勤俭耐劳，到了印度，他们却变得更加懈怠散漫。[1]

从道德观点看，严寒酷暑也许同样不利于人类的积极天性。极端气候或通过提供需要克服却又难以逾越的困难，或提供放荡散漫的强烈诱惑，它们同等地阻止了对天性的首次运用，或限制它们的发展。环境产生的中等程度的不便能立刻激发精神，以成功的希望鼓舞其效果。卢梭先生说："在最不利的环境里，文艺最为繁盛。我可以举例说明：在埃及，艺术因尼罗河的泛滥随之传布；

① 受雇于马拉科(Malaco)的荷兰水手撕裂或焚毁那些给他们制作帐篷的帆布，这样他们即可免去制作搭建帐篷的烦恼。*Voy.de Matelief*.(《马蒂列夫航海记》英译本，1608年。)

在非洲，艺术在遍布石砾的土壤和贫瘠的沙地上拔地而起，高耸入云。但在欧罗塔斯河肥沃的两岸，它们却无法扎根。”①

在人类最初需付出辛劳、克服艰难才能维持生计的地方，他们便用勤劳来补足环境的缺陷，而干燥、诱人、有益于健康的土地却未予开发。② 人们付出巨大努力抽干了有害的沼泽，为海洋加上坚固的护体加以防范，由此获得的土壤甚至难以补偿所付出的辛劳和材料。港口开放了，众船云集。如果载重的船只并非依据港口的情况加以建造，它们便难以找到靠港停泊的水域。优雅、宏伟的高楼建立在软泥地基上。在自然看似没有准备接待人类生活之处，人类生活的所有便利却非常富足。如果我们期待艺术、商业繁盛之地当由其所据有的自然优势决定，那么这便是徒劳的。当人们有某些需要克服的困难时，他们比在受到眷顾时所做的更多。生于贫瘠之地的橡木和松树的树荫要比椰树或罗望子树更有助于人类的天赋。

在促使诸民族能够运行政策和艺术事业的诸项优势中，从已经做出的观察中，我们可以期待：我们应该反思促使他们在独特的共同体中分裂和维持自身的各种环境。为了让个人激发国内的政治生活原则，与民族间的竞争相比，其他人的社交聚会并不会具有更大的必要性。民族间的战争、条约，彼此间的嫉妒，以及针对彼此设计的制度构成了超过半数的人类事业，并为他们最伟大最进步的事务提供了材料。出于这个原因，簇拥的岛屿、被自然障碍分

① 自由地引用于卢梭《论人类不平等的起源和基础》(1755)第一部分里的一段话。弗格森误将“阿提卡”(Attica)引为“非洲”(Africa)。

② 试比较匈牙利与荷兰的状态。

裂的大陆、大江大河、山峦的背脊，以及大海的臂膀都最有利于抚育独立而受人敬重的民族。国家间的区分得到了清晰的维持，政治生活的原则在每一处被分割开来的土地上得以建立。每一地区的首府就像动物躯体的心脏，轻易地将至关重要的血液和民族精神输送给其成员。

那些最受人敬重的民族总是出现在至少一部分前沿边境受到大海冲洗的地方。这一障碍也许在野蛮时代是最强有力的，但却无法取代国家防御的关怀。在艺术发达的状态下，它们却为商业提供了最为广泛的视野和便利。

繁荣、独立的民族便相应散布于太平洋和大西洋沿岸。它们位于红海、地中海，以及波罗的海周围。然而，我们要将一些部落排除在外。这些部落在印度与波斯边境的崇山峻岭之间出没，或在河湾地带，在里海与黑海海岸建立起某种粗野的制度。在广袤的亚洲大陆上，几乎没有一个族群配称为一个民族。无垠的原野任巨大的游牧部落纵横驰骋，他们永远在移动，或者因为彼此的仇恨而被取缔或遭受侵扰。他们也许从未在捕猎或寻觅草场过程中糅合在一起。他们不能忍受诸民族间源于疆土一大区分，这种区分也因为一种对出生地的眷恋之情被打上了深深的印记。他们成群结队地游牧，没有民族的建制及内在的和谐一致。他们容易加入此中一个新生的帝国，他们也可轻易地成为中国或莫斯科的附庸。他们为了维生手段和娱乐资料而与中国和莫斯科通商往来。

在一个幸福的民族体系得以形成之处，为了名字与政治独立之持续，这些民族并不依赖自然确立的障碍。彼此的相互嫉妒维持了力量平衡，这一原则比现代欧洲的莱茵河与海洋，比阿尔卑斯

山与比利牛斯山，比古希腊的塞莫皮莱海峡，比色雷斯山或者萨拉米和科林斯海湾都更加倾向于延长分裂。这些宜人气候下的居民将民族的幸福、荣誉的光芒和文明成就归因于此。

如果我们想要追问文明社会的历史，我们的注意力就必要主要地引向这些事例，我们就必须在这里向地球上的那些区域说再见：由于地理条件或气候的影响，人类似乎受限于自然的追求，其心灵和思想能力也处于较次的地位。

第二节　臣属的历史

到目前为止，我们观察到，人类要么在平等的基础上团结在一起，要么倾向于仅仅因为对首领发自内心的尊敬与热爱俯首称臣。但是，在这两种情况中，我们都找不到统一的政府计划或法律体系。

野蛮人的财富仅限于他的小木屋、皮毛，以及武器，但他们却对此感到满足，也对其所能获得的安全程度感到满足。在与地位平等的人打交道时，他认识到，他不应参照法官的决定来处理任何讨论的主题，他也不能在任何人手上找到行政官的徽标，或永久统治的徽章。

野蛮人由于对个人品质的崇拜，由于英雄种族的荣耀或财富出众而服从一位领袖的命令，并在其部族中扮演臣属的角色。他不知道，自己从心所欲的行为如何变成了义务的主题。他的行为出自不拘泥于某种形式的情感，当它们被激发出来，或者当它们参与到争论冲突之中，他在所有是非问题上求助于刀剑，将其视为最终的决定性手段。

与此同时，人类事务继续着它们的进程。在一代人中使之倾向于同类群集的东西在后续的时代则被称为民族团结的原则。最初为共同防御而联合的东西则成为政治力量的一致计划。对维生的关心成了聚集财富的热望，以及商业技艺的基础。

人类在追随其当前的心灵感受时，在努力移除不便，或获取明显、共同的优势时，他们就实现了想象力也无法预期的目标，就像其他动物一样，在其自然轨道上行进，却见不到终点。“我将获得这片土地，我将把它留给我的后代”，最先说这话的人没有认识到，他正在奠定公民法律和政治制度的基础。最先使自己服从某位领袖的人没有认识到，他正在为永恒的从属关系确立榜样，在此主张下，贪婪的人将要占有其财产，傲慢的人则要求他的服务。

总而言之，人们充分而完全地投身于构筑规划和计划。但是，为他人谋划抉择的人将会发现，每一位倾向于替自己思谋的人都是他的反对者。社会诸形式起源于一个模糊而遥远的端点，远早于哲学诞生之日。它们起源于直觉，而非人的思虑。就像风一样，它刮来了，我们却不知道它来自何处，也不知道它将去向何方。人群所处的环境指引着他们建立制度，选择措施。他们很少离开他们的方式，转而追随任何谋划者个人的计划。

甚至在所谓的启蒙时代，在大众的每一步、每一刻中，他们对未来都同等盲目。诸民族跌跌撞撞地建立起政治制度。这些建制的确是人类行为的结果，却并未执行任何人类设计。[①] 如果克伦威尔说，一个人在不知走向何方时反而攀登得最高，那么我们便有更多理由来确证：在无意变革的共同体中却有可能发生最大的革命。最好的政治家也并不总是知道，通过他们的谋划，他们将把国家领向何方。

① 德雷斯，《回忆录》。

如果我们听从现代历史的证词，倾听古代史中最严肃部分的论述；如果我们在世界的每一部分，在每一种情况下都参与民族实践，无论它们是野蛮的还是文雅的：我们也很难找到驳回这一论断的原因。没有哪种制度是由一致同意形成的，没有哪个政府是从某项计划复制而来的。小国的成员满足于平等。更大国家的成员则发现他们按照某种方式分为不同阶层，因此为君主制奠定了基础。它们经过简单的转化便从一种政府形式发展为另一种，并常常在旧的名字下接受一种新的制度。每种形式的种子都埋藏在人性之中，它们随着季节而发芽、成熟。每一物种的繁衍常常源自土壤中不可见的因素。

所以，我们谨慎地接受古老的立法者、国家建立者的传统历史。他们的名字受到了长久的赞誉，他们制定的计划备受推崇。在每种情况中，早期条件下的可能结果被认为是谋划的结果。作家与作品就像原因与结果一样，它们总是并置一处。这是我们能够在其下考虑民族建制的最简单形式。我们将其归于早前的某种设计，尽管它唯有通过经验才能被认知，亦无人类智慧能够预见。若无在其时代中一致的心境和性情，任何权威都不能让个人来执行这一计划。

如果人们经过多个世纪的广泛思考，致力于寻求进步，能够与其制度相结合；如果人们在许多得到承认的不便中劳作，也不能从习俗的限制中松弛下来：那么在罗慕路斯和吕库古时代，我们能够假设他们具有何种心境呢？他们并非确切地更加倾向于拥抱创新的计划，或者摆脱惯习的影响。在知识较少之时，他们并非更为柔韧或顺从；在心灵受到更大的限制时，也不会更有能力变得雅致精细。

我们想象着，或许，粗野民族必然如此强烈地感受到劳动中的缺陷，注意到在其风俗中变革是如此必要，以至于他们必然准备愉快地接受每一种改良的计划，以绝对的服从来接受每一种可行的计划。所以，我们倾向于认为，俄尔甫斯的竖琴能够在一个时代产生影响，纵然柏拉图文才过人，但他在另一个时代不能产生这些影响。然而，我们弄错了单纯时代的特征：在那时，人类表现得最少感受到缺陷，也最不想要参与改革。

与此同时，罗马和斯巴达的某些建制实际上不能混为一谈。但是，这两个国家的政府却是兴起于人民的条件和天赋，而非某一个人的谋划。为人称道的武士和政治家被认为是这些民族的奠基人，他们只是在那些为同一制度做出安排的众人中发挥了更为突出的作用。他们给后代留下了一项威名。后人把他们指出来，当作许多已经得到运用、有助于形成他们自己和国人之习俗与天赋的实践的发明者。

我们此前就注意到，早期政治家的发明产生了一些结果，而在许多具体事例中，单纯民族的风俗偶然与这些结果保持一致。我们之前也认识到，共和政府、元老院和人民议会的模式，甚至财产平等、物品共有也不能归因于单个人的发明或设计。

如果我们认为罗慕路斯是罗马的建国者，他当然杀死了自己的兄弟，这样他便能单独统治。他既不想受到元老院权力的控制，也不想将其主权的咨议会与某个集合体的决定联系起来。就其本性而言，对统治的爱恋与受到束缚相悖。就像粗野时代的每一位首领一样，这个首领很可能认为，有一个阶层准备侵入他的议事会，但缺了他们，他又寸步难行。当他遇到这样的情况，像是听到号角的召唤一般，人民群体聚集起来，做出决定。对这些决定，个人可能只会空洞地争吵，或试图控制。罗马着手为每个粗朴的社会制定普遍计划，持续改善他们对世俗便利的追求，并在调节国内各党派的主张时吸收了其政治结构。

在社会的每一个早期时代，人类就学会了觊觎财富，仰慕贵胄。他们贪婪且富有野心，偶尔在他们率领下进行劫掠和征服；但在他们的日常行为中，这些动机却受到其他习惯和追求的制约，受到懒散、放纵、个人亲密关系或仇恨的制约。它们将人们的注意力引向利益。这些环境时常让人疏于职守，或变得粗暴凶残。它们证明了公共和平或动乱的源头，但却使那些为之驱使的人们不能维持任何固定的篡权而来的成果。奴役和奸淫是来自国外的首要威胁，战争（无论进攻性还是防守性）是每个部族的伟大事务。敌人占据了他们的思想，再无暇处理国内的纷扰。然而，每一独立的共同体都想要保证自身的安全，通过加强防御、削弱敌人，或结成同盟，从而成比例地实现这一目标。国内的个人考虑自己的得失。领袖则倾向于放大属于他地位上的优势，追随者变得忌妒开放给入侵者的权利。诸多派系在此之前因为情感、习惯或共同保存而团结在一起，现在却在支持对优先权或利益的要求中产生了分歧。

当国内派系间的敌视因此苏醒，自由的借口则与统治的理由彼此对立，社会的每个成员都找到了新的意义，据此可以执行其行为。他们也许对利益有所争论，他们在不同的领袖之间有所平衡，但他们从未作为公民团结起来，从而对抗主权者的干预，或者维持他们作为一个民族的共同权利。如果君主在此竞争中发现，有许多人支持他的优势地位，也有许多人反对，那么，原本为外敌而磨砺的宝剑就将指向属民的胸膛。每一次因外敌产生的和平的中断都充满了内战。自由、正义、公共秩序的圣名回荡在公共会议之中。在缺乏其他警告之时，它们在社会内部造成了许多动乱与仇恨对象。

我们已经说明，在最初出现财产、利益与阶层分化的迹象时，人类具有何种特征。在古时候，一些小君主国形成于希腊、意大利乃至整个欧洲。随后，在这些国家出现了反叛与内战，他们驱逐国王，提出了关于君权或臣民所享特许权利的问题。现在，我们对人类迈向政治建制的第一步，以及人类对法律宪制的欲望做出了一番陈述。如果那些古代君主国的情形与人类在财产、利益与阶层分化迹象初显时的特征一致，那么上述种种在这些国家出现的情况就与这番陈述一致。

这一宪制在最早形式中的样态取决于国家条件中的诸多环境。它取决于君主国在其粗野状态时的幅员大小；取决于人类在开始争论分化差异的滥用之前，人们顺从分化差异的程度；它也同样地取决于我们所谓的偶然事件、个人的品格或战争事件。

甚至共同体起初也很小。人类一开始借以团结起来的倾向并非他们后来借以拓展帝国界限的原则。在小部落里，他们不是依靠共同的征服或安全原则聚集在一起。小部落甚至是反对团结的。就像希腊人真实且好的联合造成了特洛伊的毁灭，如果许多国家团结起来，追求单一的目标，他们就很容易再次分开，并重新施行竞争国家的原则。

也许存在某个特定的国家范围，人们在此中能够轻松地在彼此间、与一些人或所有人交流激情。也许也存在一定的人数，人们能够聚集起来，结为一体而行动。当社会没有扩大到超过这一限度，当其人口能够轻松地聚集起来时，如果政治争论出现了，国家就很少不会按照公共原则来行动，并建立起民主。在大部分粗野的君主国中，首领从其宗族的荣光中，从其部落成员自愿的依附热爱中获得了特权：他命令的人民是他的朋友、臣民和军队。如果我们假设，他们的风俗中出现了任何变化，人民不再敬重他，推翻其威严；人民自称彼此平等，或为嫉妒所把持，认为他获得了过多的权力，那么他的权力基础就已经坍塌。当自愿的服从变得执拗，当许多党派或团结的集体选择为他们自己行动，那么像雅典这样的小王国就当然会变成共和国。

在人类之进步中，条件和风俗的变化为诸民族推举出首领和君主，同时创造了贵族和各种各样的阶层。这些阶层在相对次要的程度上寻求显达。迷信也能在这些人中创造出秩序。在牧师的头衔下，人们加入了对各自利益的追求。通过作为整体的团结与坚强，通过他们不会止息的野心，他们值得被列入权力觊觎者名录。这些不同人类秩序是形成政治体的混合因素，每一种都从人民大众中向他们那边拉过去一部分。人民自己有时是一个党派；许多人尽管形成了阶层，享有尊荣，但由于他们刺耳的主张和独立的观点而彼此掣肘制衡。通过为国家会议带来一种特定秩序的准则和理解，通过守护一种特殊的利益，人民在调整或保持国家政治形式中分有一席之地。

如果没有受到某种平行权力的制约，任何特定制度的主张将以僭主制为终点。君主的主张将走向僭政。贵族制或祭司制的主张终将产生贵族权力的滥用。民主的主张则将终结于无政府状态的混乱。正如这些终点从来不是党派专门追求的目标，它们甚至很少是党派假装追求的目标。然而，它们却是所有党派追逐的手段。如果这些手段不幸得以推广，它们将在不同程度上走向极端。

在各党派努力获取优势的道路上，在相反利益相互干扰之时，自由可以获得一种永恒的或超越的存在。这些成倍增加的部分随意结合，产生了多种形式与特征，宪制尽可以承受这些形式与特征。

共同体成员要么是各自独立的，要么包含在一些群体之中。为了授予共同体一定程度的政治自由，也许这样便已足够：其成员应当坚守他们的权利。在共和国中，公民要么坚定地维持自己的平等，要么将公民同伴的野心限定在适宜的范围之内。在君主制下，每个阶层的人都应该维持其私人和公共身份的荣誉，既不为法庭的强迫也不为公众的要求做出牺牲。在某种程度上，这些独立于财富的尊严注定要将稳定赋予君权，将尊敬给予臣民。

在党派的竞争中，公共的利益，甚至正义公正之原则有时也遭到遗忘。然而，这种腐败手段预示了一些致命后果，但它们并不是无法摆脱的。公共利益经常是安全的，并非因为个人倾向于将其认为是行为的目的，而是因为每个人都坚定地维护各自位置上的安全。因为众人持续的分歧与反对，而非因为代表平等政府的同时迸发的热情，自由才得以维持。所以，也许在自由国家，最明智的法律从未受到任一人群之利益与精神的支配。它们被不同的手提议、反对和修订，最终表达了竞争党派迫使彼此接受的中间意见与妥协。

什么原因使天平在小共同体中倾向于民主一方，却在疆域和人口都具有更大规模的国家里令君主制获得优势呢？并且，在多样的条件中，在不同的时代里，也是这些原因使人们融合不同政府形式的特征，呈现为所有政府形式的混合，却没有采取任何一种我们曾经提到过的单纯宪制。[①] 当我们在此视野中考虑人类历史时，我们就不会对这些原因感到困惑了。

在开始摆脱粗野而单纯的状态时，人们必须期待按照他们已经习惯的平等精神或温和服从来行动。当人们在城市中，或在小领地范围内聚拢起来，他们借助有传染力的激情来行动，每一个体也感受到与其在群体中之角色、人数之微小成比例的重要性。觊觎权力和统治地位的人熟练地利用普罗大众。对于抵制其主张的人民的反抗情绪，他们可以凭借号召来加以约束，但却得不到援助。我们被告知，阿提卡的国王忒修斯将12个地区的居民聚集到一个城市中。在这里，他采用一种有效的方法将此前君主制下的独立成员团结为一个民主政体，并加快了君权的陨落。

拥有辽阔领土的君主在维持其地位时具有许多优势。他对臣民没有任何不满，他能够维持皇家庄园的宏伟大气。并且，通过自己赠予的财富，他就能令人民的想象力大受震动，使之目眩神迷。他能够使一个地区的居民反对另一地区的。在任何时候，导致哗变和叛乱的激情都只能驱策一部分臣民。他在对普遍权威的占有中感受到了自己的强大。他与那些听从其命令的众人之间存在一段遥远的距离。甚至，这段距离也增强人们对其政府的神秘的

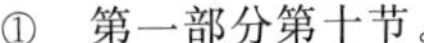

① 第一部分第十节。

敬畏。

尽管偶然事件与腐败具有这些不同的趋势，然而，当它们融合进各种各样的环境中时，它们也可能令一些特定国家抛离偏见，并产生出相对于普遍法则的例外。这的确发生在希腊后期的某些君主国、现代意大利，以及瑞典、波兰和德意志帝国中。但是，在那些维持了民族团结，在一切重大时刻抵制住君主政府趋势的共同体中，尼德兰联邦和瑞士行政市也许拥有最广阔的疆域。瑞典则是在摧毁君主制后，在大王国中建立起共和制的唯一事例。

当一个微小地区或单一城市没有像现代欧洲一样，感染君主制风俗，其君主没有受到这一风俗的支持时，他对王权的保有就是不稳定的。叛乱精神会永远存在于他的人民中间，向他发出警告。他就会受嫉妒引导，用严苛、预防和强力来支持自己。

在一个大国中，就像在德国和波兰的案例中那样，平民和贵族的权力在维持其主张时可能会遇到相同的阻力。为了避免君主篡权的危险，他们必须抑制最高行政官，甚至是对行政权的必要信任。

欧洲诸国最初安顿下来时，君主制就在其风俗中奠定了基础。它们也准备在常规和广泛的政府下团结起来。希腊人通过自身的演化过程，最终在希腊世界内部建立起许多独立的共和国。但是，如果他们在阿伽门农统治下完成征服并在亚洲定居，那么很可能，他们就能够提供同一种类型的榜样。但是，任何国家的原初居民形成了许多独立的行政区，缓慢地联合、团结。征服部落就在这联合与团结中，为了实现征服的效果或确保其占有的安全，立即加速了征服进程。恺撒在高卢遭遇了数以百计的独立民族，它们甚至在共同的危险下都没有充分团结在一起。日耳曼入侵者驻扎在罗马人的土地上，在同一地区成立了许多独立建制。但是，与古高卢人通过联合与条约，或由于他们的战争历经数个世纪所达到的范围相比，它们仍要广阔得多。

大君主国的种子、辽阔领地的根系因分裂罗马帝国的各部落而栽种在每一处地方。在几个世纪当中，许多部落以看起来一致的方式，持续侵入并占领这一具有吸引力的奖品。关于这些部落的数量，我们并无确切的论述。在他们预计会遇到阻力的地方，他们努力召集一股合乎比例的力量。当他们计划定居时，整个民族得以迁移，参与掠夺。散落在辽阔的行省中，若不维持团结，他们就不能确保安全，因此，他们继续承认跟随战斗的领袖。他们如同一支军队，在拆分后被派遣到各独立的营地，一旦要求联合行动或进行商议，他们就集合起来。

每个独立党派都分配有其岗位。每个从属的族长都有其财产，他的财产能为自己和追随者提供生计。政府的模式采自军事服从模式，封地是与其阶层相应的官职的报酬。[①] 有一个阶层的人民注定要从事军事服务，另一阶层则注定专事劳作，为了主人的利益开垦土地。官员逐级提升自己的财产，首先将临时授予物转化为终身财产，然后遵照特定的情况，这也转化为可被继承的财产。

贵族阶层在每个地方都成为世袭的，在每个国家都形成了一个强大而永恒的人群。当他们役使人民的时候，他们却对君主的

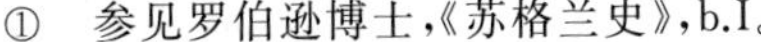

① 参见罗伯逊博士，《苏格兰史》，b.I。

要求加以争论。他们抵制着对其需要的关注，或将武器对准了他。在国家内部，他们形成了防范普遍专制主义的强大且不可逾越的障碍。但是，借助于好战的侍从，他们自己就成为每一个小地区的僭主，阻止了秩序的确立或任何法律的常规执行。他们利用君主的柔弱统治或君主在人数上的劣势，加紧侵蚀君权。或者，在确立选举君主制后，在随后每一次选举时，他们通过条约与契约限制或破坏君主的权力。在某些情况下，尤其以德意志帝国为例，君权衰竭到只剩下一个虚名。在这些情况下，当人们仅仅遵守一些无足轻重的礼节时，民族团结自身却得以保存。

在王位具有的大量世袭特权下，君主、诸侯的竞争则呈现另一番景象。封建侯爵被逐渐剥夺了权力，贵族没落，堕入臣属状态，不得不依附君主方能持有荣誉，运用司法权。君主假设，其利益在于：降低贵族的地位，让他们处在一种与人民平等的臣属状态，以及通过将劳动者和依附者从直接上级的压迫中拯救出来，扩展自己的权威。

在此谋划下，欧洲君主以不同的方式取得了成功。当他们保护了人民，并因此鼓励了商业实践和赚钱的技艺，他们便为国内的专制铺垫了道路。通过相同的政策，他们使臣民免于许多压迫，他们因此加强了君主的权力。

但是，如果人民因宪制而在政府中拥有代表，也拥有一个首脑，那么在首脑的领导下，他们自己可以利用获得的财产，也可以利用他们关于个人重要性的感受。在这些地方，这一政策就转而反对王权。它形成了一个限制特权、建立法律政府、展现人类史上新图景的新权力。君主政体混合了共和制和辽阔领土，在许多个世纪中，它统治着，却没有使用军事力量。

这就是欧洲民族抵达现今建制的步骤：在有些情形中，他们占有了法律宪制；在其他情形中，他们运用一种缓和的专制主义，或继续与他们各自拥有的这些不同的极端趋势做斗争。

土耳其征服者为他们自己，也为被他们战败的可怜种族兴建了坟墓。在欧洲的早期时代，帝国快速发展，并威胁着将诸民族的独立精神埋葬在这个坟墓之中。罗马人缓慢地逐级拓展着帝国的边界，每一样新的斩获都是漫长战事的结果，需要派遣殖民者，采取诸多措施来确保任何新的财产。但是，从他获得建制那一刻起，上级封建主因为一种开疆拓土、增加封臣的欲望变得活跃起来。仅仅通过授职仪式，他频繁地吞并新的行省。并且，对政策形式不加以任何物质上的革新，他就接受诸多独立国家，纳入其持续扩张的领土中，成为他的臣民。

诸独立公国准备像引擎部件一样结合起来，像建筑材料一样构筑在一起。由于斗争的结果，它们很容易结合在一起，或是分崩离析。弱国的独立只有借助强国间彼此忌妒，或所有国家对维持权力均势的普遍关注才能得以保持。

在维持这一均势时，欧洲诸国已经推行了幸福的政策体系。在调整条约时，其宽和程度甚至对获得胜利的强大君主而言也习以为常了。这一宽和程度给人类带来了荣耀，也带来了一种持续幸福的希望。他们希望，如果欧洲诸国都认为，最先征服的民族将会毁灭他们自己及其对手，那么持久的幸福就会从这一观念中产生。也许，在此前任何时期，或在任何数量的民族之间，这一观念都从未获得如此强大的影响力。

也许，就像在一张大幅织物中一样，我们可以在这些国家中最为清楚地认识到构成政治体的诸多部分，观察到利益的一致或彼此相抗。利益间的相合相抗则有助于不同人类秩序间的结合与分离，使他们因维持诸多要求而建立起多元的政治形式。然而，最小的共和国也由与之相似的部分，由为一种类似精神驱使的成员构成。他们提供了如是例证：派系因随意组合构成各样政府，这些党派又因利益不同参与冲突。

在每一个社会中，我们都能找到随意的臣属关系，它们独立于正式建制，通常反对其宪制。当行政官员和人民言说着一种具有特定形式的语言，并且看起来不接受任何权力主张时，如果他们既没有合法的任命，又没有世袭的荣誉优势，那么这一随意的从属关系就很可能兴起于财产的分配或其他环境。这些环境产生了不同程度的影响，为国家定下了基调，并确立了它的品格。

长久以来，罗马的平民群体就被认为处在一种卑微的境地中，也不能担任更高的行政官职。作为一个群体，罗马平民具有足够的力量清除那些令人不满的、招人怨恨的区分。但是，个人仍然在一个从属阶层印象下活动，他就放弃每一次有望获得显贵地位的选举竞争。他曾受到贵族的保护，也曾感受过贵族的权威。通过这一方式，在一个特定时期内，得到公开承认的贵族原则能让权贵家庭的优势变得多么寻常，它就可以多么寻常。然而，更高的国家官职逐渐被平民分享，此前具有的区分之效果就受到了阻止或削弱。用来协调不同群体之要求的法律很容易规避。平民成了一个派系，他们的结盟是最为确定的通往统治权之路。克洛狄乌斯(Clodius)假装被一个平民家庭收买，从而具有了成为人民护民官的资格。恺撒通过支持这一派系的理由开拓了走向叛乱和僭政的道路。

在这些迅捷、短暂的场景中，诸政府形式只不过是尚未确定的模型。在此过程中，每个后续的时代都与前一个相区别。派系准备占有所有偶然的优势。当人类处在来自任何党派的危险中时，他们很少获得比来自对手的更好的保护。加图和庞培在反对恺撒时团结在一起，对任何事情都不像对派系的融合那样加以防范。实际上，派系的融合将会联合不同的领袖，反对共和自由。这一光辉人物在其时代如此卓尔不凡，就像一个男人站立在一群孩童之中。在理解的正确性和洞见的广度上，他也超越对手，其程度就像他用男人的坚忍和客观来迷惑一个用来毁灭人类的空洞且充满孩子气的设计。

尽管自由的政府宪制很少或从未兴起于任何单一的设计者，但它们却经常因为单一个人的警觉、活泼和热情而得以保存。理解并选择这一观照计划的人是幸福的。对人类来说，如果他们没有太晚选择这一政府宪制，他们就也是幸福的。人们曾经努力凸显加图或布鲁图斯在那重大革命前夜的生活，秘密地培育特雷西亚（Thrasea）与赫尔维狄乌斯（Helvidius）的义愤，从而在腐化的时代占领沉思者的思想。但是，甚至在这些晚近徒劳无益的事例中，知道、评价一项对人类十分重要的目标也是令人高兴的。对它的追求和热爱尽管是不成功的，却增添了人性的荣光。

第三节　论总体的民族目标，兼论与之相关的建制与风俗

国家成员的阶层分化最初是在某种风俗中产生的。当臣属模型还是随意的，当诸政府形式主要从此风俗中产生、从那使特定人群在其国家获得统治地位的多样环境中兴起之时，每一个政府都需要关注某些特定目标。这些目标在每个社会中引领着人类理解和理性，它们要求政治家施展才能，也在一定程度上将共同体导向那些机制——行政官在此机制的权威下持有权力。这些目标就是国家防御、正义分配，以及国家的保存和内部繁荣。如果我们忽视这些目标，我们就必须认识到：诸党派争夺权力、特权与平等的所有场景必定会消失，社会自身也无法维持。

关于这些目标的考虑将在每一个公共会议中得到辩论，并将在每一次政治竞争中诉诸常识和人类意见。由于跟个人观点和党派诉求相抗争，它们可被认为是国家的伟大立法者。

为实现大部分民族目标所需要的各项手段相互结合在一起，它们也必须被共同追求，它们也经常是相同的。准备用来防御外敌的力量很可能用来维持国内和平。用来保卫人民权利和自由的法律则可能鼓励人口繁衍和商业发展。如果不考虑沉思者如何归类或区分其目标，每一共同体在每一事例中都有义务假设或坚持

最适于维护利益或避免厄运的形式。

然而，民族就像私人，拥有它们最心仪的目的和主要追求。这些目的与追求使其风俗、建制变得多样。它们甚至通过不同的方式来实现相同的目的，就像人们通过不同行业获得财富一般。在他们实现的每一种条件下，他们获得了主要职业的习惯。罗马人在追求征服的过程中变得富有，很可能在一个特定时期增加了人口数量。看起来，他们的战争倾向则带来了土地荒芜的威胁。一些现代民族致力于主导、扩大商业原则。当他们仅仅倾向于在国内积聚财富时，却在国外收获了一个持续上升的帝国。

好战与商业的性格以多种形式结合起来。有些环境或多或少地导致了频繁的战争，激发起征服的欲望。有些环境则让人民平静地改善国内的资源，或用勤劳的成果与外国贸易，交换自己的土壤和气候不宜生产的物品。好战与商业的诸种性格之形成在不同程度上受到这些环境的影响。

每个共同体成员都或多或少地关心国家事务，其关心程度与宪制允许他们参与政府的份额成正比。每个共同体成员也都振作精神，关注具有公共本性的目标。一个民族的才能是得以开发还是未予改良，与其才能在技艺和社会事务中的应用成比例。他们的风俗获得改良还是遭到腐败，与他们受到鼓励、引导依据自由公正原则行事，或堕入卑吝、奴役状态成比例。但是，在这些重要领域的任一方面，它们作为民族所获得的任何一种优势，或所避免的任何邪恶都在总体上被认为是偶然事件。它们很少在政策目标中获得承认，或进入国家理性的思虑。

当我们仅仅为了开发人的才能、激发自由心灵的情感而渴求政治建制时，我们就冒着受到嘲笑的危险。我们必须提供某种利益动机，或某些获取外在优势的希望，如此才能激活普通人的追求，或引导其追求手段。他们将仅仅因为必需或为了利益而变得勇敢、聪明和雄辩。他们扩大了对财富、人口以及其他战争资源的使用，但是他们经常忘记，如果缺乏有力的引导，没有国家活力的支持，这些都不会产生实际的效果。所以，我们可以期待在许多国家里找到对特定政策的偏好。它们出于对公共安全的关心、保卫个人自由或私有财产的欲望，很少源自对道德效果的关心，或是人类天才的观照。

第四节　论人口与财富

我们想象，罗马人在听到消息，得知他们的城市之花在坎尼凋零，他们将会产生何种感受？我们思考，当演讲者说“人民中的年轻人就像四季中的春天”时，他内心在想些什么？我们听说，在美洲，为了维持家庭与民族的荣耀，人们愉快地收养猎手和战士。在这些时候，我们就感受到最强有力的动机，去关心如何增加和保存我们的公民同胞。利益、情感和政策观念彼此结合，共同推进了这一目标。只有误解自己利益的僭主，嘲讽对其关爱予以控诉的政治家，或者变得腐化，将公民同伴视为利益上的对手、追逐利益的竞争者的人民才会完全忽略这个目标。

总体而言，在粗野的社会、小共同体中，人们频繁地参与战斗并遭遇困难，人口的维持和增长就是一个重要的目标。美洲人根据损失的人口，而非与来敌遭遇时失守的土地来评估战败。他们按照抓捕的战俘，而非已经维持住的对原野的控制来评估胜利。一个人若能与他在所有追求中共进退，若能被他当作朋友拥抱，若能成为他爱慕的对象，若能在战争中向他伸出援手，那么，对他而言，这个人就是最珍贵的财富。

甚至，在我们没有考虑某个特定的人的友谊时，社会便致力于形成可以自我防御、干扰其敌人的党派，它找不到比人口增长更重要的目标。相应地，如果俘虏可以被收养，儿童（无论男女）可以为了公众得到抚育，那么，这些俘虏与儿童就被认为是最丰厚的战利品。罗马人接纳被征服者，让他们分享罗马城的特权。罗马人还掠夺萨宾人，随后又与这个民族联合在一起。在人类历史上，罗马人这两种做法并非单一的或不同寻常的例证。在少许武装人口构成国家力量的地方，在人只因他们自身而具有价值、人的价值与地产或财富之考虑无关的地方，同样的政策就已经得到遵循，并且是自然而明显的了。

所以，在粗野时代，人类由小部落构成，因此表现出来的情况便是，如果土地上少有人居住，这一缺陷就不是来自国家对人口的忽视。甚至很有可能，最有效的用以增加人口的途径将会阻止民族融合。当人们将保持人口数量当作主要的关切目标时，人们就被迫以小群体的方式行动。的确，单凭这一点还不足以说明问题。我们很可能必须补充在一种利好的政策下，人们享有的对抚育家庭的鼓励。此外，我们还需补充归功于技艺实践的维生手段。

如果母亲自己在寻找食物时必须经受艰难困苦，那她就不会愿意多生孩子，也缺乏给养来抚育他们。在北美，妇女生活在寒冷或气候温和的地区。据说，从对困难的考虑中，她们产生了禁欲的主张。在她将要冒险背起新的重负在丛林跋涉之前，孩子面对的是一个以野味为食，且要跟着步行的境况。根据她们的理解，是否要将孩子带到这种境况中来，这是一个需要审慎考虑、关乎良心的问题。

在更加温暖的纬度上，通过气候赋予的不同的温度，通过提供生计的更多资源，人口数量得以增长，但其目标本身却受到了忽视。性交易对人口毫不关心，它就成为一个纯粹的堕落主题。据说，在一些地方，制约、阻止自然的性向成为一项野蛮政策的目标。在中国的台湾岛上，男人被禁止在40岁以前结婚。在那里，行政官员运用了一种危及母亲和孩子生命的暴力，如果女人在36岁之前怀孕，行政官员就会命令她们流产。[①]

在中国，允许父母杀死或遗弃孩童很可能意味着解除儿女众多的重负。但是，尽管我们听到的这些行为令人心生厌恶，看起来会对人口造成威胁，但它很可能并无限制人口之效。但是，就像许多其他的制度一样，它具有的影响与其看似要产生的结果是相反的。父母心怀这一解脱方式结婚，孩子却得以保存。

无论人们认为人口目标有多么重要，在公民政策的历史中，我们很难找到仅致力于实现这一目标的明智或有效的制度。粗野或虚弱民族不具备充足的技艺实践，或不能克服在其生活方式中发现的障碍。工业的增长，人们改良技艺、扩展商业、保卫财产、确立权利的努力的确是增加人口最有效的方式。但是，它们产生于不同的动机，它们产生于对利益和个人安全的关心。它们意在实现那些不为增进人口数量而存在的人的利益。

与此同时，如果一个民族在政治建制上是幸运的，在各项辛勤追求中获得了成功，那么，那里的人口就很可能出现成比例的增长。知道这一点颇为重要。为了实现这个目的，人们想出了许多其他的策略，其中大部分只能挫败人类的期待，或误导他们的注意力。

在培植一个殖民地时，在努力修复瘟疫或战争引起的偶然废

① 《荷兰航海故事集》。

墟时，政治家即刻的发明可能是有用的。但是，如果对普遍的人口增长做一番理性思考，我们就会发现，我们忽视了他们的自由与幸福，我们对其人口的帮助就变得虚弱而无效。它们只会引导我们在表面上工作，或追求阴影，我们却忽视了实质性的关心。在一个正在走向衰败的国家，它们让我们用保守的方法来缓解衰败，却仍然保留着邪恶的根系。屋大维得以复兴与罗马人口相关的法律或为之注入力量。但是，我们可以说，他与许多君主处在一种相似的境地。他们配制解药，同时还管理着毒药。他们将药物外用于皮肤，试图让一个衰弱的病体重新焕发生机，与此同时，他们又让湿气和瘫痪影响生活原则。

如果这一重要目标并非总是依赖于主权者的智慧或某一个人的政策，这就的确是人类的幸福。一个热衷于追求自由的民族为他们自己找到了一种境况，在那里，他们可以遵从自然倾向。并且，相比起国家议事会能够设计出来任何策略，他们对自然倾向的遵从获得了更为明晰可见的效果。如果我们假设这个问题由君主或计划家主导，那么他们就该谨慎小心，避免伤害他们无法大幅提高的利益，或者避免造成无法修复的裂口——这是他们能够做的最好的事情。

“当诸民族被分割为许多小邦或小共和国，在那里，人人皆有房屋和田地，每一个郡县都有自由而独立的首府。这是多么幸福的人类处境啊！”休谟先生如是说。“这是多么有利于工业和农业、婚姻与人口啊！”[①]然而，在这里，我们很可能找不到任何政治家为

① 引自休谟的论文《论古代民族的人口繁荣》，稍有改动。

奖励结婚、处罚独身而提出的规划,也找不到任何旨在邀请外国人定居或阻止本国人离乡的计划。每一个公民都认为自己的财产是安全的,都为继承人准备了一份物资,他们并未因为对压迫或匮乏的忧郁恐惧而感到泄气。在那里,其他的每一种自然功能都是自由的,孕育生命的条件也不能受到限制。自然要求强者是正义的,但她却未将其作品的保存托付于可见的计划。政治家可以给年轻人的生命之火增添何种燃料呢?只要让他别把这团火闷灭,其效果就有保障。在我们一边压制或贬低人类的地方,另一方面像屋大维那样坚持鼓励婚姻、对不生育予以责罚则毫无意义。当我们的居民不能确切地持有他们的职位和财产,不仅在家庭人数众多的前景下,也在他们自身所处的不稳定、令人怀疑的生存前景下感到颤抖,从海外邀请新居民亦无效果。如果专断的君主为其臣民造就了这种处境,那么他应该向强大的自然本能,而非任何他自己的设计来寻求维持人民的良方。

人们会在诱人的环境下簇拥汇聚起来。经历过几个世代,每一个国家的人民都会按照生存手段的丰富程度增长起来。甚至在出现没落的征兆时,人口数量也会增长。罗马战争频繁,却有许多繁荣的社区。如果没有破坏源头,交往流通顺畅;如果为后代留下生机,不使家庭背井离乡,甚至疫区和奴隶市场也可获得人员补充。在人类获得更为幸福条件的地方,政治家们认为,通过鼓励结婚、吸引异邦人,或将本国人限制在境内,他们可以使人口数量得以增长。他们却经常好像寓言中的苍蝇,它崇拜自己成功地转动轮盘、拉动马车。实际上,政治家只是陪伴已经在运动的事物。他猛烈地挥动船桨,加速洪流,挥动蒲扇,为风加速。

大规模的定居和人口增长计划无论最终多么成功，它们对人类而言都是昂贵的。我们被告知，在补充定居的第一次努力中，每年有 10 万以上农民就像同样多的牲畜一样被运送到匹兹堡，但每年又因为缺乏给养而流失。[①] 印度人只想与香蕉树为邻，当其家庭扩大时，他便在路旁增加一颗大蕉树。

如果大蕉树、可可或者棕榈树足以维持一个居民，那么更加温暖气候下的族群就可能变得像森林中的树一样繁多。但是，在地球上的许多地方，由于气候、土壤的性质，自我生产的作物几近于无。人们赖以维生的手段便只能是劳动和技艺的产出。当一个民族维持俭朴，却更加勤劳时，如果改良他们的技艺，他们的人数必然获得等比例增长。所以，欧洲获得开发的土地比美洲的荒原或鞑靼平原居住了更多人口。

但是，甚至倾向于财富聚集的人口增长也有其限制。生活的必需是一个含混而相对的术语：野蛮人的观点是一回事，文雅公民的观点则是另一回事。它关乎想象和生活习惯。当技艺得以改良，财富便随之增长。在建立家庭需要何物这一问题上，当他们开始考虑个人的财产或他们获利的前景时，他们便敏捷地予以关心。但是，无论财产有多少富余，只要财产不能达到标准水平，当人们难以获得足以维持婚姻的财富时，人口就受到制约或开始衰减。根据他们自己的理解，公民们就回归到野蛮的状态。他认为，他的孩子必然因为物资匮乏而丧生；他便放弃对财富丰满的想象，因为

① 斯特拉伦伯格，《欧洲和亚洲东、北部的历史地理描述》，英文版翻译于 1738 年。

他缺乏其阶层或愿望所需要的财富。仅仅通过积聚财货，我们找不到治疗此恶疾的根本药方。我们仍然在寻找稀少、昂贵的资源，无论它们是什么。如果丝绸和珍珠变得普通，人们将会贪求新的唯有富贵者才能获得的饰品。如果他们沉迷在这种情绪中，他们的需求就会一再重复：正是因为财富的持续增长，而非任何获得的手段，才使人们想象中的热望变得松弛。

人们因为利益动机倾向于劳动，并倾向于从事获利的技艺。如果能够保证劳动者安全地获得其劳动成果，那么这份安全就会赋予他独立或自由的前景。公众已经在财富之获取中找到了一个忠诚的部长，在财物之积累中找到了一个忠诚的管家。在这个问题中，就像在人口问题中一样，政治家只能避免造成危害，除此之外，他能做的就少之又少了。在商业萌芽之初，政治家应该知道如何压制商业屈从的偏见。接下来，就让人们在商业这一分支信赖自身经验的效果，商业就会尽可能少地误入歧途。

在粗野时代，商人短视、善于欺骗、唯利是图。但在其技艺取得进步、变得高度发达的状态下，商人视野得以扩大，其原则得以确立。他变得守时、自由、忠诚，富有进取心。在普遍腐败时期，只有他还具有每一种德性，却没有力量来防卫自己的获取物。除了国家的保护，他不需要来自国家的帮助。他自身也常常是最智慧、最受人敬重的成员。据说，甚至在中国，当偷窃、欺骗、腐败在所有其他人群中大行其道时，大商人则准备着信任别人，也收获别人的信任。当他的国人按照计划，在一种针对无赖做出调整的政策之限制下行动时，他便按照商业的理由和人类的法则行动。

如果人口与国家财富联系在一起，那么自由和人身安全便是两者之基础。如果这一基础在国家中确立，自然便可确保国家成员获得增长，亦可确保国民之勤劳。人们因为天性最热切地欲求着自由。在占据心灵的一切事物中，人身安全则是最统一、最持久的考虑。所以，据此两者，政策的伟大目标就是：保障家庭实现安居乐业的手段，保卫勤劳的人民奋力追求其职业，调和政策限制、人类社会情感及其对独立和利益的追求。

在特定职业、工业和贸易的问题上，富有经验的实践者才是舵手，而每一个普遍的推理者则不过是新手。商业目标是要使个人变得富裕，他为自己获取越多，他为国家所增加的财富就越多。如果要求保护，那就必须得到允准；如果有人从事犯罪和欺骗，它们就必须受到压制。在此之外，政府便可假装不需要做更多事情了。当文雅的政客积极行事，他只会使干预和抱怨的基础翻倍。当商人忘记自己的利益，一心为国出谋划策，想象和虚幻的时期便走近了，商业的坚实基础也随之瓦解。他可能被告知，当他追求自己的好处时，不予任何抱怨，商业利益便是安全的。

法国总体的政策在此假设上行进：玉米出口必然耗竭生产它的乡村。至今为止，其政策使商业的那一分支处于许多禁令之下。英国的地主和农民有充分的信心获得出口奖励金，从而支持出售他们的商品。这一事件表明，与国家的改良相比，私人利益是商业和丰产更好的赞助者。一个民族为北美大陆的一个村落制定了改良的计划，对商人和目光短浅之辈却少有信任。另一个村落则让人们在自由的状态下找到自己的位置，为他们自己考虑。一方的积极勤劳和有限视野造就了繁荣的村庄，另一方的伟大计划则仍然停留在观念里。

我有意放弃一个主题。我对这个主题并不熟悉，并且由于我写作所持的观点，我也甚少参与这个主题的讨论。那些最有才华的作家已经阐述了关于商业与财富的沉思。关于这个主题，他们未曾遗落任何如普遍审慎(general caution)一般重要的内容，留待后人去论述，更不必说这些构成民族幸福总和的条款，或一切国家的主要目标了。

一个国家在寻求黄金和贵金属当中忽视了财富的内在源泉，变得因生活必需品而依赖邻国；另一个则意图改良其内在资源，增加其商业。从而，它们变得因所需的防御而依赖外国人。在对话中，人们痛心地发现：贸易的利益为我们的理性定下了基调；一个主题永远被当作国家理事会的伟大事务提出，在这一主题上，政府的干预很少合宜，亦从未超越它能承担的保护。

我们抱怨公共精神的欠缺，但无论这一错误在实践中有什么效果，在思想上却绝非我们的过错，我们永远都在为公众进行着推理。但是，民族观点之缺乏常常好过对我们表达的那些民族观点的占有，亦即我们原本要让诸民族像商人公司一样，只考虑资产的增长，在会议中共同审议损益得失，也要像它们那样将其保护托付给它们自己没有的力量。

因为人像其他动物一样，要在群体中才能维持生存，所以，在生活必需品聚集起来的地方，财富储备就得以扩大，我们便放弃了对民族幸福、道德与政治品格的关心。在那里，我们也渴求能够繁衍的牲畜，却不能将我们的视野带向比畜栏和草场更远的所在。我们忘记了，少数人常常为众人制作了猎物，对穷人而言，没有什么比富人的钱匣更有诱惑力了。当人们将要付出自由之代价时，胜利者的重剑将落入另一端的秤盘里。

确切的是，我们的许多争论将促使我们为了财富和人口进入这样一幅场景之中，人们将在那里暴露在腐败中。在这一问题上，无论国家的真实行为是什么，都不能防御他们的财产。无论他们在哪里，最终都免不了被压迫和被毁灭。当我们想要使枝叶伸展，令其繁茂，我们却斩断树根。

一种观点认为，人们的德性是安全的。很可能，从这种观点出发，有些人离开对公共事务的关注，只考虑国家的人口和财富。正是出于对腐败的畏惧，其他人才只想着如何保卫国家之德性。人类社会对此两者都有巨大的义务。他们只因为错误而彼此反对，甚至当他们团结在一起时，也没有足够的力量来对抗可鄙的一方。可鄙的这一方将每一目标都与个人利益联系起来，他们不关心任何团体的安全和资财的增长，他们只关心自己。

第五节　论民族防御与征服

要确认每个国家的政策在多大程度上与战争或国家安全相关，这是不可能的。柏拉图对话中的克里特人说：“我们的立法者认为诸国自然处于敌对的状态，他因此采取相应的措施。他也注意到，被征服者的所有财产都属于胜利者。他坚持认为，在他已经表明不应对其进行征服之前，就主张征服对其国家具有任何好处，这样做是荒谬的。”

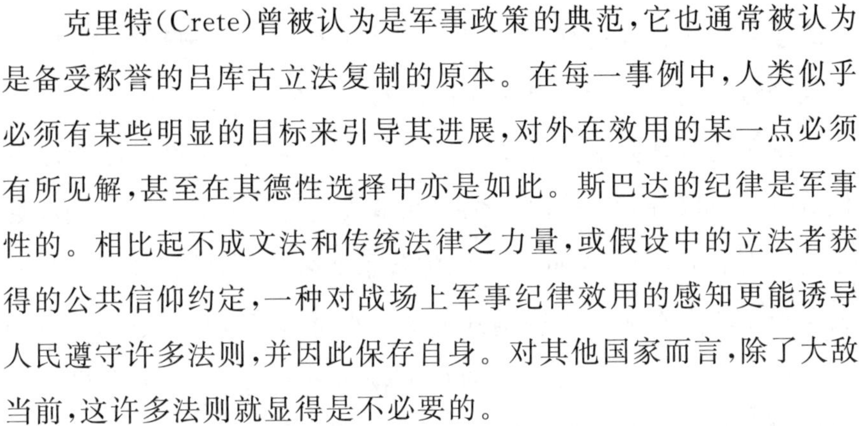

克里特(Crete)曾被认为是军事政策的典范，它也通常被认为是备受称誉的吕库古立法复制的原本。在每一事例中，人类似乎必须有某些明显的目标来引导其进展，对外在效用的某一点必须有所见解，甚至在其德性选择中亦是如此。斯巴达的纪律是军事性的。相比起不成文法和传统法律之力量，或假设中的立法者获得的公共信仰约定，一种对战场上军事纪律效用的感知更能诱导人民遵守许多法则，并因此保存自身。对其他国家而言，除了大敌当前，这许多法则就显得是不必要的。

关于服从、坚忍，对公共事务之热情，这个民族的每项制度都富有教益。但是，引人注目的是，他们选择仅仅通过德性来获取其他民族乐意用珍宝购买的东西。众所周知，在其历史进程中，他们仅仅根据道德效果来认识其纪律。他们经历了一颗勇敢、公正、满怀爱意之心灵的幸福。通过放弃对野心的兴趣与对军事荣耀的希望，甚至通过牺牲数量众多的人民，他们研习着如何在自身中保持这种品格。

这正是逃离战场的斯巴达人的命运，而非那些和克莱奥姆波洛图(Cleombrotus)一道在留克特拉丧生的人的命运：悲痛和严肃的反思充斥着拉栖代孟的小木屋。[①] 正是因为恐惧其公民因与奴隶和商人的交往在国外变得腐败，他们才放弃了波斯战争中的领导地位，离开了雅典，并以举世无双的方式，在50年里追求那项富有野心和好处的事业。通过这项事业，斯巴达才获得了如此夺目的权力与财富。[②]

我们有时注意到，在每一个粗野民族中，战争是国之大事。在野蛮时代，人类总体上分化为许多党派，他们之间便几乎存在着永久的敌意。这一环境使军事首领的地位在其国家中持续上升，并在战争时代使每一个民族都倾向于君主政府。

军队的行动是最不能被分裂的对象。我们可能会惊奇地发现，在许多世纪的军事经验之后，在多次最近的遭遇中感受到汉尼拔的军力之后，罗马为同一军队配备了两名首领，并让他们自己一人一天轮流发布命令来协调其主张。然而，在其他情况中，尽管同一民族延迟每个附属行政官的行为较为方便，但在巨大危机警戒时期，将国家的所有权威托付在一个人手中却更为有利。

在战争行为中，共和国常常发现有必要对政府的行政机构给

① 色诺芬。

② 修昔底德，第一卷。

予巨大信任。当一个议事会在罗马宣布征税并支配其军事誓言时，从那个时刻起，他就变成了公共财富的主人，以及那些听其号令之人的主人。[①] 在官员扈从手中，斧头与棍棒不再仅仅是行政的徽章或空洞的虚饰。在父亲的命令下，它们沾染上了自己孩子的血污。在任何情况下，它们都落在叛乱和不服从者身上，不容申诉。

在每个自由国家，人们永远有必要将战争法从公民法中区分出来。对那些尚未学会绝对服从的人而言，当国家给了他一个军事首领，在战场上取消其人身自由时，他就必须学会文明社会最重要的一课。在国家的政治审议中，他用同样的慷慨大度维持着人身自由，从这慷慨大度里，他也必须学会文明社会最重要的一课。并且，尚未学会绝对服从的人只适合在一个粗野或腐败的国家中占有一席之地。在那里，叛乱与奴役的原则彼此结合，一个或另一个经常在错误的地方被采纳。

在战争中，什么是必不可少的呢？根据对这个问题的考虑，那些倾向于平民或贵族政府的民族都求助于接近君主政体的建制。甚至，即便有些国家的最高官职通常由大众执行，但在特定情况下，其整体权力或权威也会委托给一个人。当严重的警报来临，当政治构造动摇或遇到危险时，一个君主的权力就像一个支柱一样，用来保卫国家免于暴风雨的肆虐。所以，罗马有时候任命独裁官，联省共和国则任命总督。在混合政府中，为了将一项独裁的权力授予君王，通过暂时取消法律[②]，在表面上移除自由的保障，王室

① 波利比乌斯。

② 在英国，暂时取消《人身保护法》。

特权则偶尔扩张。

所以，如果人类只能看到战争，那么很可能，他们将继续偏爱君主政府甚过其他形式。或者，为了获得秘密、统一的议事会，至少每个民族都会把最大的权威给予执行权。但是，就文明社会的幸福而言，令人高兴的是，人们具有不同种类的目标。经验已经教我们知晓：尽管军队的行为需要一种绝对且不可分割的命令，然而，在众人习惯于平等的地方，在最卑微的公民认为自己生来可以发号施令和服从的地方，一个国家的力量便能得到最好的塑造。在这里，独裁者才能找到一种精神和力量，准备将其委员会置于第二位；独裁者本身也在这里产生，众多领导人也是在这里才展现于公共选择之前。正是在这里，国家的繁荣才独立于某一个人，因为有了永恒、规范的军事安排，永不死亡的智慧甚至在最大的不幸中也能延长民族的斗争。具有了这样的优势，罗马人发现许多卓越的领袖成功崛起，他们在所有时候都同等地准备去与亚洲或非洲的敌人竞争。相反，那些敌人的财富却依赖于单个人，依赖于米特利达特或汉尼拔的随意出现。

我们被告知，士兵有其名誉攸关的问题，有其思考方式，它们与其佩剑联系在一起。在自由且未腐败的国家，名誉攸关的问题是对公众的热情，战争对他们而言是激情的运用，而非仅仅是对天职的追求。其好的、坏的效果都能以极端的方式感受到：朋友会亲历最温暖的爱恋，敌人则要体验最严酷的敌意效果。依据这一体系，古代那些辉煌的国家发动战争，但却是在对礼仪最高程度的护持中，是在其最大程度的改良中。

在小的粗野的社会，个人发现自己在所有民族战争中都受到攻击，也没有人能够设法让其他人承担自己的防御。“西班牙的国王是一个伟大的君主，”一个美洲酋长对牙买加统治者说。这位牙买加统治者正在组建一支军队，以加入反对西班牙的事业。“难道你计划仅仅依靠如此微小的力量去与如此伟大的君主作战吗？”当他被告知，他看到的军事力量会加入来自欧洲的军队，而这个统治者不能命令更多的军队时，这个美洲人便说：“这群旁观者是谁呢？他们不是你的人民吗？你们为何不让所有人奔赴这样大的战争？”他得到的回答是，旁观者是商人，是没有服役的其他居民。“如果西班牙国王要在这里攻击你们，”这位政治家继续说，“他们仍将是商人吗？在我看来，我认为那些商人不应该被允许居住在任何国家：当我奔赴战场，我不会将女人之外的任何人留在家里。”看起来，这位单纯的武士将商人看作一种中立的、不参与任何国内纷争的人。他们不知道，战争可在多大程度上被视为一个商业交通的主题。他们不知道，从柜台背后可以驱动多么庞大的军队。他们不知道，即便没有民族仇恨，人类多么频繁地为了交易单据抛洒鲜血。根据他的论述，他也不知道，在许多文雅民族里，君主、贵族和政治家可被多么经常地视为商人。

在艺术和政策的进步中，每个国家的成员都分化为不同的阶级。在这一分配的开端，没有哪一种区分比战士与和平居民之间的区分更为严重了，它足以让人们进入主人和奴隶的关系中。甚至，当既已确立的奴隶制变得没有那么严酷时，就像它们在现代欧洲的状况，由于商人和劳动者允许获得保护与财产权，这一标准仍然将贵族和贱民区分开来，并指明注定要在他们国家进行统治、居于主导地位的阶层。

当然，人们从未预见到，在他们追求改良时，他们要推翻这一秩序，或者他们甚至要将国家的政府和军事力量放到其他人手中。但是，同样不可预见的难道不是此前的秩序可能再次出现吗？无论和平公民拥有怎样高人一等的特权和阶层，只要他将刀剑托付给他人，那么必将有一天，他会向这个人屈服。如果随后真的发生了这种革命，这新的主人会在他自己的群体中复兴贵族和自由精神吗？他会更新战士和政治家的品格吗？他会让他的国家恢复公民和军事德性吗？我害怕回答这些问题。孟德斯鸠注意到：甚至在皇帝治下，罗马政府也在军队手中变成了选举的共和政府；但是，在禁卫军左右共和国之后，人们就再也没有听说过法比(Fabii)或布鲁提(Bruti)家族了。

我们已经列举了一些头衔：当一个民族从野蛮状态浮现时，它便在这些头衔下分为不同的阶层。这些头衔是：贵族、平民，君主的拥护者，我们甚至没有忘记祭司和神职人员。当我们进入文雅时代，军队就必须加入到这一列表中来。人们为公民政府和战争部门效力，特权和优先地位也被授予政治家，野心家将会自然地将军事力量移交给那些对从属状态感到满意的人。在财富分配中享有最大份额，在保卫祖国中享有最大利益的人已经放弃了刀剑，他们就必须为他们不再执行那些行为付出代价。远离家乡和居于国家心腹要地的军队则依靠饷金得以维系。一项纪律被发明出来，使士兵出于习惯或对惩罚的恐惧而执行那些危险的义务。对公众的爱或民族精神则不再能够激发这些义务。

当我们考虑到这一制度在民族德性体系中造成的破坏时，如果注意到大部分经营文明技艺事业的民族都在一定程度上接受了这种方式，那么这就令人颇感不快了。有些国家要么不得不应对战争，要么必须保卫远方不安全的财产。有些君主嫉妒其权威，或迫切地要获取纪律的好处。不只有这些国家和君主倾向于雇佣外国部队，或维持常备军。我们甚至发现，即便共和国很少处在上述境地，也没有任何流行于君主国内的动机，它们却采用了相同的处理方式。

如果在国家的内部政策中，军事安排占有如此重要的一个位置，那么在人类历史上，战争的真实结果便同等重要。荣耀和战利品是最早的争吵主题，在优越性上的让步或赎金便是和平的代价。对安全的热爱、统治的欲望同等地使人类希求增加力量。无论作为胜利者还是被征服者，他们都趋向联合。如果诸强大民族尽管已经所获颇丰，却仍然思虑着如何在边境前线获得一个行省或堡垒，那么，它们将永远趋向于拓展其边界。

征服的法则并非总是不同于自我防御的法则。如果邻邦是危险的，如果它频繁来犯、造成烦扰，那么它就应该被削弱或是解除武装，这便是以考虑安全和征服之基础建立起来的原则。如果它倾向于更新竞争，一旦被降低，从此之后它就必须在形式上加以统治。罗马从未公开承认任何其他的征服原则，她在每个地方都派出了傲慢的军队，假装给她自己和盟友获取持久和平，而只有她自己才保留了干扰的权力。

希腊城邦间形成彼此针对的联盟，它们之间的平等在一段时间内维持了彼此的独立和分裂。那时是其故事中辉煌、幸福的时期。它之所以得到延续，与其说是由于议事会的审慎，或为其带来进步的某种国内政策之特殊性，不如说是由于它们各自运用的警觉和行动。有时候，胜利者对满足于改革被征服国家的政府，使之变得与他们自己的政府形式相类。我们难以确定，在诸项强加举措之进展中，下一步原本应该是什么。但是，当我们考虑到，一方为征收贡赋作战，另一方则是为了争夺战争中的优势时，那么无可置疑的是，雅典人旨在实现民族雄心，满足对财富的欲望，斯巴达人一开始只想要自我防卫。并且，他们的盟邦最后都同等地想要成为希腊的主人，并在国内为彼此准备好枷锁。他们不得不从国外接受盟友随身带来的枷锁。

在菲利普征服中，自我保存和安全的欲望似乎与君主的自然野心混合起来。他成功地将自己的军队转向让自己遭受伤害的争斗之中，他从中得到警戒或被触怒：当他征服希腊时，他计划引导他们对抗古老的敌人波斯。在此之中，他定下了计划，最终由其儿子执行。

罗马人成为意大利的主人和迦太基的征服者，它曾经受到马其顿的威胁，并在寻找施展其军力的新战场中穿越了一片新的海域。在其历史的最早时期到最晚时期，在从事战争的时候，他们没有预见到能从遥远省份的征服中获取何种利益，或者以何种方式统治新的获取地，他们仍然致力于占领他们能够成功触及的地区。他们由于受到政策的刺激而参与到永久战争中，不断征战带来了不断的胜利和对领土的获取，他们拓展了国家的边界。在许多世纪以前，他们的领土还限制在村庄的范围之内，现在却抵达幼发拉底河、多瑙河、威悉河、福斯(Forth)和海洋。

谁若断言一切民族的天才都反对征服，那是徒劳的。在最通常的情况下，民族的真实利益的确如此。但是，每一个准备自我防御和赢取胜利的国家都很可能冒险走上征服之路。

欧洲各地都出现了纪律严明的雇佣军，他们准备横越地球。在欧洲，雇佣军只受到政治形式或一种临时权力平衡的限制，就像洪水受到柔弱的河岸约束。如果水闸破裂，还有什么洪水是我们不会期待见到的呢？女人气的王国和帝国从日本海一直蔓延到太平洋。每个国家都可能因为军队战败而转变成为一个行省。今天在战场上对抗的每一支军队都可能在明天受到雇佣。每一次胜利都为赢家增添新的军事力量。

罗马人用低劣的海上和陆上交通技艺，在欧洲、亚洲、非洲的很大一部分地区，维持着对凶猛和难以控制的民族的统治。欧洲的舰队和军队通过商业通向世界的每一个部分，为他们获得了运输设备。如果这一可怕的原则流行起来：国家的伟大要依据领土范围来加以评估，或者任何特定民族的利益在于将邻人降为奴隶，那么有什么效果是欧洲的舰队和军队不能产生的呢？

第六节　论政治自由

如果无论为劫掠而战还是为防守而战，战争都是诸民族的主要目标，那么，从最早的阶段开始，每个部族就以一支鞑靼游牧部落的境况为目标，于是努力获取一切成功，加速成为一个宏伟的鞑靼帝国。军事首领将要替代文官执政。人们也将准备携着他们所有的财物驰骋，或准备用尽全部力量追逐。这些准备将在每个社会中造就他们全部的公共安排。

最先来到伏尔加河或杰尼斯加河(Jenisca)河岸的人教会了塞西亚人(Scythian)骑马，用车运载木屋，通过游击骚扰敌人，用最大速度投掷长矛、射出箭矢，以及当他在战场上受到攻击时，任箭矢在风中追逐目标。谁若教会国人用同一种动物来满足挤奶场、屠宰场和田野上的一切目的，他就被国人尊奉为民族的奠基人。或者，就像希腊的克瑞斯和巴克斯一样，他也可能被授予神的尊荣，以作为对其有用发明的奖赏。在此类制度之中，赫拉克勒斯、詹森的名字和成就本已经传诸后世；但在名誉的记录中，政治社会英雄吕库古或梭伦的名字和成就原本不能获得任何声誉，无论是难副的盛名，还是真实的声誉。

在他们自己中间，每个好战的野蛮人部落都怀着最强的爱慕之心和荣誉感。对其他人类，他们则带去了劫匪和强盗的一面。[1] 他们无视利益，不惧危险。但是，这一场景很少展现出我们的好品质，又如此强烈地谴责了我们的柔弱。我们的仁慈感、关于民族权利的情感，我们对文治智慧（civil wisdom）和正义的尊崇，甚至我们的女人气本身都让我们怀着轻蔑或恐惧远离这一场景。

正是在处理文明社会事务时，人类找到了尽力施展天赋的行为以及尽力爱慕的对象。正是因为嫁接在文明社会的诸多优点上，战争技艺才得到完全的发展，军队力量的源泉及其行动的复杂动机才得到最好的理解。最受推崇的战士也是公民：与罗马人或希腊人相反，色雷斯、德意志或高卢人的首领是一个新手。佩拉（Pella）当地人从伊巴密浓达（Epaminondas）和佩洛皮达斯（Pelopidas）那里学会了战争技艺诸原则。

如果像在此前章节中所观察到的那样，如果在面对来自国外的战争时，诸民族必须调整政策，他们就同等必然地要为获得国内和平做准备。但是，正义缺席的地方没有和平。和平可与分歧、争端和相反的意见共生，却不能与不法行为共存。就像“有害的”（injurious）与“受伤害的”（injured）这两个词语的含义所表明的那样，伤害人与受害者处在一种敌对状态。

在人们享有和平的地方，他们要么将和平归因于相互的关心和爱慕，要么归诸法律的限制。通过第一种方式为成员实现和平的国家最为幸福。但是，即便通过第二种方式可以获得和平，那也足够不同寻常了。第一类举措着力阻止战争和竞争情形的出现，第二类举措则通过刺激和条约来协调人们的意图。斯巴达教育公

① 达维厄斯，《阿拉伯史》。

民不要关心利益，其他自由民族则保卫其成员利益之安全，并将之认为是其权利的主要部分。

法律是同一共同体成员所同意的条约，在此之下，行政官和臣民继续享用其权利、维持社会和平。对金钱收益之欲望是导致伤害的大动机：法律因此主要关涉财产。它规定了获得财富的不同方法，如通过令状、转移和继承。法律也为人们能够安全占有财产准备了必要条件。

除了贪婪，人们还因其他动机变得不正义，比如骄傲、怨恨、嫉妒和报复。法律将会根除这些原则自身，或者至少也会阻止它们产生效果。

无论错误源自何种动机，受伤害的人总会遭遇到各种特殊的伤害。他可能在物品、人身或行为自由上受到伤害。自然使之成为每一种不对他人造成伤害的行为之主人。他所在特定社会的法律也许为之赋予了一个特定的位置，为他在其国家政府中授予了某个特定的份额。所以，在这方面，伤害就使之处于任何不正义的限制下。我们可将这一限制称为对政治权利的违反。

有些地方设定，公民拥有财产权，拥有维持其社会地位之权利，他们对这些权利的行使也受到保护。在这些地方，他就称得上是自由的。有些限制阻止他犯下罪行，这些限制就是其自由的一部分。在任何人都可以触犯不义却不受惩罚的地方，没有人是自由的。甚至头戴王冠的专制君主也不能置身于普遍原则之外。在他假装力量应该决定所有竞赛的时刻，他自己就是一个奴隶。他对人民权利的忽视会反弹到他自己身上。在所有情况下的普遍不确定性中，没有哪一种保有比他自己的财物更不稳定。

在谈论自由时，从人们提及的各种特殊事件中（无论是人身、物品的安全，阶级的荣耀，还是政治重要性的参与），以及从其权利得以保存的不同方法中，他们都被引导着对自由这个词做出不同的解释。每个民族都倾向于想象，只有他们自己才珍视自由的重要性。

有些人认为，财富的不平等分配是不正义的，要求重新划分财产，以之作为自由的基础。这一框架适合民主政府。并且，只有在民主政府中，这种自由基础才会在实际上获得承认。

新的定居点（比如以色列民族的定居地）和单独的建制（比如斯巴达和克里特的制度）提供了实际执行的例证。但是，在大部分其他国家中，民主精神甚至也只能延长关于土地法的斗争，偶尔能够取消债务，以及它还能让人民记住，尽管身处财产不平等之下，他们仍有对平等的要求。

在罗马、雅典和许多共和国里，公民为自己及其所在的团体争斗。土地法得到提议之后，人民在许多个世纪里争辩不休：它有助于唤醒心灵，滋养平等精神，并为平等精神施展力量提供了一方场地。但是，它从未得以确立，产生其他更为正式的效果。

许多矢志于保护弱者免遭压迫的制度，通过确保财产安全，纵容了不平等分配，增加了那些人们担心会滥用权力的人的优势。在早期雅典和罗马，那些权力滥用就被人感知到了。①

通过限制私人财富的增长、禁止限定继承人、取消遗产继承中的长子继承权，人们计划阻止特定土地中财富的过度积累。通过

① 《普鲁塔克在〈梭伦传〉中》。——李维

限制奢侈的法律，人们计划阻止中等领地的毁灭，限制大人物的花销和持久欲望。这些不同的方法或多或少都与商业利益一致，并在不同程度上被以财富为目标的民族接受：他们以不同程度的努力激发适度或一种平等感觉，窒息使人类倾向于相互伤害、彼此犯错的激情。

在一种特定的风俗中，限制奢侈之法律、财产平等分配的目标似乎是阻止虚荣的满足，制约对财富的炫耀，并通过这样的方式弱化富人的欲望，在公民的心中保持住能够规范其行为的节制和公平。

在承认财产分配不平等的任何国家，在允许财富导致阶层分化的国家，这一目的从未得到完全实现。无论以何种方式，我们的确难以杜绝这一腐败之源。在所有知道确切历史的国家里，似乎只有在斯巴达，制度设计本身及其执行方式才得到了理解。

在那里，法律的确承认了财产权。但财产权也是某些特殊规范和实践的结果。迄今为止，人们发现，其中看起来最有效的一项实践是：在财产权确立之前，某些风俗便流行于单纯民族当中，它们以某种方式保留了下来[①]；对获取财富的激情在许多世纪中受到压制；公民被教导者当成国家的财产，而非一块私人地产的所有者。

无论购买还是出售一个公民的遗产都是可耻的。在每个家庭里，奴隶都受托料理家务，自由人则是营利技艺的陌生人。因为一种对日常犯罪诱惑的蔑视，正义才得以确立起来。保存由国家实

① 见第二部分第二节。

施的文明自由是一种倾向，我们要培育这种倾向，使之弥漫在成员的心灵当中。

个人摆脱了因其财产而产生的每一种焦虑。他接受教育，并终身受雇于公众服务。他在公共场所里起居，除了才能与德性上的过人之处，他不能带去任何差异。他的孩子受国家的监护，是国家的学生。他自己也被教导着成为其国家年轻人的父母和引导者，而非一个独立家庭中焦心的父亲。

据称，这一民族在一定程度上关心他们的人身装饰，并因为他们穿红戴紫而声名远扬。但是，他们却不能制造马车、建筑或者家具，不能制造一个想象的主题，或我们所谓的品位的主题。木匠和房屋建造者受限于斧头与锯子的使用：他们的技艺必然是简单的，而就其形式而言，他们的技艺很可能几个世纪保持不变。手艺人的灵巧应用在对自己本性的开发中，而非应用于公民同伴住所的装饰上。

关于这个计划，他们有参议员、执政官、军事首领和国家的诸位部长，却没有富人。像荷马的英雄一样，他们通过杯盘的尺度来分配荣誉。一个公民因其政治能力而为希腊的仲裁人，由于他在晚餐时接受了双份于平时的享乐，他就认为自己获得了荣誉。他积极勇敢、洞见深刻、公正无私，并且慷慨大度。但是，据我们估计，他的地产、桌子、家具则可能嫁给了所有德性的荣光。然而，相邻民族向这一政治家和武士的摇篮争取指挥官，就像我们从技艺出众的国家争取每一门技艺的艺匠，向法国申请厨师，向意大利申请乐师一样。

毕竟，我们对斯巴达法律和制度没有充分的研究，从而难以理解这个非凡的国家通过何种方式实现了一切目的。但是，对其人民的崇敬，以及当代史家们持续不断地提及他们令人生畏的强大将不容我们去质疑这一事实。“当我观察到，”色诺芬说，“这个民族尽管没有最多的人口，却是希腊最强大的国家，我为之感到震惊，并迫切地想要知道它是通过何种技艺获得其优势的。但当我认知到它的制度，我的惊讶就停止了。当一个人超越另一个，当一个人忍受痛楚去开发其心灵，他必然会超越那个对此予以忽视的人。斯巴达是唯一将德性作为政府目的加以研究的国家，所以斯巴达人应该超越每一个民族。”

从维持生存的观点来考虑，甚至从一种享受的观点来考虑，诸财产对象很少产生腐化人类的影响，也很少产生唤醒竞争心与嫉妒心的效果。但从一种区别与荣誉的观点考虑，在财富构造阶层的地方，它们就能激发最热切的激情，并吸收人类灵魂的所有情感：它们调和了贪婪、吝啬与野心、虚荣，引领人们穿越污秽的商业技艺实践，去努力获取一种假定的提升和尊严。

相反，在这一腐败之源得到有效抑止的地方，公民恪尽职守，行政官员也正直无偏，任何政府形式都能得到明智的管理。信任的场所也易于得到。无论官职和权力遵照何种法则授予，存在于国家之内的所有才能与力量将在其服务中得到应用：因为按照这个假设，经验和能力是公共信心唯一的向导与称号。如果公民被安排进独立的阶层，他们就因为观点的差异而非利益设计的对立而彼此制约。

有些人只考虑斯巴达政府的形式，并对之加以谴责。对于这些人提出的谴责，我们可能很容易说明。它没有算计着，通过让人们的自私与偏爱诸倾向彼此平衡制约，来阻止犯罪行为，而是激起灵魂之德性，通过犯罪倾向的空缺来获得清白，通过成员们对冲突和混乱之普通动机的冷漠来产生内在和平。如果要寻找它与任何其他国家宪制之间的相似性，这种做法颇为无聊。在任何其他国家的宪制中，我们找不到它的主要性格和与众不同的特征。联合君主、元老院和监察官在别的共和国中都有与之相对应的机构。尤其是在迦太基政府中，我们也能找到一种相似性[①]：在以德性为唯一目的的国家和另一个以财富为主要目标的国家之间，我们能够发现何种结果的相似性呢？在一个民族中，联合君主们住着同样的木屋，除了日常食物就没有其他财产；在一个商业共和国里，要获得更高国家官职的资格，一份合适的领地要求就是必要前提。在这两者之间，我们又能发现何种结果上的相似性呢？

当其他小规模的共和国对他们的设计心怀嫉妒，或者在经历了自己的僭政后，这些小共和国就驱逐了国王。在这里，国王的世袭继承得以保存，其他国家则害怕成员在竞争高贵地位时发动的阴谋。在这里，谁若想在元老院获得一个位置，他唯一需要具备的条件就是提出恳求。在担任监察官的那些人中，一项最高审查权被安全地托付给一些人。这些人经过抽签，不加区分地从每个人民群体中选出。如果我们要制定一项与此相反，以及与斯巴达政策的许多其他条款相反的政策，那么，我们就可以在人类的普遍历史中找到它。

关于斯巴达政府的形式，人们假设了诸种错误之处。但是，在

① 亚里士多德。

这每一种错误之下，斯巴达却因其风俗的整体性和公民品格繁荣了许多个世纪。当那种整体性被打破时，这个民族并没有沾染上那些陷落在女人气之中的诸民族的弱点，并因此凋零。他们掉进了一股激流，这股激流裹挟着其他国家，将其卷入剧烈激情之迸发，以及野蛮时代之暴行中。在古斯巴达的事业终结之后，他们经营着其他民族的事业：在人口停止增长后，他们建立起城墙，开始积累财产。在这个新计划之上，在他们为政治生活所做的斗争中，他们使那个国家体系幸存下来，这个国家体系却在马其顿统治下走向消亡。直到在亚加亚同盟中兴起另一国家体系时，他们也还一直存活着，并与之一起行动。他们也是最后一个成为罗马帝国村庄的希腊共同体。

如果有人认为，我们在这个单一民族的历史中耽搁太久了，那么，作为借口，我们就应该铭记：在色诺芬的论述中，只有他们把德性当成了国家目标。

当我们从一个不同的源头获取我们的自由时；当我们为行政官员的权力设立边界，并期待从这些边界中收获正义时；当我们制定法律，来保障地产安全以及臣民的人身安全，并依赖这些法律来寻求保护时：我必须感到满足。我们生活在这样的社会中，在这里，人要变得伟大就必须有钱，人们常常因为虚荣才追求愉悦本身。在这里，人们欲求着假定的幸福，这种欲望点燃了最糟糕的激情，它自身就是悲惨生活的基石。在这里，恰似脚镣施之于身体，正义可以阻止真实的犯罪，却不会激发公正和公平的情感。

在人们被追逐财富与权力之激情捕获的那一刻，人类便来到这一描述之下。但是，在每一种情况下，对他们的描述都是混合的。在最好的情形中，我们也可以找到一种恶的合金。在最坏的情形中，我们也可以找到好的混合物。除了刑法和政策制约，我们找不到任何建制来保存他们的风俗。他们从直觉性感受中产生了一种对公平正直的爱，从社会自身的败坏中获取了对高尚与值得赞美之物的敬重。他们从联合以及对外敌的联合抵制中获得了对他们自己共同体的热情，以及维持其权利的勇气。如果频繁忽视作为政治目标的德性，并因此倾向于使人的理解丧失名誉，那么，作为一个从内心自发降生的子嗣，德性之荣光与它的频繁出现将要恢复我们本性的诸种荣誉。

在民族风俗每一种随意的混合状态中，每一个个人的安全和政治后果在很大程度上依赖于自己，但在更大程度上依赖于他加入的党派。因为这一原因，所有感受到共同利益的人都倾向于团结在党派中，并按照那一利益所要求的程度彼此支持。

当所有自由共同体的公民都分为不同的群体，每一群体都有一系列的独特的要求和主张：相对于国家的其他成员来说，它是党派；相对于成员中的利益差异来说，它可以接受无数的划分。但是，每个国家都有两种亟待理解的利益。它们是君主及拥护者的利益，以及贵族或任何与人民对立的临时派系的利益。

在主权权力由集体保留的地方，我们似乎无须为了公民权利的安全而考虑多余的建制。但是，即便并非不可能，这个集合体也难以取代其他一切政治审慎的必要性，施展主权权力。

如果平民聚会假设了每一种政府功能；如果他们能够以吵闹的方式，极为合宜地表达感情，表达对其权利的感知，表达对国外或国内敌人的仇恨，并以同样喧闹的方式假装对国家行为要点进行审议,或假装裁决平等与正义问题:那么,公众就暴露在多重不便之中,(在所有政府形式中)平民政府也将最严重地屈服于管理中的错误,以及执行公共措施中的弱点。

为了避免这些缺陷,人民总是倾向于把部分权力委托出去。对于那些诉诸集合体,向它寻求一个最终决断的问题,他们建立了一个元老院来展开辩论,做一些准备工作,如果不是让它来做出决定的话。他们将执行权托付给某个此类的委员会,或者某个主导其会议的行政官。在运用此必要、通常的权宜之计中,甚至当民主形式也得到最认真的护卫时,那里便有一个少数人的党派,另有一个多数人的党派。一方攻击,另一方抵御;双方均准备轮流承担。但是,尽管破坏自由的巨大危险出现在人民这一方,他们在腐败时期很容易成为叛乱和僭政的工具,但是,就政府的日常状况而言,执行权处于优越地位,看起来,人民的权利总是暴露在被侵犯的危险中。

尽管当罗马人民在其部落中聚集时,元老们与大众混合在一起,执政官也不过是众人的仆从。然而,当这糟糕的会议解散时,元老们聚集起来,给他们的君主布置任务。执政官也用斧头和束棒武装起来,教会每一个罗马人,在其各自的才能中服从国家。

所以,甚至在集合体就是君主的地方,他们只是偶尔聚会。尽管在这些时候,他们决定了与他们作为一个民族所有的权利与利益相关的所有问题,并能够以不可抵抗的力量来坚持他们的自由。然而,没有一种受他们支持的更为恒久、团结一致的权力,他们就不会认为自己是安全的,他们实际上也不安全。

大众在每个地方都很强大,但为了成员的安全起见,在分开与聚合的时候，他们都需要一个首领来指导并运用其力量。据称，为了这一目的，斯巴达就建立起检察官制度，迦太基建立百人委员会制度，罗马建立护民官制度。做好这些准备后，平民党在许多时候就有能力与对手周旋。没有这些准备，贵族权力与君主权力都与平民党处于不平等的地位，彼此难以相契。现在，平民党甚至踩踏打压这些权力。在这些情形中，国家通常因为推延、干扰和混乱而承受痛楚。在政府的运行进程中，平民首领很少不会因为私人的嫉妒，或在大人物中普遍存在的猜忌而产生推延、干扰和混乱。

正如在一些更大的共同体中，人民在立法中只占有一个份额，他们不能压倒旁系的权力。这些权力具有相似的份额，能够自我防御。在他们仅仅通过代表来行动的时候，他们的力量可能得到统一行使。在人民占有或觊觎完整立法权的政府体制中，人民聚集起来时成为一个狂热国家的僭主，分散开来则又为奴隶。与任何这样的政制相比，他们可以参加一个更加绵延长久的宪制，构成它的一个部分。在适当混合的政府中，大众的利益在君主或贵族利益中找到了解毒剂，在他们当中建立起了真正的平衡，公共自由和公共秩序在此平衡中才能够持续。

从这些对不同利益的随意安排中，所有混合政府的变体都得以产生。每一种独立利益能在多大程度上让自身得到考虑呢？这取决于他们所立法律之公正，以及在执行法律时他们能够施加的严格遵守法律条文的必然性。相应的，诸国不平等地具有执行立法事务的资格。就其民法的完善性和对民法的常规遵守而言，诸国的幸运程度也颇不平等。

在民主建制中，公民在感觉到他们自己拥有主权时，就不会像其他政府中的臣民一样，焦急地用实际法规来解释并保卫其权利。他们信赖个人活力、党派的支持，也信赖公共意识。

如果集合体发挥了判断和立法的职能，他们就很少考虑为自己的方向设计法则，他们更加难以在制定了决定性法则后予以遵守。有时候，他们抛弃对他人制定的法则。与其立法能力相比，他们也许在司法能力上更受激情和偏颇之见的引导。这些激情和偏见从他们面前的环境中产生。

但是，在另一类最简单的政府中，无论它是贵族制还是君主制，法律都是必不可少的。在制定每一条法规时，亦有多种利益需要协调。通过表达和公开颁布法则，君主希望行政稳定有序。臣民则希望了解其义务的条件与限制。当他据以与君主或臣属一起生活的条文与其权利感受相一致或相违背时，他便相应地默认或者感到厌恶。

在君主或贵族委员会拥有主权的地方，他们都不会假装慎重地进行统治或加以判断。无论他是临时的还是继承来的，没有执政官能够安全地忽视正义和公正的声誉。在很大程度上，其权威、对其人身的尊敬皆源于此。然而，在其稳定的进程中，在执行其法律时，诸民族的幸运程度与其对每一阶层人民的承认成正比，无论这种承认是借助代表，还是以分享实在立法权的方式实现。在这种建制下，法律在字面上只是一份相关各方彼此同意，并在确立其内容时给出意见的约定。为法律所影响的利益很可能在制定法律时便加以征询。每一个阶层都提出了一种反对、建议某项附加条款或修正案。他们继续通过法条来调整每一个争论中的主题：当他们继续享受其自由时，他们继续使法律翻倍，积累卷宗，好似只要使之撰述成文，他们就可以清除争议的每一个可能基础，确保其权利的安全。

罗马和英格兰的混合政府一个倾向于民主制，另一个倾向于君主制。在其混合政府治下，它们被证明是诸民族中伟大的立法者。罗马为欧洲大陆留下了民法的基石和极大部分上层建筑，英格兰则在其海岛上将法律的权威和统治推向完美境地。在此之前，在人类历史上，法律之权威与统治从未达到如此完善状态。

在此令人心仪的建制下，深入人心的习俗、法庭实践与裁决，以及实定法条文都获得了法律的权威。通过某种固定的、明确的法则，每一项进程都得到执行。为了将法则不偏不倚地应用于具体情形，最好、最有效的防范措施就得到了采用。值得注意的是，在我们已经提到的两大榜样中，我们在其独特的司法举措中发现了令人惊讶的巧合。两国人民均通过某种方式为他们自己保留了法官职位，并将公民权利和刑事犯罪问题的决定交由同侪法庭公断。此法庭在为同胞公民做出裁决时，也为他们自己设定了生活条件。

毕竟，我们不仅在法律中，也在借以获得那些法律的权力中寻找正义的安全保障。没有这些权力的持续支持，法律必然会被滥用。法条致力于记录一个民族的权利，言说诸党派的意图，从而防卫法言表达的内容。但是，对于已经得到承认的权利，如果没有力量加以维持，苍白的记录和虚弱的意图皆难以产生效用。

在压迫下崛起的平民，或者拥有临时优势的人群获得了许多许可、迁就和刺激，来支持他们的要求。但是，在没有做出充分准备来保存它们的地方，成文的法条就和塑造它们的时机一起被人们遗忘。

人民或他们的代表在集会时制定并通过了许多法条，但当王权或行政权交到人民自己手中时，这些法条却从未得到执行。英格兰和每一个自由国家的历史中都充满了这类法条的例证。写在纸上的最公平的法律与最高程度的行政专制一致。甚至，在英格兰的法律中，由陪审团做出裁决的形式具有其权威，但法庭的执行过程却是专断和压迫性的。

我们必须把这样的法条尊为公民自由的关键：它们迫使每个监狱的秘密得以揭露，每一承诺的动机得以宣告，受控诉人得以在限定的时间内宣告他的扩张或审判。除此之外，我们找不到更为明智的反对权力滥用的形式。但是，要确保其效果，它就需要一个架构，这个架构毫不逊色于整个大不列颠的政治宪制，它还需要一种精神，这种精神也不逊色于这个幸运民族倔强而强横的热情。

人身与财产保有的安全可以用法条的词语清晰地加以界定。如果为了自由民族的保存，人身与财产保有之安全甚至依赖于一个自由民族的活力与嫉妒，依赖于国家中每一群体在多大程度上为自我考虑，那么仍然更加明显的是：我们所谓的政治自由或个人权利(个人在其地位中为自己和公众行动的权利)都不能依赖任何其他基础。通过民政程序的形式，地产可以受到保护，人身可以得到解放。但是，除了心灵自身的力量，任何他种力量都不能维持心灵的权利。

第七节　论技艺的历史

我们已经观察到，对人来说，技艺是自然的。经过许多世纪的练习之后，人类所获得的技巧不过是他原初具有的天赋的改良而已。维特鲁威在塞西亚人小木屋的构造中发现了建筑学的基本原理。在投石器和弓弩中，军械官可能发现了本职业最早的产品。在蛮人的独木舟中，造船者则找到了他这一行的最早产品。人们在最粗野状况下产生了赞颂战争、爱以及冒险的神话、歌曲，甚至历史学家和诗人也能从中找到其技艺的最原初的华章。

人们注定要开发自己的天性，或者修缮其处境，他们便找到了一个持续付出关注、运用匠心和劳作耕耘的对象。甚至，在有些活动中，他不能提出任何能够增进个人好处的计划，但是，当他忘我地投入这些活动时，其官能亦可得到强化。所以，他将理性和情感投注到社会事务中，并得享其益处。他利用发明，施展技巧，建造居所，获取食物。他所生活的时代与国家的环境也给他规定了一些具体的追求。在一种环境中，他沉湎于战争和政治思考，在另一环境中，他则专注于自己的利益、个人舒适或便利。他使手段适合头脑中的目的，并通过增加发明逐渐完善其技艺。在其前进的每一步中，如果他的技巧有所增进，他就必定有时间来扩展其欲望。谁若向他建议一种他很少使用的发明，那是徒劳的。这就好像，当我们向他讲述一些他不能掌控的祝福时，这些祝福也无望实现一样。

在许多世纪里，人们被认为从前人那里获得借鉴，诸民族也从国外获得了学问和技艺。人们认为，罗马人师法希腊人，欧洲现代人则以这两者为师。在这一想象中，我们至今常常承认，在所有民族的行为和习俗中，我们找不到什么原创的东西。希腊人是埃及人的复本，甚至埃及人也是模仿者，尽管我们并不知道他们所据以塑造的模型。

我们知道，人们因为榜样和交往而获得进步。但是，从诸民族的情况来看，他们的成员彼此激励和引导，既然每个社会自身之中就蕴含技艺原理，只需一个适宜的时机就能促其萌生，诸民族为何要向国外寻求技艺之源头呢？当此一时机向任何民族展示自身时，他们普遍都能抓住它。当此适宜时机继续存在，他们便改善了在他们自己中间产生的发明，或者他们将要有意地复制他人。但是，他们从未运用自己的发明，关于那些没有妨碍其共同追求的对象，他们也没有向国外寻求教诲。如果他们没有发现某一改良有何用处，他们便不会接受。

我们常常注意到，发明是偶然的。但很可能，偶然机遇在某一个时代躲开了艺匠，却可能会被其后继者抓住，这个人亦能对其用途做出更好的评价。当环境变得有利起来，当一个民族致力于实现一切技艺的目标，每一个发明就因为得到普遍的应用而得以保存。每一个模型都得到研究，每一个机遇都得到利用。如果实际上，诸民族的确向邻国有所借鉴，那么，他们很可能只是借取了在某种环境中，他们原本可以自己发明出来的东西。

所以，在引入类似的环境，并借此准备好道路之前，一个国家的独特实践很少转让给另一国。所以，我们频繁地抱怨人类的沉闷和顽固，抱怨技艺从一个地方到另一个地方的迂缓的交流。当罗马人接受了希腊人的艺术，色雷斯人和伊利里亚人依然对之无动于衷。那些技艺在一个时期仅限于希腊殖民地，在另一个时期则限于罗马。甚至在它们通过可见的交往而得到扩展的地方，一些独立民族仍然用缓慢的发明来获得它们。它们在罗马取得的进步并不会比在希腊更为迅捷。只有伴随着罗马帝国对新殖民地的征服，并将之融入意大利的政策中，它们才传布到罗马帝国边缘。

那些走向国外，征服诸多开化行省的现代族群保留了他们在家乡实践的技艺。在他原本可以获得丰收的地方，新主人却在猎捕野猪、放牧羊群。他在一座宫殿的景观中建造起木屋。他不加区别地进行破坏，在废墟中埋葬了行省居民的大厦、雕刻、绘画以及图书馆。他没有从遥远的距离来透视，其后代可能获得何等长远的进步，他便依据自己的计划建造了居所，开启了发明的新源泉。就像原先的族群一样，现今族群的木屋逐渐地扩大其范围。公共建筑也获得了一种新的品位，变得富丽堂皇起来。在许多世纪的过程中，这一品位得到开发，欧洲人民重建被父辈们毁坏的模型。对于那些他们不能恢复的废墟，他们甚至为之恸哭流涕。

在现代民族的原初天才破土喷发之后，古代文学的遗存仍被研究和模仿。在意大利和普罗旺斯，诗歌的粗野效果乃是在仿效古希腊人和古罗马人。没有其模型的帮助，我们作品的价值如何能够通过连续的改良得到提升？或者，我们通过模仿所得的收获是否多于我们因为放弃自己的思考体系和寓言脉络而造成的损失？这些问题必须留给推测。我们的确因为创作的材料和形式而从他们那受益，没有他们的榜样，我们的文学血统、风俗和政策之谱系将与它们现今的状态大为不同。然而，我们可以有把握地说，尽管罗马文学和现代文学都同样品尝了希腊原作，但是，如果他们没有迅速打开自己的泉眼，在这两种情况中，他们都不会饮下这一汪清泉。

情感与想象、对手和头脑的使用并非特定人群的发明。有些技艺依靠它们才能繁盛发展。对所有民族来说，这些技艺的繁荣状态是国内政治幸福的证据，而非任何得自国外的训诲的证据，或任何关于勤劳与才华的自然优越性的证据。

当人们的注意力转向某一特定的主题，当某个时代获得的东西完全留到下一个时代，当每一个人在其处所受到保护，被留下来追求他需要的建议，技巧就积累起来，我们很难找到任何技艺的源头。要通达完美境地，我们需要经历许多步骤。我们很困惑，不知该把最大份额的赞美授予何人，也不知道谁最先参与这一发展进程中，谁又居于末位。

第八节　论文学史

如果我们可以依赖包含在上一节中的普遍观察，既然文学和机械技艺是人类心灵的自然产物，那么，在任何人类安居乐业的地方，它们都会自发产生。在自由繁荣的状况下，人们能够充分沉浸在快乐和运动之中。在某些特定的民族中，相比起向国外寻求任何此种快乐和运动的建议，我们并无更多必要向国外寻求文学之源头。

我们倾向于认为，对人性而言，技艺不过是舶来品或是偶然产生的。但是，我们可以在人类生活中找到每一种技艺的原因。在人类生活的每一处场景中，一切技艺都呈现为获取某种有用目的的手段。机械和商业的艺术从对财产的热爱中产生，并因为安全和收获的前景受到鼓励。文学和自由的技艺从理解、想象和内心中产生。它们只不过是心灵寻找特殊的快乐和职业的运动，并受到环境的推动。这些环境使心灵遭受苦楚，不能怡然自得。

过去、现在和未来平等地参与到人们的生活当中。人们也时刻准备着运用其力量。所以，无论叙述、幻想还是理性的产物都倾向于运用想象或感动心灵，它们在多个世纪里都持续地受到人们的关注，是人们的快乐之源。保留在传统或文字中的关于人类事务的记忆便是对激情的自然满足。这些激情由好奇、敬仰和对娱乐的热爱构成。

在许多著述完成之前，在科学得到极大进步之前，只有天才有时能创作出完备的成果。在其描述和故事关乎近前和偶然目标的地方，当他与有些人一起行动，而他的描述和故事与这些人的行为和品格相关时，以及，当他自己就构成其职业与财富之一部分时，表演者并不需要学识的帮助。

有了这一进步，诗人最先提供天赋的果实，并在心灵注定要去从事的艺术事业中展示其想象、表达其情感。每一个野蛮部落皆有其激情和历史的韵律，它们包括了迷信、热情和对荣耀的崇拜。在社会最早的阶段，人们心中就已经拥有了它们。他们热衷于创作诗歌，为之感到快乐，要么因为数的节拍对情感语言来说是自然的，要么因为不能利用书写的优势，为了促进重复，确保其工作的保存，他们被迫用耳朵来帮助记忆。

当我们关注野蛮人在肃穆场合使用的语言时，他们显得是一个天然的诗人。无论一开始仅受舌头缺陷的束缚，不能适当地表达，或是受到陈述或分析对象的虚幻的快乐的引诱，他在想象和比喻中为每一个概念穿上衣服。“我们种植了和平之树，”一位美洲的演说家如是说，“我们将斧钺埋葬在它的根下。从此以后，我们就在它的荫凉下休憩；我们将联合起来，照亮那些将我们的民族团结在一起的纽带。”这就是那些民族在公共演讲中运用的比喻的集合。他们同样已经接受了那些生动的形象，以及大胆使用语言的自由。从此以后，富学之辈发现他们能够很好地表达想象的快速转换，以及内心的激情澎湃。

如果我们被要求解释：在人们得到学者和批评家学识的帮助

之前,人们如何能够成为诗人或演说家?我们便可反问:在书卷记载引力法则之前,物体为何会因为重量而坠落?心灵与物体都有法律,它们彰显在人的行为之中。只有在事例表明它们是什么之后,批评家才能够收集到这些法律。

我们因为一种热烈的想象而心生诸多情感,从音乐与令人动容的声音中获得了诸多印象。很可能,这两者之间的物理联系引发粗野民族创作了在他们中间流传的每一个故事。他们用诗行反复吟咏这些故事,使之获得了一种歌曲的形式。在这一特殊领域,所有民族的早期历史都是一致的。在希腊的最初阶段,祭司、政治家、哲人在诗歌中阐述其教诲,他们在音乐和英雄传说中与商人们混合在一起。

然而,在每个国家,诗歌都应该是最早的创作类型。因为,诗歌在风格上明显具有那么大的难度,它又离日常使用如此遥远,所以,就普遍情况而言,它就几乎是最先获得成熟的创作类型。所有诗人中,最受崇敬者的生活超越了历史,甚至超越了传统。原始人毫无艺术性可言的歌曲,诗人的英雄传说有时具有一种壮丽之美。任何语言的变化都不能加强这种壮丽之美,任何批评之改良也不能增进这种壮丽之美。

人们假定,质朴诗人(simple poet)具有劣势,他们掌握的知识很有限,其理解也颇为粗浅。但是,质朴诗人获得的印象超过了足以弥补其技巧缺陷的程度。最好的诗歌主题、暴烈和勇敢的品格、大度且无畏、巨大的危险、坚毅和忠诚的考验都在其观点中得到展现,或在像真理一般富有生气的传统中得到宣告,因为人们同等地相信它们。他并未像维吉尔或塔索那样热衷于回忆某个久远年代中的情感和场景。他无须批评者告诉他，去追忆另一人曾经可能有过的想法[①]，或者另一个人将通过何种方式来表达他的概念。友爱、愤怒、爱这些质朴的情感是其心灵的运动，他也没有理由进行复制。在单纯却又强烈的概念和情感中，他不知道，思想或风格之多元性将要误导或运用其判断力。他用心灵建议的语言来表达心灵的情感。在此之外，他不知道别的话语。所以，当我们推崇维吉尔和其他诗人的判断力与创造性时，这些术语似乎被错误地用在了荷马身上。尽管在他的概念中具有理智和高贵，但是我们不能够预见到他的理解之光，也不能预见到其心灵的运动。他表现得是在根据启示而非发明言说，在思想、表达的选择中受到超自然直觉而非反思的引导。

就某个方面而言，早期时代的语言颇为简单且受到限制；在另一方面，它又是多元且自由的。它允许一些自由，后世诗人却否认这些自由。

在粗野时代，人们并未因为阶层或职业的分化而走向分裂。他们过着同一种生活方式，说着同一种方言。吟游诗人没有在各种关于不同境况的奇特口音中间选择自己的表达。一种典雅得体、合理升华摆脱技工与农夫阶层的庸俗、学者阶层的迂腐、侍臣阶层的轻薄。为了找到这种典雅得体、合理升华，他并不需要保卫其语言，使之免于技工、农民、学者或会计的错误。每个对象、每种情感都有一个固定的名字。如果其概念具有自然的尊贵，其表达便具有一种不取决于选择的纯粹性。

① 参见朗吉努斯。

由于对其词语选择的明显限制，他能够自由地打破建筑的通常形式。在一种并非通过法则建立起来的语言形式中，他可为自己找到适应其心灵的节奏。如果他采用了一些自由，使其含义引人注目，令其语言得到提升，那么这些自由就显得是对语法的改良，而非冒犯。他为接下来的诸多世纪传递了一种风格，并成为其后代据以做出判断的模型。

但是，无论人类对诗歌的早期倾向是什么，或他们在开发此种文学体裁时拥有何种优势，无论诗歌写作的早期成熟是因为它们最早得到研究，还是因为它们有魅力吸引最具活力与天赋的人们，这些人有最好的天资去改善他们的辩才，如下事实都是引人注目的。在有些国家，每一条文脉皆为原生，又按照自然承继的次序开启。不仅在这些国家，甚至在富学之辈早早开始习练国外模式的罗马和现代欧洲，我们都拥有每个民族的诗人。当我们忽视同时代的散文作家时，却满心愉悦地追求这些民族诗人。

索福克勒斯和欧里庇得斯先于希腊的历史学家和伦理学家出现。与之类似，在西塞罗、萨卢斯特和恺撒之前，不仅奈维乌斯和恩尼乌斯已用韵文作罗马史，而且卢奇利乌斯、普劳图斯和泰伦斯就已经诞生，我们还可以把卢克莱修加进这串名单之中。在意大利，但丁和彼特拉克行走在所有散文作家的前头。高乃依和拉辛带来了法国散文写作的盛世。在英格兰，当我们在历史和科学上的努力尚处于婴幼阶段，我们就不仅拥有了乔叟、斯宾塞(Spenser)，我们还拥有了莎士比亚和弥尔顿。仅仅因为他们处理的问题，这些民族诗人就值得我们关注。

人们认为赫拉尼库斯是最早的散文作家之一，他略早于希罗

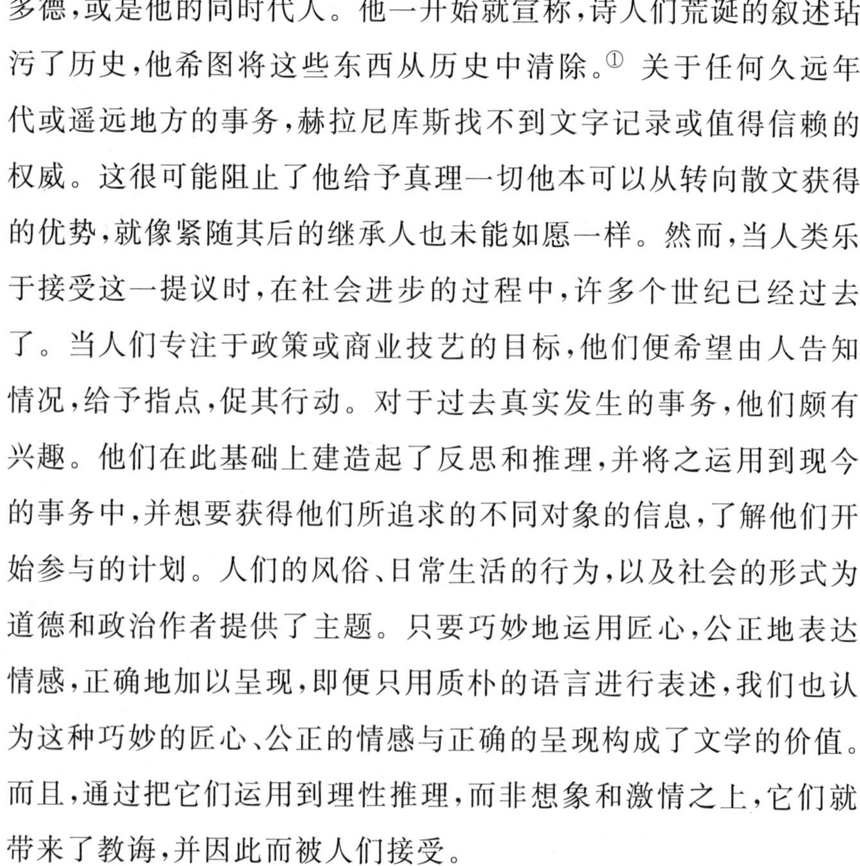

多德，或是他的同时代人。他一开始就宣称，诗人们荒诞的叙述玷污了历史，他希图将这些东西从历史中清除。[①] 关于任何久远年代或遥远地方的事务，赫拉尼库斯找不到文字记录或值得信赖的权威。这很可能阻止了他给予真理一切他本可以从转向散文获得的优势，就像紧随其后的继承人也未能如愿一样。然而，当人类乐于接受这一提议时，在社会进步的过程中，许多个世纪已经过去了。当人们专注于政策或商业技艺的目标，他们便希望由人告知情况，给予指点，促其行动。对于过去真实发生的事务，他们颇有兴趣。他们在此基础上建造起了反思和推理，并将之运用到现今的事务中，并想要获得他们所追求的不同对象的信息，了解他们开始参与的计划。人们的风俗、日常生活的行为，以及社会的形式为道德和政治作者提供了主题。只要巧妙地运用匠心，公正地表达情感，正确地加以呈现，即便只用质朴的语言进行表述，我们也认为这种巧妙的匠心、公正的情感与正确的呈现构成了文学的价值。而且，通过把它们运用到理性推理，而非想象和激情之上，它们就带来了教诲，并因此而被人们接受。

人的才能运用在各种各样的事务中，他们的探究也被引向不同的主题。知识在文明社会的每一个部门中都是重要的，并为每项艺术实践所需要。自然、道德、政治和历史的科学找到了许多个它们的崇拜者。在温暖的想象和热烈的激情中，诗歌自身维持了先前的状态，即便如此，诗歌也出现在越来越多的形式中。

没有国外先例的帮助或者学院的指引，诸项事务就已经有了

① 转引自德米特里乌斯·费勒里乌斯。

如此长远的发展。泰斯庇斯的大车变成了剧院，不是为了满足饱学之士，而是要取悦雅典民众。在人们发明规则之前和之后，诗歌功勋奖都由雅典民众平等决定。除了他们自己的语言之外，希腊人对每一种语言都不熟悉。如果他们曾经富有学识，那就只能是通过研究他们自己生产出来的东西实现的。据说他们从亚洲复制了孩子气的神话，在提升其对艺术的爱或他们在艺术实践中的成功方面，这些神话也同等地很少产生效用。

当历史学家因见证或听闻的事件留下了深刻印象；当他受到反思或激情的激励，把这些事件关联起来；当人们要求政治家向公众发表演讲，在慷慨激昂的长篇大论中，他不得不精心准备，令所有表现都引人注目；当人们的交谈变得广泛而雅致时；当人们将社会感受和人的思考付诸笔端：在这些时候，一个学识体系就可能从积极生活的喧闹中产生。社会自身就是学校，它在真实事务的实践中传授其课程。一位作者依据他对主题所做的观察来写作，而不是按照书本的建议来写作，每一个产品都携带着他作为人的品格标志，而非单纯作为一个学生或学者在学问专精程度上的标志。通过幽暗的影射和未知的语言，寻求遥远模型与渴求教益的繁难是否有可能不会扑灭他的火焰，使他成为一个阶层十分微贱的作家呢？这将会成为一个问题。

如果我们因此认为社会是一所文人的学校，那么，很有可能，在每个独立国家和每个时代，其课程便有所不同。在一段特定的时间中，罗马人民在政策和战争上付出了严苛的努力。这种努力压制了文学艺术，甚至从表象来看，它窒息了历史学家和诗人的天才。有些实践德性具有一种朝气蓬勃、刚毅坚强的精神，但凡没有与这样的实践德性结合在一起的事物，斯巴达制度都对之表现出一种公开的轻蔑。这个民族将想象的魅力、语言之华丽与烹饪和制造香薰的技艺归为一类。有些作家提到了他们赞美坚忍勇毅的歌曲。他们把名言警句收集起来，这些集子一直保存至今：它们展示了一个积极民族的德性和能力，而非他们在科学或文学品位上的才具。由于拥有对心灵德性之幸福而言最为本质的东西，他们具有对价值的洞察力。对于有些目标，人类普遍感到困惑，不知道如何调整他们的尊敬：他们坚守自己的理解，将利刃对准了人类的愚昧。这样的目标难以胜数，他们也不会为此感到难堪。"你从何时开始习练它呢？"这是一个斯巴达人提出来的问题，他质问的对象虽然已届高龄，但仍在专注地探究德性之本性问题。

这个民族将他们的研究限制在一个问题上：如何提升、保留勇敢和人类内心中的公正情感？他们的竞争者雅典人却关注着每一种反思或情感目标的改善。在他们追求愉悦、装饰或生活便利时，他们所运用的每一项努力都带来利益或名声的酬报。通过这些酬报，通过其公民身处的多样环境，通过财产的不平等，以及在战争、政治、商业和谋利技艺中的众多追求，他们唤醒了人类自然倾向中或好或坏的任何东西。他们打开了每一条通往显赫的道路。滔滔雄辩、坚忍勇毅、军事技术、嫉妒之心、诋毁贬低、拉帮结派、叛变造反，甚至缪斯自身都殷勤地在一个忙碌、敏锐和混乱的民族中间授予重要性。

从这一事例中，我们可以安全地总结，尽管职业有时候与学习竞赛，但退休与闲暇并非改良所要求的主要条件，也许甚至未必是施展文学才华所要求的主要条件。想象和情感最引人注目的运用与人类相关。因为人的在场和交往，它们就被激发出来。当它们由于主要发条的运转，由于竞争、友谊和对抗而在心灵中发动起来，它们就具有了最大的活力。这些竞争、友爱与对抗存在于一个向前发展、满怀渴望的民族中间。在驱使一个自由甚至散漫的社会运动起来的伟大情境中，其成员变得无所不能。地米斯托克利和色拉西布洛斯在他们的舞台上获得才干。通过直接或间接的影响，同一个舞台也激发了索福克勒斯和柏拉图的才能。凡人和天才具有同样的发挥才能的余地，文学丰碑既是嫉妒和愚蠢的仓库，也是智慧和德性的仓库。

希腊分化成为许多小国家，它受到内部冲突和外部战争的困扰超过地球上的任何地方。希腊在每一种文学类型中都树立了榜样。火苗传递到罗马之时，国家并未停止战乱，却终止了政治上的纷扰。但在那个时候，她将对雅致和快乐的爱与其民族追求混合起来。一些动乱由于战争和对立派系之诉求而产生，那时候，她也纵容自己的倾向，在这些动乱之中学习。在现代欧洲，在意大利发生骚乱的诸多邦国里，火焰再次燃烧起来，并与撼动哥特政策构架的精神一起扩展到了北部：当人们被分化为不同的党派时，在诸种政治或宗教的派别之下，以及当这些派别在最重要、最神圣的主题上发生分歧时，它就出现了。

从许多个世纪的例证中，我们满意地认识到：赋予学术团体的自由禀赋以及为学习而赋予它们的闲暇并非刺激天才，使之得到运用的最好方式。人们甚至假定，科学自身也是闲暇的子嗣，但它在僧侣归隐生活的阴影中变得憔悴。远离有用知识目标的人们没有受到那些激活一个活泼且精力充沛之心灵的动机的触动，他们只能生产出技术语言的套话，也只能积累以学术形式出现的不合理性。

通过对自然的观察来言说或写作，我们必然感受到自然的情感。谁若在生活行为中具有穿透性洞见且满怀热情，那么，当他施展文学才华时，他将很可能成比例地运用力量与匠心。尽管写作可能成为一种行当，需要付出授予其他天职的所有努力和研究。然而，在这一天职中，首要且必不可少的条件是，一颗朝气蓬勃的心灵及其精神和敏感性。

在一段时期里，学校可能从积极生活中获得光明和指引；在另一个时期，一种积极精神受到了诸多文学丰碑的大力支持。关于人类事务的历史记录了先前更好时代的榜样与经验，这种积极精神也受到历史的有力支持。但是，无论人们在多大程度上受到雄辩或行为的重大影响，因此得到塑造，在其他一切欺骗中，最耀眼的那种引导人们只在沉思的收获中寻求人类品格的实现。与此同时，我们却忽视坚忍勇毅和热心公益的品格。为了使我们的知识成为幸福或有用的条款，坚忍勇毅与公共情感诸品格就必不可少。

第四部分

源自文治与商业技艺进步的结果

第一节　论技艺与职业的分化

很明显，无论怎样受到一种关于必要性之感受以及追求便利之欲望的推动，或如何受到某种处境与政策之优势的支持，在一个民族区分需要特定技术与特殊关注的任务，将其托付给不同的人以前，它在对生活技艺的开发中就不能获得任何重大进步。原始人或野蛮人必须为自己建造房屋、种植食物和制造衣服。在高度惊恐和疲劳的间隙，他们更偏爱懒散的享受，而非增进财富。也许，由于需求之多样化，其勤劳不受鼓励；或者由于注意力被分散，他也不能获得任何特定对象的管理技巧。

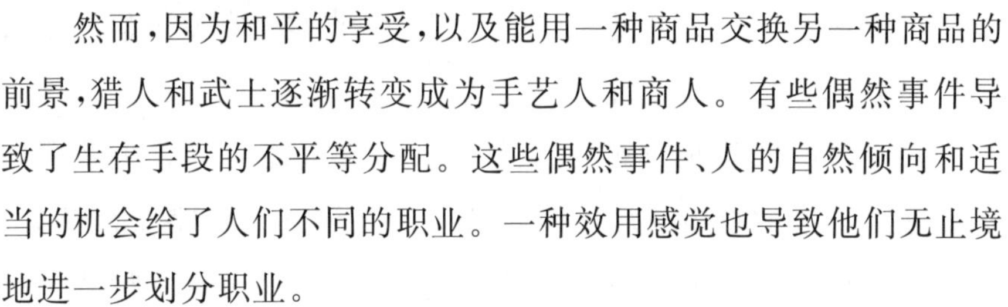

然而，因为和平的享受，以及能用一种商品交换另一种商品的前景，猎人和武士逐渐转变成为手艺人和商人。有些偶然事件导致了生存手段的不平等分配。这些偶然事件、人的自然倾向和适当的机会给了人们不同的职业。一种效用感觉也导致他们无止境地进一步划分职业。

艺匠们发现，他越是将自己的注意力限制在任何工作的特定部分，他的产品就越加完美，并在其手上以更大的数量增长。每个制造业从业者发现，他越细致地划分工人的任务，雇佣越多人手制作独立商品，他就越能削减开销，增长收益。消费者也要求，相比起双手在制作多个不同对象时能够产生的工艺，每类商品都要具有更为完美的工艺。商业进步不过是对商业技艺不间断的一再划分。

每一项手艺都可以让一个人全神贯注地投入所有精力。每项手艺也都有其秘诀，一个常规的学徒必须加以研究或学习才能领会。构成商人国的成员只了解他们自己的特殊行业，对此外的一切人类事务都完全无知。他们有助于国家的保存和扩张，却不将国家利益视作他们关心或在意的目标。每个人都因其职业而与众不同，每个人也都有一个适合他的位置。除了他的功劳、性别和属类，原始人不知道任何其他的区别。对他来说，他所属的共同体就是最高的爱慕对象。他们将惊讶地发现，在这一自然场景中，他作为人的存在并没有给他适于任何社会地位的资格：他带着惊奇、厌恶和反感逃回丛林。

通过技艺和职业的分化，财富的源头便得以开启。每一类的材料都得到最完善的加工，每一种商品都被最丰足地生产出来。国家可能通过人民的数量来评价其好处和收益。它便可借助财政获取民族声望与权力，野蛮人却需要为此付出血的代价。

在微贱的制造业分支中，人们通过各部分之间的分工获得好处。在更高等的政策、战争部门中，人们通过类似策略获得好处。这两种好处看起来不分伯仲。除了他的役务，士兵便免除了任何别的关心。政治家将文治政府的事务划分为诸多份额。在每个官职中，通过观察已经在他人经验上建立起来的形式，缺乏国务技巧的公务人员也有可能成功。他们就像一个引擎的诸多部分，虽然没有自己约定的一致性，却被造得恰好合于一个目的。关于任何普遍联合，他们与商人一样迷茫。他们与之联合起来，为国家提供资源、行为和力量。

海狸、蚂蚁和蜜蜂的技艺归因于自然的智慧。那些文雅国家的技艺则要归因于他们自己，并假定指向了一种高于粗野心灵的能力。但是人的建制就像每一种动物的建制那样由自然建议，也是直觉的结果，由人类置身其间的各类环境引导。在多种多样的环境中，人类获得了持续的改善，却没有意识到它们的普遍效果。那些建制就从这些持续的改善中产生。它们把人类事务带到一种复杂的状态下。能力是对人性的装饰，即便我们竭尽所能，我们也无法计划建构出这种复杂状态。甚至，当整个建制运转起来，它也不能被人完全理解。

一切商业国家的成员都因为职业与专业划分得以区分开来，谁能够期待，甚至列举这些划分呢？在独立小室中，人们操作的设备多种多样。为了节约或促进其独立任务，专注自身事务的手艺人发明的设施也多种多样。谁能够期待，甚至列举这些设备的多样性呢？在面对这个重大目的时，与其先辈相比，每一代人都显得富有天才，与其追随者相比，每一代人都显得是迟钝呆滞的。在世代的更替中，无论人类天才能达到什么样的高度，它都继续以平等的节奏移动，缓慢地迈出商业或文治进步的最后一步与第一步。

我们甚至可以怀疑，民族能力的手段是否与技艺的进步一同增长。的确，许多商业技艺并不需要任何能力，它们在情感和理性受到彻底压制时获得了最大的成功。无知是勤劳和迷信的母亲。反思和幻想则是错谬的仆人。但是，移动手脚的习惯却与两者皆无关联。相应地，当我们最少被征询心灵时，手工业却拥有最大程度的繁荣。以及，在工作坊可被视为一台引擎，人则是构成这引擎的诸部分，想象力没有产生任何重大效果的地方，手工业也拥有最大程度的繁荣。

野蛮人不用斧头就可以伐倒森林，无须利用机械就可举起重物。在每一个分支上，人们偏爱工具的发明者甚于操作者，发明者的功劳也很可能配得上人们的偏爱。有了工具的帮助，艺匠就能生产出更为优良的产品。与单纯的艺匠相比，对于发明工具的人，或者没有工具也能工作的人，人们给予他们的天才以更高等级的赞美。他们也配得上人们赞美。

但是，在执行每一种技艺时，在每一部门的细节中，如果许多部分都不需要任何能力，或倾向于收缩或限制心灵的视野，那么，其他部分则会产生普遍性反思并扩展人们的思想。甚至在手工业中，主人的天才或许得到了开发，而地位低下的工人的天才却遭荒废。政治家对人类事务可能具有更为宽广的理解，他使用了众多工具，这些工具自身在一个体系中结合起来，它们却忽视了这个体系。总指挥官可能精通战争知识，而士兵则被限制在一些手脚的动作上。前者获得了后者所丧失的才能。前者忙于指挥军队纪律严明的行动，他就能够在更大的范围内练习一切自我保存、欺骗和战略的技艺。在领导一个小的派系，或仅限于自我防御时，原始人就施展了这些技艺。

每项技艺和职业的操作者可以为科学家提供普遍思考的材料。在这个分工的时代，思考自身就可能成为一门特殊的手艺。在政治追求和职业的喧闹中，人们在多样的光芒中出现，展现出探研和想象的问题。因为这种探研和想象，交谈变得活跃起来，并大为拓展。天才的生产被带到市场上来。凡是倾向于让他们获取信息或娱乐的事物，人们都愿意支付报酬。通过这一方式，怠惰者和忙碌者都为推动技艺的进步贡献了力量，并使文雅民族具有那种才能超卓的气氛。在这样的气氛中，他们仿佛已经获得了原始人在森林中苦苦追求的目的：知识、秩序和财富。

第二节 因技艺和职业分化而产生的臣属

在自然才能与倾向的差异中，我们便可以找到臣属的第一个基础。臣属的第二个基础在财产的不平等分配之中。第三个基础也同样合乎情理，它存在于因为操习不同技艺所获得的习惯之中。

有些工作是自由的，另一些则是技工。它们要求不同的才能，会激发不同的情感。无论我们是否因此才确实有所偏好，我们当然可以根据他们的生活方式在开发心灵力量，或保存内心情感中发挥的影响，合理地形成我们对阶层的观点，认为阶层是根据从事特定职业的人与处在特定地位的人来划分的。

人天然具有一种高贵品质。在其粗野状态中，无论他如何受到必然性的驱使，凭借这种高贵品质，他都可以超越单纯的生存考虑与对利益的关心。在对朋友的承诺或与敌人的战争中，他将会表现出，他只是在从心所欲地行动。他只在危险或困难时刻才显露自己，他把日常的关爱留给弱者和受奴役者。

在每一种情形中，相同的理解调整着他对卑贱或尊严的观念。在文雅社会的境况中，他欲求逃避卑鄙的性格，这一欲望使他不去关心仅仅与自己的生存或生活有关的事情。乞丐依赖慈善为生，劳工为求温饱而辛苦工作，技工的技艺无须他运用天才。在他的评价中，这些人都因其追求的目标，以及用于实现目标的手段而退化。有些专业需要更多的知识和学习，它们的推进依赖人们对想象的运用，以及对完美的爱，它们也能引人喝彩，并产生利益。这些专业将艺匠置于一个更具优势的阶层中。有一种假设认为，当人们身处某种地位时，他们是最高贵的，因为他们不受任何任务的限制，他们只需听从心灵的自然倾向，受内心情感的引导或公众的召唤，在社会中尽职尽责。这些专业就使艺匠更加接近这一地位。

最后，在自由人和奴隶的区分之中，这也是每一个古代共和国公民都努力获取，并努力为自己维持的地位。在最早的时代，妇女或奴隶专门负责家务操持或从事体力劳动。随着谋利技艺的进步，人们培养奴隶从事那些不怎么需要耗费心智的专业，人们甚至为其主人的利益而将商品托付给奴隶。人们认为，在政治和战争的目标之外，自由人就没有任何其他目标。通过这种方式，为了另一半人的荣誉，这一半人的荣誉就牺牲掉了。这就像，为了支撑那些碰巧被切削得适合建筑优越部位的大石块，来自同一采石场的石头被埋入地基。在我们献给希腊人与罗马人的颂词中，这种环境让我们记住，没有哪种人类制度是完美无瑕的。

在许多希腊国家中，自由人从这一残酷区分中获益，但这些益处并未平等地授予所有公民。由于财富分配不平等，只有富人才免于劳作，穷人却沦落到为自己的生存工作。在这两种情况中，利益都是一种主导的激情，并且，就像占有任何其他营利性财产一样，占有奴隶成为贪欲的目标，而非免除任何肮脏关注的条件。只有在斯巴达，人们才获得并在很长一段时间里继续享受了这一机制的全部效果。我们感受到了它的不义。希洛人遭受了奴役和不平等对待，我们为之感到痛苦。但是，如果我们只考虑在这个国家地位尊贵的那群人，当我们关注精神的高贵与壮美（他们临危不惧，利益也不能腐化他们）时，当我们把他们视为朋友或公民时，我们就倾向于遗忘：奴隶就像他们自己一样，也有资格被当作一个人来对待。

我们在那些公民群体中寻找情感之高尚与心灵之自由。因为他们的条件和财富，这些公民免除了卑贱的关心和关注。这是对一个斯巴达自由人的描述。如果一个古代奴隶的命运的确比一个现代的贫穷劳工和技师更为悲惨，那我们就可以怀疑，占有关注与荣誉的尊贵群体并未等比例获得适合其条件的尊严。如果公平、正义和自由的主张最终使得每个阶层同等地陷入奴役状态，同等地唯利是图，那我们就打造了一个希洛人民族，我们也不会有任何自由公民。

尽管每个商业国家都有一些对平等权利的主张，但少数人的春风得意必定会对多数人造成压迫。我们认为，在这样的安排中，某些阶层的极端卑贱主要源于他们缺乏知识和自由教育。我们提及这些阶层，就好似提起一幅图景，认为人类在粗野、未开化状态下必然会出现在这幅图景之中。但我们忘记了，尤其在人口众多的城市里，有多少环境倾向于腐化底层人群。对他们来说，无知是最不足道的缺陷。人们崇拜未能占有的财富，使之成为忌妒和奴役的原则。人们习惯于永远着眼于利益并在一种臣属感受下行动。为了喂养其荒淫追求或满足其贪婪之心，人们受到诱惑而犯罪。这些都是腐败和卑贱的例证，却非无知的例证。如果野蛮人没有接受我们的教诲，他很可能并不熟悉我们的罪恶。他不了解任何优越性，也不可能受到奴役。他不了解贫富分化，因此也不会心生嫉妒。他处在人类社会所能提供的最高地位，即身为所在国家的顾问和士兵，他根据其才能来行动。在情感形成过程中，他知道内心要求他知道的一切。他能够区分他一心爱恋的朋友与唤醒其热情的公共利益。

民主或大众政府面临着许多反对意见，它们主要来自因商业技艺导致的人与人之间的不平等。我们必须承认，当构成平民会议的人具有卑贱的倾向，其日常运用也不自由时，尽管他们受到人民信任，委以选择主人和领导的重任，但就他们自身而言，他们当然不适合发布命令。民族行为怎能托付给只关心自我保存的人呢？当这样的人被委以大任，来思谋国家事务时，他就给议事会带来了混乱和喧哗，或者奴役与腐败。他们也难以忍受安宁，不被致命的派系斗争左右，不受错误形成或错误执行的决议的影响。

在所有这些缺陷之下，雅典人仍然保存着他们的大众政府。技工被迫出现在公共市场中，听取关于战争与和平的辩论，否则就要被处以罚金。他受到金钱奖励的诱惑，来参与民事或刑事案件的审判。尽管这是一种倾向于开发其才能的训练，但穷人前来时，他们的心灵意图获得利益，或习惯于受到不自由的召唤。沉湎在身份悬殊和虚弱的感受中，他们准备彻底屈从于某位大众领袖的影响。这位领袖谄媚着他们的激情，锻打着他们的恐惧。或者，他们受到嫉妒的推动，准备自我放逐，脱离这个国家，在那里，所有上层公民都令人尊敬，显赫卓越。无论是因为他们有时忽视公共事务，还是因为他们在其他时候管理不善，主权每时每刻都准备着从他们手上掉落。

这样，无论一个人还是一些人，只要知道如何驾驭人民，人民就会频繁地在实际上受他们统治。伯里克利在雅典拥有一系列君主权力。在很长一段时期里，克拉苏、庞培和恺撒要么联合，要么前后相继地占有着对罗马的主权支配。

无论在大国还是小国，民主制的保存都颇为艰难。悬殊的条件差异、不平等的心灵培育产生了多种多样的追求和运用。在商业技艺的发达阶段，这些追求和运用则使人类走向分裂。然而，在这一节，在民主制的原则消失后，我们的确批驳了民主制的形式。在人们的品格不再相似后，我们也会看到，要求具有同等影响，并被同等考虑的要求有多荒谬。

第三节　论文雅和商业民族的风俗

当人类尚处于粗野状态时，他们的风俗具有巨大的统一性。但是，当他们走向开化时，他们便热衷于各种各样的追求。他们行走在更广阔的原野上，分散到更遥远的地方。然而，如果他们被类似的自然倾向与建议引导，到最后，他们将很可能会像进步的起点一样，继续就许多特殊问题达成共识。当共同体承认那种我们已经描述过的成员中的阶层和职业分化，认为它们是商业之基础和结果时，这种分配对其他环境产生了许多影响。在这些环境中，这些共同体几乎同时出现，它们也因此彼此类似。

政治家们因为某些危险而受到来自国外的威胁。在每一种政府形式下，他们都会努力消灭这种危险，以及那些在国内干扰他们的骚乱。通过这样做，如果取得成功，他们将在几个世纪里为国家获得一种优势，在远离首都的地方建立起边境。一种渴望宁静的交互欲望占据了人类心灵，一些公共建制则趋向于维护社会和平。政治家们发现，通过这种欲望与公共建制，他们能从对外战争中获得喘息之机，也能从国内冲突中解脱出来。他们学着裁决每一种竞争却不引发骚乱，并用法律权威保障每个公民对其人身权利的占有。

诸多富饶民族渴求，并通过某种方式获得了这一境况。在此境况中，人类奠定了安全之基础，建立起一种适合其观点的上层建筑。在不同国家里，甚至在同一共同体内不同人群中，它产生的结果也是多种多样的。它对个体产生的影响也与其地位相对应。政治家和军人具有各自的议事程序，它也使之能够确立不同程序的形式。它使每个职业的从业者去追求各自的好处。他为热爱娱乐的人提供了追求雅致的时间，为热爱思考的人提供了文学对话或学习的闲暇。

在此场景中，与人类积极追求无涉的材料被塑造成为研究的主题，情感和理性的运用自身也成了一项职业。吟游诗人的歌曲、政治家和武士的雄辩滔滔、古时的传统和故事被认为是这许多技艺的模型或最早产品。模仿并改善这些技艺便成了不同职业的目标。就像自然志的诸多主题一样，想象的作品被区分为不同的属类和种类。每个特殊类别的规则都被分别收集起来。图书馆像仓库一样得到蓄积，满是已经完成了的各类艺术手稿。在语法学家和批评家的帮助下，每一个艺术家都以其独特的方式教化着人的头脑，或感化着人的内心。

每一个民族都混杂聚合了不同的性格。人们以不同方式运用着性情、脾性与理解，从而可能产生多种多样的例证。在任何政治形式下，每个民族都包含了这种例证的多样性。每个职业都有令人引以为荣的地方，都具有各自的风俗体系。商人守时、公平交易。政治家具有才干，擅长讲演。擅长社会交际的人则受到了很好的养育，富有机智。每一种地位都有其车舆，有其服饰和仪礼。借助它们，每种社会地位强调了自己的独特性与重要性，并压制了民族性格，使之屈居于阶层或个人性格之下。

我们可以平等地将此描述应用于雅典和罗马、伦敦和巴黎。当粗鲁或简单的观察者在不同的人的住所和职业中看到多样性时，他会加以评论。当他在不同民族的住所和职业中看到多样性时，他却不会进行评论。在同一城市的街道中，他发现的多样性之大，可以媲美他在一个独立民族的疆域内发现的多样性。他的洞察将不会穿透在他身前聚集起来的乌云，也看不到，一个国家的商人、工匠或学者应该与另一个国家的商人、工匠或学者存在怎样的差异。但是，每一个行省的当地人都能区分出外国人。当他自己在旅行时，在越过本国疆界的那一刻，他就因为一个陌生国家的面貌感到震惊。无论人的气质、声音腔调、方言土语、交谈脾性令人同情还是懒散倦怠，它们都不再相同。

因为气候的影响，或是从更加难以解释的模糊的时尚源头中，许多这样的差异就从文雅的民族中产生。但是，一个民族必须用其民族能力才能扮演有些角色。我们能够依赖的主要原则便从这一角色中产生，从国家在其视野中设置的目标，或从政府宪制中产生。政府宪制向臣民规定了社会条款，它在塑造臣民的理解和习惯上产生了重大影响。

罗马人民注定要通过征服、对行省的蹂躏来获取财富。迦太基人想要从事商品交换，建立商业定居点进行生产，他们必然令多个首都的街道充塞着具有另一种倾向与面貌的人。当罗马人想要变得伟大时，他们就握紧利剑，国家在人民中就找到了已准备好的军队。面对着类似的计划，迦太基人则撤退到他们的柜台前。当国家受到威胁或决定作战时，他们便借出利益，从国外购买军队。

共和国的成员、君主国的臣民必定有所区别，因为他们国家的形式为他们分配了不同的角色。一者注定要与人平等地生活在一起，或满足于因个人天赋和品格而产生的卓越；另一者的地位生来便已确定，在那里，任何对平等的声称都会创造一种混乱。在君主国中，除了优先权，人们什么都不研究。当国家的各项制度发展成熟，每个人都可以在法律中找到一种对人身权利的保护。但是，人们对那些权利自身却拥有不同的理解，具有不同的观点。这些权利自身就使人获得了不同的心灵脾性。共和主义者必须在国家内行动，维护自己的主张。为了安全，他必须加入一个党派；为了变得伟大，他必须组建一个党派。君主国臣民提及他的身世，以便获得他所要求的荣誉。他侧立于大殿之上，以彰显其重要性。他擎起依附和恩惠的旗帜，以获得公众的支持。

如果民族制度为了保存自由而权衡计算，而非号召公民为自我行动维护其权利，那么这些民族制度就赋予公民一种安全。就公民而言，这种安全之获得不要求他付出任何个人的关注或努力。看起来，这就是政府的完美状态，它可能削弱社会纽带。并且，依据独立原则，它也将分离或疏远它想要调和的不同阶层。当相互依赖的感受不再将成员召集到一起时，无论是于共和国中形成的党派，还是在君主政府中聚集起来的宫廷会议，它们就都不会出现了。当私人居所反对因问候和关心而产生的麻烦，变成一个用作储备的退隐之所，那么民众便频繁地求助于商业，追求单纯的娱乐。这时候，很可能，部分政治信条认为，问候与关心不能产生任何结果，荣誉的一个要点亦在于蔑视问候与关心。

无论在共和国还是在君主国中，这一性情都不可能成长。它更有可能属于两者的混合体。在这一混合政体中，正义管理更有保障，臣民趋向于寻求平等。但是，在这一混合政体中，他在其所处位置中只能找到独立。并且，在这里，从一种平等精神中，他学会厌恶那些区分。由于这些区分的真实重要性，他又付出了一种引人注目的顺从。

在共和国或君主国，当人们处在任何一种独立形式中时，或当人们按照任一政体原则行动时，为了增加财富，甚至为了获得安全，人们不得不争取同胞的爱慕，扮演多种角色并发表演说。在两种政府形式中，他们都找到了一所研究鉴别力和洞察力的学校。但是，在一所学校中，为了培育有益于公众的能力，他们被教导着忽视私人品德的价值。在另一所学校中，为了那些热衷于或乐意参与娱乐场景或私人社会的特性，他们则被教导着忽视伟大的、令人尊敬的才能。在两所学校中，他们都必须关心国家的时尚与风俗。他们发现，这两所学校都没有为任性或诸种奇特性情留下一席之地。共和党人必然具有大众色彩，宫廷侍臣则必得讲究礼貌。共和党必须认为自己在所有同伴中安之若素，宫廷侍臣必须选择他的求助对象，只在其交往本身便引人敬重的地方，他才欲求显赫闻达。他让下级依赖自己的保护，反过来，他又要忍受自己也同样依赖上级的保护。一个斯巴达人只会害怕不能恪尽职守，他只爱朋友与国家。这个斯巴达人不像君主国臣民时常会做的那样，他不需要持续的看守来支持其品德，根据虚荣的欲望来调节开销与财富，并尽自己的身世与野心所能达到的限度，极力让自己进入尽可能高的阶层。

与此同时，有人将假设的国家品格应用于个人，在任何特殊情

况下，我们都不可能比他更频繁地触犯不义。或者，有人从一个或一些成员的事例中获得我们对一个民族的观念，在任何特殊情况下，我们都不会比他更频繁地受到误导。正是雅典的制度产生了克里昂或伯里克利，但是，并非所有雅典人都像克里昂或伯里克利。地米斯托克利和阿里斯蒂德斯生活在同一个世纪。一个人倡导那些能带来收益的事务，另一个则告诉他的国家何为正义。

第四节　论文雅和商业民族的风俗(续)

与诸民族有关的自然法与跟个人相关的自然法是一样的。它给了集合体一种自我保存的权利,给了集合体不受干扰地运用谋生手段、获得劳动果实的权利,也给了集合体遵守规定和契约的权利。当出现暴力时,它谴责挑衅者,并在受伤害一方建立起了防御的权利和进行惩罚报复的要求。然而,自然法的应用承认冲突,并产生了人类理解和实践中的多样性。

诸民族普遍赞成区分正确与错误,通过同意或强力来赔偿伤害。在一定程度上,他们总是信仰协定,并借此获得休憩,但是,他们一旦行动起来,仿佛力量才是一切冲突的最高裁判,防卫自身的力量才是最稳固的安全堡垒。尽管受这些共同的理解引导,但他们仍然彼此不同:他们不仅在有关政府形式的问题上存在分歧,也在那些最重要的问题上,在关于战争的用途、囚牢的效果、征服与胜利之权利的问题上存在分歧。

当许多独立共同体频繁地参与战争,并拥有他们所声称的盟友与对手时,他们就把一些习俗当成法则或法律的基础。在一切相互往来的事务中,他们就采用这些习俗,援用并遵守它们。甚至在战争自身当中,他们也要追随一个体系,在彼此破坏的行为中也要请求遵守形式。

古代希腊和意大利诸国从共和政府的本性中获得了他们的战争风俗，现代欧洲国家则由于君主国的影响而获得战争的风俗。在世界的这个部分，君主制分布广泛，对诸民族产生了重大影响。甚至，在有些国家，君主制的政府形式虽然尚未确立起来，但它亦有重大影响。根据这一政府原则，我们把国家与其成员间的区分理解为君主与人民间的区分。它使战争成为政策的运行，而非民众敌意的运动。当我们攻击公共利益时，我们就释放了私人利益。我们尊重并关心个体，这就经常在获胜的热情中阻止了流血事件。在成为战俘之前，敌人来势汹汹，想要摧毁城市。可就在这座城市中，我们对个体的尊重与关心使战俘受到了热情的接待。这些做法根深蒂固，但凡有人践踏假定的人道法则，那么一切敌人的挑衅，或一切紧迫情况都难以为之提供辩护。如果领导人践踏了假定的人道法则，一切敌人的挑衅，或一切紧迫情况也不能使之免于成为憎恶或恐怖的对象。

希腊人和罗马人的通行做法与此相反。他们努力通过毁灭其成员、荒芜其领土，甚至破坏臣民的财富来伤害国家。他们拨付住处，只是为了奴役囚犯，或更加严厉地处决囚犯。如果一个敌人被解除了武装，在大多数情况下他会被人带到市场卖掉，或者被杀死。他们绝不能回到其党派中，增强其党派的力量。当这是战争事务时，人们不抱幻想，拼命打仗，竭尽全力防守每一处工事。这丝毫不会令人感到惊讶。人类生活的赌局设定了高昂赌注，人们也为之投注了相应比例的热情。

如果一个民族对商业技艺毫不关心，毫不吝惜自己与他人的生命，对某个社会怀有强烈的忠诚，对另一社会又怀有难以调和的反感，那么，我们就用野蛮人这个词来归纳其特征。在上述风俗状态下，希腊人或罗马人不会在此意义上使用野蛮人一词。在他们光辉夺目的很大一部分历史中，这就是他们自己的品格，也是某些其他民族的品格。照此论述，我们将这些其他民族称为野蛮的或粗野的，以此加以区分。

我们注意到，有些民族之所以为人称赞，其评价中的很大一部分不能归功于他们历史上的材料，而要归功于他们由之产生的风俗，归功于他们的史家和其他作家。讲授故事的人知道如何吸引我们的注意力，将之引向理解或心灵过程，而非事实细节。面对那些我们现在会普遍感到厌弃并加以谴责的行为，他们也知道如何展现出令人崇拜、为人喜爱的特征。荷马是古希腊文学的榜样。在恶毒、残忍、冷酷地对待一个敌人时，他们像荷马一样使我们忘记这一行为引起的恐怖。相反，他们让这一行为代表强有力的行动、勇敢且强烈的爱慕之情——这正是英雄们能够维持朋友、维护国家的奥秘。

与之相比，我们的风俗如此不同。我们需要借助某种体系来规范我们的理解，与古代希腊人和罗马人的体系相比，在许多事情上，这种体系又处在如此对立的位置。尽管如此，我们的风俗与体系仍然让我们能够容忍古代民族的做法。如果只有见闻记录者记录下了古代民族的行为，那么，我们决不会将希腊人和他们的野蛮邻居区分开来，甚至直到罗马史末期，直到罗马帝国走向衰亡时，我们也不会认为文明品格与罗马人有何干系。因为这些见闻记录者只保存了事件细节，却不着墨渲染人物品格。就像鞑靼历史学家们那样，他们只讲述谁的鲜血抛洒在战场，有多少城市居民惨遭屠戮。

有时候，我们会派出旅行者，让他去国外考察人类风俗，让他留下来，在没有历史帮助的情况下，从希腊人的国家状态，或从他们的战争行为中收集希腊人的性格。无疑，这样一个旅行者的评论令人赏心悦目。他可能会说：

“与我们的国家相比，这个国家具有一种贫瘠荒凉的气质。走在道路上，我看到成队的劳工在田间劳作，却找不到主人和地主的居所。据说，居住在乡村是不安全的。为了找到一处防卫之所，所有地区的人都涌入城镇。的确，在他们建立常规政府，拥有正义法庭倾听抱怨之前，他们不可能变得更加文明。我可以说，现在不仅每个城镇，就连每个乡村都在为自己行动，最大的混乱四处蔓延。我并没有受到干扰。你必须知道，他们称自己为民族，以战争为借口做尽祸事。

“我无意自由裁量旅行者的记叙，也不想与写出利立普特游记的著名作家一较高下。但是，我也忍不住要尽力道出在听到他们讨论疆域、军队、收入、条约和联盟时的感受。只要想象海格特与汉普斯塔德的寺监和警员转化成了政治家和将军，你就大体上对这个奇特的国家有了一个概念。我穿越了一个国家，在这个国家，哪怕是首都最好的房子，你们最卑贱的劳动者都不会住进去。在那里，你们的乞丐也不会选择与国王共进晚餐。然而这个国家被认为是一个伟大的民族，拥有至少两个国王。我见过他们的一个国王，他可真有君王的权势啊！他很少用衣服遮盖背脊，就其御膳而言，他也不得不走进餐厅，与臣民共同用膳。他们一点钱也没有，哪怕四分之一便士。我在市场上买不到任何食物，只能通过他们的公共接待才能获得食物。你可能会想象,为了招待尊贵的客人,他们必定会碗碟伺候,倾注心力。但是,我的餐点不过是一位裸体奴隶送来的颇显寒碜的浓汤。这个奴隶把我一个人留在那里,我只能以我认为合适的方式来解决这份餐点。即便如此,我也处在持续的危险中,担心遭到儿童的盗窃。他们非常警觉,以获取得手的机会。他们在抢夺食物时非常机敏灵巧,就像任何你所见到的灰狗一样。简言之,当我在那逗留时,整个民族以及我自己的悲惨情状超出了我的描述能力。你也许会认为,他们只想尽可能地折磨自己。当他们的国王之一深受爱戴时,他们甚至为此心生不悦。我在那看到,他们把一头牛当作礼物送给一个特别喜爱的人,把一件马甲当作礼物送给另一位喜欢的人。[①] 人们公开地说,这种获得朋友的方法是对公众的抢劫。我的房主郑重其事地告诉我,人们不能出于任何义务来削弱他对国家的爱,也不能让任何人身依恋超越单纯地与朋友生活在一起,力所能及地给予关心的习惯。

“我有一次问他,为了他们自己的利益,他们为何不让国王去获取一个更大的国家呢,哪怕只是稍微大一点点?因为,他说,他们希望他们享受与人们生活在一起的幸福。当我在他们的屋舍上找到纰漏,尤其是当我说出,我很惊讶他们没有建造更好的教堂时;他说,你们又将如何呢?你在石墙中发现宗教了吗?这足以成为一个我们对话的样本。它富有哲理,令人受益,或许你会因此认为我在那逗留的时间还不够长。

“这个地方的人民并没有这么愚蠢。那里有一个很大的贸易

① 普鲁塔克,《阿格西劳斯传》。

广场，有很多还算过得去的建筑。有人告诉我说，他们还在贸易中使用了三桅帆船和驳船。正如我的市长大人表明的那样，它们偶尔也会聚合为一支船队。但是，最让我高兴的是，我很可能获得许可，离开这里，向这个悲惨的国家作别。我已经忍受着痛楚，为了满足好奇心，观察了他们的宗教庆典。我已经拓印了一些雕刻。当你阅读我的旅行笔记时，你就会看到，也将会做出判断，我是否获得了足够的满足，得以补偿我的辛劳以及我所顺从的那些糟糕的娱乐。对人民来说，从我给你的样本，你将会相信，他们不会是十分迷人的同伴。尽管又穷又脏，他们仍然装出一副骄傲的样子。他们也并非不名一文，他们已经超越了为生计而工作。他们赤着脚、光着头，用床罩包裹着走到国外。你会想象，他们睡觉时就盖着这包裹身体的床罩。当他们参加剧烈的运动和训练时，他们便把这所有都抛弃，活像一丝不挂的食人生番。他们对灵巧有力的技艺给予很高的评价。他们认为，健壮的四肢、肌肉结实的臂膀、整晚露宿户外的能力、带上任一种食物便可长途跋涉的能力都是富有教养的成就。据我所知，他们没有任何确定的政府形式。有时是群氓，有时则是更好的一类人做着他们乐意去做的事情。他们举办人群靡集的露天会议，很少就任何事情达成一致。谁若足够放肆，且有一副大嗓门，他就能成为一个大人物。以前，一个制革工人曾在一段时间内把所有事物揽到身前。他大声谴责他人的作为，口若悬河地谈论事务的进展。为了兑现其承诺，他最终被送去国外，在那梳刷敌人而非皮革。① 你也许会认为，他被迫招募入

① 修昔底德，第四卷。——阿里斯托芬

伍。不,他被派去指挥军队。除了准备骚扰邻人,他们的确很少长久地怀揣一种心思。他们成群结队出发,在所到的每一处地方烧杀劫掠。”

我们可以假设,我们的旅行者已经写了这么多。通过追忆那些民族在远方获得的荣誉,他或许可以加上,“他们无法理解,学者、有教养的绅士,甚至妇女是怎样结合在一起,共同崇拜一个与他们不怎么相似的民族”。

他们在战场上,在与相邻民族竞争中采取的行动是根据何种品格做出的呢?为了形成对此问题的判断,我们必须在国内观察他们。他们在政治纠纷中勇敢无畏,准备采取极端手段,并且,为了分出辩论的胜负,他们准备诉诸武力。个人因其精神与活力,而非财产的价值或出身的阶层而备受尊敬。他们具有一种建立在平等感,而非地位优越感之上的高贵人格。一个人在一场战役里是将军,在下一场战役中则是服役于行伍的私人士兵。他们渴望着获得身体的力量,因为在他们使用武器时,战斗是兵士力量以及领袖行为的裁判。保存下来的雕塑展示了男性的魅力。一种在自然中常见的单纯和易的气质也为艺术家所熟悉。也许,心灵从身体的活力和装饰里借取了信心和力量。他们的雄辩和风格承载了一种对个人仪态的模仿。我们主要通过对诸项事务的执行来培育理解。最受尊重的要人必须走进民众当中,他们只能通过他们的行动、雄辩和个人活力获得优势。他们没有任何展现礼仪性与保护性尊重的表达形式。即便是最受人尊敬、最有成就的演说家也时常言辞激烈,进而痛斥责骂,还经常使用最粗俗的语言。争吵并无规则可循,只受激情即刻的支配。争吵将终结于言语斥责、暴力相

向、拳脚相加。幸运的是，他们争吵时总是不带武器。在他们看来，在和平时期随身携带刀剑是野蛮人的标志。当他们在派系分化中武装起来，获胜的党派驱逐反对者、剥夺权利和杀戮来巩固优势。篡位者努力通过最暴烈、最迅疾的处决来维持自己的地位。随后，他又遭受了阴谋和暗杀的反对。在这些阴谋与暗杀中，最令人尊敬的公民也准备拿起匕首。

在国内偶发的骚乱中，他们的精神特质就是如此。它通常以一种适当的暴力和力量爆发出来，以反对国外的竞争者和敌人。在战争事务中，他们很少重视人道的温和请求。城市被摧毁或遭奴役，俘虏被卖为奴，伤害致残，或遭处死。

从这方面来看，古老民族只能心怀愧疚，恳请现代欧洲居民的尊敬。现代欧洲居民专门将和平的礼法带入战争事务中。他们认为，赞美不加区分的仁慈要比赞美军事技艺更有价值，也比爱国更有价值。然而，他们在其他方面多有功绩，获得了我们的称赞。他们热切地爱着国家，轻蔑痛苦和死亡。他们对人身独立怀着富有男子气概的理解。人身独立使他们在飘摇的建制和不完美的法律下能够成为同胞自由的护卫者。他们的心灵活动，简言之，他们的洞察力、行动能力和精神力量使他们能够进入众民族间的第一等阶层。

如果他们怀有深仇大恨，他们亦怀有同等比例的爱慕之心。也许，在我们仅仅心生怜悯的地方，他们却彼此相爱。在我们不能宽恕过错，却又迟疑不决的地方，他们却严肃无情。毕竟，一个人的功绩由其对伙伴的公正与大度，由他对民族目标的热情，以及维持政治权利的活力决定，而非仅仅由节制决定。节制频繁地从对民族和公共利益的冷漠中产生。私人与公共品格依赖神经紧张来产生力量,节制则有助于放松绷紧的神经。

当一个民族处在马其顿和罗马君主国的统治下时,它就被认为是君主的财产。行省的居民也被认为是一种营利的财产。于是,行省的居民、对领土的占有,而非摧毁其人民就成了征服的目标。和平公民很少关注君主们的争论。士兵的暴力受到纪律的限制。因为他被要求携带武器,所以他战斗并且服从:有时候,在对胜利的热望中,他抛洒了不必要的鲜血。但是,除非发生内战,他就没有任何激情来激发超越战场和战斗日期的仇恨。首领们判断一项事业的目标,一旦目标实现,他们就封刀入鞘,不再战斗。

在现代欧洲诸民族中,在领土范围承认国家与臣民之区分的地方,我们便习惯性地怀有恻隐之心来考虑个人,却很少怀揣热情来思考公众。我们已经对战争法进行了改良。我们设计了一些缓和剂,用来舒缓战争的严酷性,我们也对这些缓和剂进行了改良。我们将礼貌与刀剑的使用混合起来。我们学会了在联合与盟约的条款下来发动战争,学会信任我们思谋着予以摧毁的敌人的信念。相比起摧毁和征服,我们更容易通过保存和保卫来成功地获取荣耀。从表象来看,在所有目标中,我们已经实现了最温和的目标。我们只运用武力来维护正义、保卫民族权利。

这或许是,在现代民族里,我们用“文明”与“文雅”来修饰的主要品质。但我们看到,在希腊人中间,它并没有伴随着技艺的进步出现,也没有与政策、文学和哲学的进步保持一致。在现代人中,它没有等待学识和礼貌的回归。它存在于我们历史的较早时期,或许,它比现在更能凸显那些粗野、缺乏教化之世纪的不同。在大约400年以前，一个法兰西国王为敌人所擒，但他受到的对待却不失其名誉，颇具礼貌。在这个时代的礼貌状况中，他所受到的接待合乎一个君主在类似的环境下的期待。[①] 孔代的君主在德勒一战中败绩被俘，夜里却与其敌人吉斯公爵同床共寝。[②]

如果平民传统的道德、寓言传说的品位是特定时代的产物或娱乐，能够确切揭示他们的观念与品格，我们就可以假设，如今所谓的战争法与国际法就是奠基在欧洲的风尚中，奠基在骑士和豪侠故事所表达的情感中。我们的战争体系与希腊人的战争体系有所不同。我们的早期浪漫小说具有许多令人喜爱的特征，《伊利亚特》和所有古典诗歌也有许多动人的品格，它们之间存在差异。但是，战争体系上的区别并不会比小说与诗歌的差异更大。希腊神话中的英雄具有超人的力量、勇气和仪表，利用敌人的所有优势，杀死敌人并确保自身安全。他们受到劫掠欲望或复仇原则的推动，从未因悔恨或同情的干扰而止步不前。在所有诗人中，荷马最知道如何展现感情之热切，却很少试图激发同情。赫克托尔倒下了，不仅没人怜悯，其尸体还受到所有希腊人的凌辱。

与之相反，我们现代的故事和浪漫小说却普遍地让一个引人怜悯、虚弱无力、备受压迫、无力防卫的对象与一个令人崇拜、勇敢无畏、慷慨大度、所向披靡的对象相伴相随。或者，它们把英雄送往国外，只为寻找惊险，寻找那些能证明其勇气的环境。他具有一种精致的礼貌原则，甚至在面对敌人时也是如此。他也具有一种

① 休谟，《英格兰史》。

② 戴维拉，《法国内战史》，英译本，1678年。

严谨的荣誉原则。他甚至不屑利用诡计或突袭,也无心掠夺,仅仅满足于荣誉。他用力量拯救弱者,保护无辜。如果获得胜利,他的大度与温柔就像其武艺上的英勇无畏一样,被塑造得超越自然水平。

关于古代和现代故事体系之对勘,在同等粗野、同等地沉湎于战争、同等地热衷于军事荣誉的民族里,人们对荣誉有许多种理解,它们如此不同,如此对立,以至于我们难以指出各种理解的源头。希腊诗歌中的英雄沿着仇恨的原则和敌对的激情前行。其战争原则与美洲丛林中流行的原则颇为类似。他们要求他勇武,但他们允许他对敌人使用任何欺骗。现代小说里的英雄却宣称对策略和危险怀有轻蔑,宣称两种完全相反的品格与倾向凝和在同一个人身上——他既凶暴又温和,既嗜血成性又满怀温柔和怜悯。

当骑士体系完全形成后,它极大地推进了对两性平等的尊重与推崇,推进了已经确立起来的战斗形式,以及一种假设的英雄气概与神圣品格的结合。我们知道,古代欧洲的凯尔特民族具有决斗的礼节和一种司法的挑战。甚至还在日耳曼森林中时,日耳曼人就对女性怀有一种忠诚。基督教将温柔和同情注入野蛮时代。这些不同的原则结合起来,成为一个体系的基础。在这个体系中,宗教与爱引导着勇气,好战与柔情也结合在一起。基督教具有一种温和的精神,当英雄和圣人的品格混合在一起时,它经常由于对立党派的偏执而产生毒害,它也不是总能驯服战士的暴行,而且不能抑制对勇气和强力的崇拜。尽管如此,但在人们的争吵行为中,它就确证了人们对功德与壮美的理解。

在希腊人与罗马人早期的和传统的历史中,强奸是引发战争最频繁的原因。无疑,在任何时候,两性对彼此而言都是同等重要的。在亚洲和非洲的邻居中，爱的热情是最强有力的。在高卢的阿玛迪斯（Amadis de Gaul）之国人眼中，或在现代豪侠传之作者眼中，美丽具有价值，就像是一种财产。与之相比，荷马的国人更加珍视作为一种财产的美丽。老普里阿摩斯说，当海伦出现时，“为了占有这个大美人，诸民族不惜彼此争斗，这是多么令人惊讶啊！”的确，这个美人被许多不同的爱慕者占有。现代英雄对这个主题做出了许多改良。这个美人仿佛飞入了云端。他揣着一颗爱慕之心，保持着令人尊敬的距离。他施展自己的活力来俘获其女主人的芳心，而非实现对她的占有。一种冰冷、不可战胜的贞洁观念得以确立，成为一个偶像，在英雄与爱者的辛劳、折磨与战斗中受到崇拜。

封建制度将许多家庭提升到高等阶层。借助这些高等阶层，封建制度无疑极大地支持了这一浪漫体系。雄伟的城堡被城垛和塔楼包围。高贵的世系、雄伟的城堡都有助于激发想象力。对于英勇奋战的军事首领的女儿和姐妹，世系与城堡也创造出一种崇敬之情。荣誉既要她们变得难以接近，也要她们保持贞洁。在她们看来，除了高洁勇敢之士，其他人都一无可取。只有通过温柔而不失尊敬的言谈举止，人们才能接近她们。

在浪漫小说作者的笔下，这些理解中原本颇为奇特的内容得到了大肆渲染。甚至在日常事务中，一种行为模式也得以在骑士头衔下提出：民族命运受豪侠风度支配，人的生活也在大多数情况下变成了一幅感性与愚昧的场景。战士们踏上征程，去实现他们研习过的故事。君主和军队统帅将他们最严肃的功绩奉献给某个真实或想象的情人。

但是,这些观念如此崇高又如此荒谬,不论它们的源头是什么样的,它们都无可置疑地对我们的风俗产生了持久的影响。在我们的交谈中,在我们的戏剧舞台上,我们对荣誉所持的看法以及四处弥漫的豪侠风度无疑受到了它们的影响。粗俗之人应用于战争行为的许多观点无疑是这一古旧体系的遗存。他们认为,军事首领应该在同等条件下参与战斗,拒绝这些平等条件是可耻的。很可能,骑士风度与孕育我们政策的天才结合在一起,共同展现了万民法中的独特品质。现代国家和古代国家正是由这些特质加以区分的。如果我们衡量礼貌和文明程度的法则正是从此中得来的,或是源于商业技艺的进步,那我们就极大地超越了所有负有盛名的古代国家。

第五部分

论诸民族的衰落

第一节　论假设的民族显赫地位，以及人类事务的兴衰变迁

没有哪个民族如此不幸，以至于认为自己不如其他人类。甚至，很少有民族愿意忍受别的民族与自己平起平坐的要求。大部分民族都认为自己从一开始就是人类卓越的典范与裁判。他们最先是沉浸在自己的观念中，只有在其他民族与其自身处境接近时，他们才加以考虑并认可其显赫地位。一个民族因为人的品格、学识，或因为一些成员而颇感自负。另一个民族则因具有好的政策、财富、商人、园林，以及建筑而自夸。那些没什么值得吹嘘的民族也颇为自负，因为他们愚昧无知。在彼得大帝统治以前，俄罗斯人认为自己占有了一切民族荣耀，对 Nenei 或者愚蠢民族（他们加于欧洲西部邻国的名字）怀有同等程度的蔑视。① 在中国，世界地图是一块四方的盘子。这个大帝国的诸多行省占据了盘子的大部分，只在其裙边上留下一些隐蔽的角落。他们假设，其余的可怜人类就被驱赶到这些角落之中。“如果你没有使用我们的文字，又无我们诸经的学问，”一位中国文人向欧洲的使节说，“你们能有什么文学或科学呢？”②

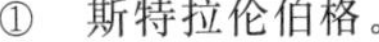

① 斯特拉伦伯格。

② 吉莫利·卡瑟里。

如果我们仅仅根据词源学进行判断，文雅这个词原本指的是诸民族在其法律和政府方面的状态。在后来的用法中，它也同样指代他们在自由和机械技艺、文学和商业上的熟练程度。但是，无论其用法如何，只要我们能找到一个比它更受尊敬的名字，一切民族，哪怕是最野蛮或最腐败的民族都将会采纳它。在他们不喜欢或发现了差异的地方，他们就使用相反的术语。异族或外邦人，人们在念出这些名字时少有不带斥责意味的。一个傲慢民族在使用"野蛮人"这一称谓时，另一傲慢民族在使用"异教徒"的称谓时，他们只用来区分那些具有不同语言和血统的陌生人。

甚至，当我们假装把观点奠定在理性的基础上，当我们偏爱一个民族甚于另一民族，我们还假装去证明这一偏爱的合理性时，我们就频繁地看重那些与民族性格无关的环境，以及那些不能提高人类福利的环境。无论疆域内有多少人口，无论财产如何分配与使用，征服或广大的疆土、巨额的财富都是使我们放纵沉溺其中的名头，也是其他民族虚荣之对象，犹如我们因为私人财富和荣誉而沉溺于虚荣那般。有时候，我们甚至还要争夺，谁的首都最为臃肿，谁的君王具有最绝对的权力，以及在谁的宫廷里，臣民的面包因最愚蠢的暴乱被消耗掉。这些的确是粗俗心灵之观念，但我们无法确定：这些粗俗心灵的观念会对人类产生多么深刻的影响。

当然，这世上很少有这样的国家典范：它们用艺术或政策改良了原初的人性倾向，或者努力用明智与有效的预见阻止其腐败。爱慕之情和心灵力量是维系共同体的纽带与凝聚力，是神的启示、人性的原初品质。除了极少数的情况，我们可以怀疑，诸民族最明智的政策倾向于维护社会和平，压制了坏恶激情的外在效果，而非强化心中正义和善良的倾向。通过引入多种技艺，它倾向于激发人的智谋机巧，通过使之参与到多样的追求、探研和学习中来获得信息，但这却经常腐化了心灵。它倾向于提供了差别与虚荣的材料，并使个人为新增的人身牵挂所拖累，从而倾向于用他关于自己的焦虑替代信心和他对同伴的爱。

无论这种怀疑是否正义，我们都指向了倾向于使之得以证实或证伪的环境。如果要理解重要民族的真实幸福，我们当然要知道：因为哪些弱点或邪恶，人们不仅毁坏这种幸福，还在一个时代丧尽此前获得的所有外在优势。

诸民族财富、强大与力量通常是德性的效果。这些优势的丧失常为邪恶之结果。

如果我们假设，人们成功发现、运用了每一种保存和统治国家的技艺，通过智慧和大度获得了文明繁荣民族中令人敬仰的制度和优势，那么，其历史的后续部分就值得我们关注，并会激发起我们的崇敬。根据一种粗浅的理解，其历史的后续部分包含了对那些成熟果实的充分展示。但是，对于这些果实，他们仍然只携有花朵和最初的形态。

然而，事件并未对这一期待做出回应。在人们战斗期间，而不是在实现了他们的目的之后，他们的德性才放射出最耀眼的光芒。尽管这些目的自身是借助德性获得的，但它们频繁地成为腐败和邪恶的原因。在对民族幸福的渴望中，人类用那些增加财富的技艺取代了改良本性的技艺。在文明和文雅的名目下，在原本应该感到羞耻的地方，他们却以自我崇拜为乐。有些原则倾向于增长、鼓舞和保存民族性格。甚至在有些地方，他们在一段时期内依据这些原则行动。在这些地方，他们或早或晚偏离了他们的目标，沦落为不幸的猎物，或繁荣自身所鼓舞的众多疏漏的猎物。

战争为人类永不安分的精神提供了重要职业。战争事务的多样性也使人类命运纷繁多样。当它向一个部落或社会开启通往显赫地位的道路，使之最终获得统治权时，它便使另一个部落或社会俯首称臣，使其民族努力的场景因此落幕。对双方而言，迦太基和罗马之间广为人知的竞争是一种雄心壮志的自然运动。这种雄心壮志难以容忍敌对关系，乃至平等关系。在一段时间内，首领的行为和财富使平衡维持在一种悬而未决的状态，但无论它倾向于哪一方，一个伟大的民族将会衰落；帝国与政策的王座就从其位置移除。在未来几个世纪，某种学问占领了学者们的研究。上述悬而未决的平衡也将决定，叙利亚语还是拉丁语应该包含这种学问。

所以，在它们还没有展现出任何内在衰朽的迹象时，甚至当它们恰逢繁荣盛世，当它们怀着最大的热情，力图实现民族目标时，有些国家就被异国征服了。雅典奋力拓展海军力量，力图使之具有超越希腊海域的影响力。当此之时，雅典风头正劲，正处在雄心与荣耀的顶峰。可就在此时，它受到了致命的伤害。在一切形形色色的国家中，在力量兴起之时，它们野蛮、凶猛、令人生畏，它们因为纪律和军事经验而备受尊重。然而，当其力量衰落时，它们就反过来成了罗马的野心和傲慢精神的猎物。这些事例可以激发诸国的忌妒，引其警戒。类似的危险则会激起政治家和治国者的天赋。但是，单纯命运的反转是构成历史的寻常素材，我们早已见怪不怪了。

有些民族从一个弱小的起点出发，不断壮大，最终占有了使之获得统治权的技艺。正如它们有资格获得它们的优势一样，这些民族使其优势获得了同等程度的安全保障。在它们被外来灾祸打断以前，它们都不受干扰地走在通往幸福的道路上。直到一个更加幸运或更具活力的强国兴起，对它们予以压制之前，它们都维持着自己的力量。沉思的主题不会遇到许多困难，也不会产生许多反思。我们发现这些现象了吗？但是，一种同时向没落和柔弱回归的情况出现在诸多民族中间。尽管有告诫说它们面对着永恒的危险，尽管有些国家以前不能与之竞争，时常遭其挫败、受其轻视，然而，它们却在某个时期被这些国家征服。当我们在这些民族中间观察到这些现象时，这一主题就变得越发令人好奇，其解释也变得越发困难了。

通过各种各样的事例，我们就可以认识事实本身。亚细亚帝国曾不止一次由强大国家沦落到不如他人的境地。希腊诸邦一度崇尚武功，后来又感受到了活力的松懈。它们将从东方君主手里争夺过来的优势地位拱手让人。某个侯国一度默默无名，却获得了力量，攫取了这一优势地位。多年之后，希腊诸邦再次变得令人畏惧，因为一个人的行动崛起，获得显赫地位。罗马帝国睥睨群雄多个世纪，令所有竞争者都为之臣服，放眼四望，没有一个国家堪与其竞争，令其畏惧。然而，最终它却在一个缺少技艺、为其轻视的敌人面前陨落。它放弃了对边疆的侵袭、劫夺，最终放弃了征服，它全方位地衰落了，每个方面都在萎缩。其疆土遭到荒废，所有行省都垮掉了，就像枝叶经年累月地掉落，而非为某个更大的强力粗暴地予以破坏掉一样。在前一个世纪，马里厄斯曾用一种精神挫败并阻止了野蛮人进攻。执政官和步兵军团曾用文治与军事力量拓展这个帝国。然而，那种精神与力量都不复从前了。罗马人的伟大在它兴起时就注定要衰落，它逐渐而缓慢地在每一次遭遇中受到削弱。它撤回原初的疆域，偏安于一个单一城邦的范围，其保存则依赖于遭到围攻时的命运。它一击即溃。烙铁曾与熊熊燃烧的火焰一起遍布世界，后来却像一块锥形废铁，掉落在槽臼里。

这些表象让人们产生了一种普遍的理解。人们认为，诸社会并不会自然地进步，发展到所谓的民族伟大的高度，因为它们将必然且不可避免地回落到柔弱和没落状态。我们将年轻和老年的意象运用在民族身上。我们也假设，共同体就像单个的人一样，拥有一段生命的期限，一个由命运女神纺出的线团的长度。就这个线团来说，它的一部分颇为紧致与结实，另一部分则因为使用而变得柔弱、破旧。当其命定的时刻来临，它就被拉断，为那些已有征象相继而起的国家让路。迦太基比罗马要古老许多。波利比乌斯说，迦太基也更为快速地感受到了她的衰落。他也预见到，幸存者的胸中也携带着朽坏的种子。

这个意象的确颇为贴切，人类历史也让我们对其应用感到熟悉。但是，民族和个人的情况殊为不同，这必然是很明显的。人类构造有一个普遍的进程。在每一个个体身上，人类构造都有脆弱的组织方式和有限的持存时间——它因为运动而用旧，由于功能的重复而走向耗竭。但在一个社会中，其构成成员会在每一代中得到更新。这个种族因此会享受永恒的年轻，不断积攒优势。我们不能以此类推，认为愚蠢行为只与年龄和存在的时间相关。

这不是一个新主题了，对它的反思将会包围每一个读者。与此同时，关于一个如此重要的主题，我们怀有一些观念，甚至还在思索着一些观念。这些观念也不可能对人类全无成效。无论思想者的劳动对人类行为产生的影响多么微不足道，一个作家还是能够犯下许多最有可能得到饶恕的错误。其中之一就是，他认为自己将要成就许多好事。但是，让别人去关心思想将要产生的效果吧，我们将继续考虑人类世界反复无常之基础、内在衰败之源头。我们还要研究，在人们假设的文明已经实现之境况中，诸民族容易产生的毁灭性腐败。

第二节　论民族精神的暂时效果和松弛

依据我们对人性普遍特征的观察，从表象来看，人并非为了休息而生。在他身上，一切温和、受人尊敬的品质都是一种积极的力量，一切受人赞誉的主题都是一种努力。如果他的错误和罪恶是一个积极行动者的运动，他的德性和幸福就由对心灵的运用构成。为了引起或吸引同伴的关注，围绕他投射的光华就像流星的火焰一般，只在其持续运动时才会闪耀。休息与没落的时刻也同样如此。我们知道，分派给他的谈话常常超出了他的力量，也常常缺少他的力量。他可能焦思过度，也可能思虑太少。在一些处境下，他将会不堪其扰，在另一些处境中，他又会陷入倦怠。在这两种处境之间，他不能找到一个确切的中道。我们知道，他可能关注多种多样的主题，投入不同的激情。由于习惯的结果，他变得能与诸多大不相同的场景协调一致。总而言之，我们能够决定的一切便是：无论他热衷于什么主题，其自然构造都要求他忙碌不休，其幸福则要求他为人正义。

现在，我们要去探究，为什么有些民族不再显赫？有些社会曾经用慷慨、行动和民族成就的伟大榜样吸引了人类的注意。它们为什么会从荣誉的高峰跌落，在一个时代放弃此前时代赢得的胜利呢？很可能，许多原因将会出现。一个原因可能来自人类的变化不定、反复无常。人类对其追求和努力会变得厌倦，即便导致出现那些追求的原因仍在一定程度上延续。另一个原因则是来自环境的变化，源于那些激发其精神之目标的消失。

公共安全和相关的国家利益、政治制度、党派主张、商业与技艺是吸引各民族关注的主题。在这些具体目标上获得的优势决定了民族繁荣的级别。诸民族追求这些目标时怀有的热情与活力就是民族精神的尺度。当那些目标不再使民族富有活力，我们就可以说，这些民族已经倦怠。当它们在任何可观的时间里遭到忽视，国家就必然衰落，它们的人民也随之堕落。

在最早熟、最有进取心、最富创造力和勤勉的民族里，这一精神涨涨落落。那些最长久地持续获取或保存优势的人既有松懈怠惰之时，又有热情满怀之时。在所有时候，对公共安全的欲望都是行动强有力的动机。但是，当它与偶尔迸发的激情结合起来，当怒火燃烧，当它因成功受到鼓舞，或因屈辱而恼怒时，它才最有力地运转起来。

像构成民族的个人一样，整个民族的行为也受暂时的心境、乐观的希望或强烈的怨恨影响。在某一时期，他们倾向于热情地加入民族战争；在另一时期，他们却仅仅因为懒怠和反感而放弃战斗。当他们在国内参与政治辩论和争论时，他们时而热情投入，时而玩忽职守。流行的激情既在琐碎的基础上，也在重要的基础上兴起或消退。在一个时期，仅仅出于贪婪或是偶然事件，诸党派准备滥用他们的名字，并假装是他们的反对者。在另一个时期，由于最严肃的原因，他们却只能默不作声地度过。如果一支文学天才的血脉在无意间打开，或一个新的论述主题得以开启，那么真实的或假装的发现就会突然成倍增长，每一场谈话都要穷根究底，显得生气勃勃。如果人们发现了新的财富源泉，或看到了征服的前景，人们的想象力便燃烧起来，地球上的每一个角落也突然加入到毁灭性的或成功的冒险中来了。

我们的祖先如洪水暴发一般，从他们自古生活的地方奔涌进入罗马帝国。如果我们能够唤醒祖先们在当时运用的精神，或进入他们持有的观点，那么，在他们获得最高的成功后，我们至少有可能在人们的心灵中发现一种正在发酵的状态。对此而言，没有什么尝试是过于困难的，也没有什么困难不能被克服。

在欧洲后续几个创业的世纪中，狂热的警报鸣响，十字军的追随者侵入了东方，洗劫了一个国家，试图收复一个圣体安置所。在那几个世纪中，不同国家的人民为自由而争斗，攻击政治或宗教篡位的结构。在那几个世纪中，人们发现了穿越大西洋的方法，获得了两倍的好望角，半个地球的居民被释放出来，进驻到另半个地球。每个角落的党派蹚着血水，犯下每一种罪行，经历每一种危险，穿越地球来寻找黄金。

这几个世纪引人注目。甚至，受它们感染，柔弱与懈怠之辈也都奋发而起。有些国家在其形式中就不具备持续努力的原则，无论这种持续努力是有利于人类福祉还是有害于人类福祉。这些国家可能突然焕发追求民族活力的热情，并短暂地获得民族活力的表象。的确，对这些民族来说，节制的回归不过是再一次没落，一个时代的傲慢也转变为后继时代里的沮丧。

但是，对那些在国内政策上颇为幸运的国家而言，由于暴乱的结果，甚至疯狂自身也会平息消退，转化为智慧。一个回归日常情绪的民族治好了它的愚蠢，也因为经验而变得更加明智。或者，在执行由疯狂开启的场景时，其才能获得了改善，它们可能显得最有资格在追求民族目标上取得成功。正如古代共和国在刚刚平复某次可怕的叛乱时，或像大不列颠王国在结束内战之后，它们都获得了刚刚苏醒的积极精神，它们也以同等的活力从事每一项追求，无论是政策、学问还是技艺。它们一度到达毁灭的边缘，又从那边缘穿过，实现了最高度的繁荣。

人们在各项追求中怀着不同程度的与其目标的重要性不成比例的热情。当他们处在对立的位置，或结成联盟，他们只期待获得行动的借口。在怨恨的高烧中，他们忘记了争论的主题。或者，在与之相关的正式推理中，他们只寻求一种激情的伪装。当内心被点燃，任何考虑都不能压制它的热情。当热情消退，任何理性都不能将其激发出来，任何雄辩也不能唤醒此前的情感。

国家力量因为平等而获得平衡，国家间竞争的持续性必然依赖于这平等的程度，或依赖于某个党派或所有党派想要继续斗争的动机。在文明社会的每一个时期，漫长的战争停顿将使军事精神凋萎。吕山德给雅典带来的衰落也给了吕库古制度一个毁灭性的打击。意大利平静的占有或许是人类的幸福，却几乎终结了罗马的军事进步。汉尼拔发现，经过许多年的休息，意大利对其攻击没有任何防备，罗马人很可能倾向于在波河岸边放弃军事雄心。这种军事雄心因为感知到新的危险而产生，后来又带着他们征战幼发拉底河与莱茵河流域。

有些国家因军事勇武而卓尔不群。有时候，它们却因为怠惰卸下武装，并厌倦了毫无结果的竞争。但是如果他们维持独立共同体的地位，他们将频繁地回想、运用其活力。甚至在大众政府中，人们有时也会放下他们对政治权利的考量，不时显露出懈怠或消极的表象。但是如果他们保留了自我防卫的力量，运动的间隙就不会持续很久。当人们忽视政治权利时，政治权利就总是受到侵犯。来自这个角落的警戒必定会频繁地更新政党的关注。对学问和技艺的爱可能改变其追求，也可能在某个季节枯萎。但是，当人们拥有自由时，当匠心的运用不能被取代时，公众将在不同的时代怀着不平等的热情前进。但是，其进步很少彻底中断，或者，在一个世纪获得的优势很少会彻底丧失，不给后续世纪留下一丝痕迹。

许多国家的革命消灭或阻止了一切独具匠心之研究，或自由追求的目标。这些革命也剥夺了公民作为公共成员行动的机会，它们瓦解公民的精神，贬低其情感，使其心灵不能胜任诸多事务。如果我们想要找到终极腐败的原因，我们就必须检查这些国家革命。

第三节　论与文雅民族相伴相生的民族精神之松弛

正在进步的民族在其发展过程中不得不与外敌进行斗争。他们对这些国外的敌人抱持着一种极端的仇恨。它们为了一个民族的生存，在众多冲突中与这些敌人进行竞争。在一些特定的时期，它们也在国内政策中感受到了不方便和委屈，这引起了一种极度的焦躁。他们理解了改革和新的制度，并从中获得对民族幸福的乐观希望。在早期年代，每一项技艺都不完美，容易接受许多改良。每一种科学的首要原理都是有待发现的秘密，也有待人们用欢呼和胜利先后发表。

我们自己可能会幻想，在进步的世纪，人类就像前往国外探查肥沃土地的侦查员一样，让世界在他们面前打开，每迈出一步都可以看到新奇的表象。他们带着期待和欢喜进入每个新的地方。他们满怀热情地投入每一次创业，相信他们将会实现民族幸福，获得永久的荣耀。他们也在对未来的成功希望中忘记了过去的失望。仅仅因为无知，粗野的心灵因为每一种激情而陶醉。他们偏爱自身的境况与追求，认为一切场景都逊色于他们身处的那个场景。成功与不幸以类似的方式唤醒他们，他们乐观、热情而且沉着。对于那些不完美的技巧，以及每种技艺的粗野执行，他们也给随后而来的见闻更加广博的世纪留下纪念碑。但是，他们拥有一种富有活力与热情的精神，也同样留下了这种精神的标记，尽管他们的后继者并非总能维持或模仿这种精神。

或许，我们能够承认，至少在他们的几个进步时期，这是对繁荣社会的一种公平的刻画。在不同时代，他们凭以进步的精神可能是不平等的。因为这些精神从反复无常的人类激情中产生，激发它们的原因在出现或消失时也都颇为随意，所以，这些精神会突然出现，也会间歇式停顿。在一段时间内，这种精神持续执行着政治和商业技艺的计划。但是，在其自身追求终结时，它会自然休止吗？文明社会事务会实现，进一步努力之原因会消失吗？持续的失望降低了乐观的希望，对目标的熟悉模糊了新鲜事物的边界吗？经验自身能够减退心灵的热情吗？社会可能再一次与个人相比较吗？我们能够怀疑，尽管一个民族的活力像自然身体一样，并不会因为自然的衰退而遭废弃，但它会因为缺少运动而罹患疾病吗？会因为停止使用自身而死亡吗？老年人不关心年轻人的娱乐，也感受不到青年的激情。当社会的一切设计都得以实现时，对于那些在粗野时代时常为之注入活力的目标，它们会像老年人那样变得冷淡和冷漠吗？有这样一个人，他已经执行了计划，建造了房屋，让自己安居下来。简而言之，他消耗了所有主题的魅力，浪费了他所有的激情，陷入怠惰和无穷的冷漠中。一个文雅的共同体能与这样一个人相比吗？他的答案如果是肯定的，那么我们就为我们的目的找到了另一个比喻。但是，它在这里并非完全相似。推论也随之产生，就像大部分论证源于类比，倾向于娱乐想象力，却没有给予相关主题任何真实可考的信息。

人类技艺的材料从未彻底耗尽，勤勉的运用也从未终止。在任何特定时期，民族热情都与促使行动的原因不成比例，好奇心也与有待研究的主题范围不成比例。

对无知者和无技艺者而言，科学对象是全新的，他们也最为匮乏生活便利品。与见闻广博的文雅之士相比，他们更为沉默，缺乏求知欲，而不是更加积极，具有更强的好奇心。当我们比较人类在粗野状态和文雅条件下忙碌从事的具体内容时，我们就会发现，它们在后一种情形中成倍增加，其范围也得到极大地扩展。然而，我们已经提出来的那些问题值得回答。并且，在社会进步的那些世纪里，如果我们没有发现人类追求的目标消失了或极大地萎缩了，那么，我们至少会发现它们发生了改变。在评估民族精神时，我们可能忽视其中一部分，并通过不断增加对另一部分的关注，对此疏忽进行了恶劣的补偿。

总而言之，在我们的一切追求中，麻烦确实都有一个终点，我们渴慕的平静时刻也的确会来临。我们将会消除这些不便，或获得那种好处，即我们可以停止劳动。当我征服了意大利和西西里，皮拉斯说，我将要享受我的平静生活。在我们民族的和个人的努力中，我们设计了这样一个结局。尽管我们频繁地体验着它的对立面，但我们仍然认为它是一种遥远的幸福巅峰。但是，在大部分特殊情况中，自然明智地迷惑了我们的计划，将这种绝对舒适的可见祝福放在我们无法触及的地方。当我们实现一个目的时，我们只不过是开启了一种新的追求。当我们发现一项新的技艺时，我们也只是延长了借以从事进一步研究的线团。这个线团是我们逃离迷宫的唯一希望。

我们能够列举许多职业，它们倾向于锻炼人的创造性，培育人的才能。对居所和财富的追求属于这一类职业，它们包括各种有助于增进手工业和完善机械技艺的发明。但是，我们必须承认，由于商业材料可以持续积累，没有任何决定性的限制，那么，用来增进它们的技艺就可以接受永久的改善。我们发现，任何财富手段或技巧等级都不能减少假定的人类生活的必需品。当改良和丰足滋养了新的欲望，与此同时，它们也提供了满足欲望的方式，或锻炼了满足欲望的方法。

由于商业技艺的结果，财富不平等获得了巨大的增长，每个民族的大多数人都受着必然性的强制，或至少受到野心和贪婪的强烈刺激，去运用他们具有的每一项才能。在好几千年的历史中，中国居民都从事着手工业和商业。在地球表面的一切民族中，他们仍然最为勤勉耐劳。

这一观察的某些部分可以扩展到高雅和文学艺术上。它们也有不能耗尽的材料，也从不能满足的欲望中产生。但是，我们给予文学价值的尊重起伏不定，属于转瞬即逝的时尚问题。当学问产品不断积累，对知识的获取就占取了本可投入在发明上的时间。单纯的学习目标用中等或较次的才能即可获得。不断增长的冒牌学者名单减弱了少数几个才学显赫之士的荣光。当我们只想要了解其他人在教授什么内容时，就知识而言，我们甚至比不上我们的老师。在我们停止检查赞美的基础以后，人们依然继续心怀崇拜，一再重复着那些伟大的名字。新的冒牌学者遭到人们拒绝，这并不是因为他们不如前辈，而是因为他们没有超越前辈，或是因为我们事实上未经检查就认可了首个冒牌学者的功绩，我们也不能对他们中的任何人做出评判。

当图书馆建立起来，在每一条运用匠心的道路都被占领之后，我们在多大程度上崇拜已经取得的成就，我们就以同等的比例反对做出进一步努力。我们成了学生和仰慕者，而非竞争者。我们用书本的知识取代了勇于研求或富有生气的精神，而书本正是在这种精神中写就的。

商业和营利技艺可能会持续繁荣，但是它们却增加了对其他追求的牺牲。对利益的欲望阻止了对完美的爱。利益冷却了想象的热情，使心灵变得坚硬。利益依据从获利、从其所得的比例来推荐职业，它便为柜台和作坊汲取了才能与野心。

但是，在这些考虑之外，职业分化看起来承诺了技巧的改善，实际上，职业分化也是每一种技艺的产品都随着商业进步变得更加完美的原因。尽管如此，但是，在其终点和最终效果上，它却在一定程度上破坏社会纽带，用形式取代天才，也使个人远离共同从事职业劳作的场景——在这种共同的职业场景中，内心的情感和思想能够得到最幸福的应用。

文雅社会成员们由于职业的区分而彼此分化开来。在职业的区分下，每一个个人都假设拥有一种确切地为其他人所忽视的才能或特定技巧。社会是由诸多部分构成的，却没有哪个部分由于社会自身的精神而富有生气。伯里克利说："在相同的人身上，我们看到一种对私人和公共事务的平等关注。在转向各独立职业的人身上，我们看到了一种与共同体相关的充分的知识。因为只有我们认为，那些不在意国家的人完全不重要。"很可能，伯里克利对雅典人的颂词是根据这样一种理解提出来的：其对立面很可能会受到敌人的谴责，或可能很快就会发生。当这些努力和其他努力成为诸种独立职业之目标时，与之相应，雅典国家事务与战争事务的治理就会变坏。这个民族的历史充分表明，人们在多大程度上由这些职业和其他独立技艺区分开来，他们就在多大程度上不再是公民，甚至不再是好的诗人和演说家。

动物不如我们尊贵，它们拥有充足的睿智来获得食物，找到实现独自愉悦的手段。但是，人类需要在由同胞构成的社会中进行咨询、说服、反对和激励，只有在友谊和敌对的热望中才会失去对其个人利益和安全的感受。

人类按照一个国家、一个部落或一个人群的名义分化成不同的部分。它们每一个部分都受到共同利益的影响，并受到交互激情的引导。当我们融入其中的任何一个部分时，心灵就识别出了它的自然地位，内心的情感和理解的才能也就找到了它们的自然运用。在这样的场景中，智慧、警觉、忠诚和坚忍是必要的品格，也是它倾向于改善的品质。

在单纯且野蛮的世纪，当诸民族颇为柔弱且被敌人包围的时候，对一个国家、一个党派、一个派系的爱是相同的。公众是由朋友结合在一起形成的，其他所有人都是他的敌人。死亡或奴役是他们致力于避开的日常的邪恶，胜利和统治则是他们期许的目标。由于感受到他们可能会遭受外敌入侵的危险，在每一个繁荣社会中，一大目标就是增强力量、拓展边界。当这个目标得以实现时，安全也就等比例地增强了。谁若占有了远离边界的内部地区，他就对来自域外的危险变得不习惯了。谁若位于疆域的四极，远离政府所在的地方，他就不习惯于听闻政治利益。对任一概念而言，公众也许就成为一个过于广泛的目标。他们享受其法律或军队的保护，他们也吹嘘其辉煌与力量。但是，只要扩大他们的目标，炽热的公共性的爱慕情感就失去了大部分的力量。在诸多小国之中，炽热的公共性的爱慕情感混合了父母、爱人、朋友和同伴的柔情。

粗野民族的风俗需要改革。他们的外部争斗、内部分歧都是极端和残暴激情的运动。更为平静的国家有许多幸福的效果。但是，如果诸民族追求扩张和平静的计划，直到其成员不再能够理解社会共同的纽带，也不能热心参与堪称立国原因的事业，他们必定会在相反的方面犯错。由于留下来激励人之精神的东西过于薄弱，如果他们没有带来几个世纪的衰朽，他们也要带来几个世纪的懈怠。

通过这种方式，就像被外族征服的行省的居民一样，共同体成员只剩下与亲属或邻人的关联感受，失去了其他一切相互关联的感受。除了贸易，他们也没有任何需要来往的共同事务。在这种联系和来往中，正直和友谊的确仍会出现。但是，我们正在考虑民族精神的衰落与流失。在这种联系和来往中，民族精神却不能得到运用了。

我们观察到，扩张倾向于使政治团结的纽带变得松弛。然而，我们的这种观察既不适用于那些原本就幅员窄小，也从未极大地拓展边界的民族，也不适用于那些虽已具备了一个伟大王国的疆域，却仍处在粗野状态的民族。

在粗野时代里，在辽阔的疆域中，如果民族团结既服从一个政府又拥有自由，那它是极不完美的。每个地区都形成了一个独立党派，在部落或氏族的主导下，不同家族的后代相互反对。他们很少怀着稳定的关注行动。他们的世仇和愤恨更为频繁地让那么多民族陷入战争，却较少让一个民族产生由政策关联实现的团结。尽管他们的私人分化与混乱颇为有害，然而，他们在其私人分化与混乱中获得了一种在许多情况下有益于国家力量的精神。

无论国家幅员几何，政治秩序和常规政府都是最为重要的优势。但是，我们并不能由此推断，每一种致力于实现这些目的的安排就因此具有了一种天性。我们也不能由此推断，在打造政治秩序与常规政府过程中，可以锻炼和培育人类最好品质的安排就因此具有了一种天性。这种天性能够产生永恒的效果，也能够保障那种民族精神的维持——上述安排正是从这种民族精神中产生。

在很大程度上，休息和懒散本身恰是他们的目标。他们将不只为了阻止不义与错误，还要为了阻止煽动和喧闹而频繁地塑造其政府。他们针对邪恶行为设立了障碍，这些障碍将彻底阻止他们的行动。当我们这样考虑时，我们便有理由对普通人的政治改良心怀担忧。在这些政治家的观点中，自由人民的每一次争论都会导致混乱和国家和平的破坏。什么忌妒？什么事务的延迟？什么缺乏保密和报道？什么政策的缺陷？有时候，具有更高天赋的人看似在想象中认为，粗俗之辈行动或思考的权利。一个伟大的君主乐于奚落那些预防的手段，借助这些预防措施，一个自由国家的法官因此仅限于严格地解释法律。[①]

在与公共秩序一致的情况下，人们可以安全地获允做些什么

① 腓特烈大帝，《勃兰登堡回忆录》，1752 年英译本。

呢？对此，我们很容易学着提炼我们的观点。一个共和国的骚动及其成员的放纵冲击着君主国臣民，令他们厌恶与反感。欧洲人可以自由地穿越街道和田野，在中国人眼里，这无疑是混乱和无政府状态的序曲。“人们能够注视其上级却不颤抖吗？没有一个精确的、书写成文的仪式，他们能够进行交谈吗？如果街道在某一小时未设障碍，还有什么和平的希望吗？如果人们允许做任何他们想做的事情，这该多么粗野混乱啊？”

人们采用了许多针对彼此的防范措施。如果这些防范措施对于制止他们的犯罪必不可少，它们不是源自一种腐败的野心或统治者残酷的嫉妒，人们就应该为这种做法鼓掌欢呼，认为它是人类诸恶愿意承认的最好的药方。蝰蛇应该被限制在远处，老虎则应当被套上锁链。但是，用来奴役人民而非使之免于犯罪的严苛政策具有腐败风俗、摧毁民族精神的实际效果。如果统治者用其严酷性来结束一个自由民族的骚动，却不治疗其腐败；如果仅仅因为一些形式倾向于消除人类的声音，使之沉默无言：这些形式就时常受到赞誉，被认为富有裨益。或者，因为一些形式允许人们发声，它们就受到谴责，被认为是有害的，那么，我们就可以期待，虽然人们吹捧诸多文明社会的改良，但其中许多改良只是平息政治精神的举措，它们比人类永不止息的混乱更能锁死积极德性。

如果对任何民族而言，在其一切内在改良中，公开宣扬的政策目标是确保臣民的人身和财产安全，却丝毫不考虑其政治品格，那么它的宪制的确可能是自由的，但它的臣民却配不上他们拥有的自由，也不适于保存它。实际上，这种宪制很可能让所有人类团体沉浸于他们对快乐或获取的独立追求中，他们现在就可以不受干

扰地享受这种对快乐的独立追求，他们也可以维持对这种获取的独立追求而毫不关注国家。

如果这就是政治斗争的目的，那么，在保障个人财产安全与维生手段过程中，一旦设计得以执行，它将使人们不再运用那些执行设计所必需的德性。一个人如果与同伴共进退，在防卫财产或人身安全时一起对付篡夺行为，那么他就可能发现了一种极为大度的行为和一种富有活力的精神。但是，谁若假设在政治建制下获得了充分保护，因为自己安全就一味享用财富，那么，在实际上，他就将他人德性获取的优势转化成为腐败之源。在某些时代，个人主要从他们依附的党派力量中获得保护。但是，在腐败时代，他们自我谄媚，声称能够继续从公众中获得安全。在此前的许多个世纪里，他们必须将这种安全诉诸自身的活力与精神，诉诸朋友间温暖的情感，以及使他们获得尊敬、令人畏惧或爱恋的才能。所以，在一个时期，只有环境能够刺激精神，保存人的风俗。在另一时期，为了同样的目的，领导者们则需要有关于人类福利的伟大智慧和极大热情。

我们可以认为，罗马不是死于昏睡症，也并非衰亡于国内政治热情的消沉。其瘟热源自一种更为暴烈、严重的本性。然而，如果加图和布鲁图斯的德性在共和国临终时刻发挥了作用，那么阿提库斯的中道平和与谨慎退隐就在同样的狂暴季节里找到了安全。在一场暴风雨掀起的巨浪下，上等阶层的人们遭到毁灭，伟大的人民团体却不受干扰。在人民的心中，民众的感受变得面目全非，甚至派系的仇恨也得以平息。一个军团的士兵或一个首领的党羽只有在骚动中才会分享仇恨。但是，这个国家并非因为缺少卓越之士而寂寂无名。如果在我们所谈论的时代，我们只去寻找少数几个因为才德超群而名垂青史的名字，那么没有哪个时期的名单拥有更为庞大的人数。但是，那些名字是在竞争统治权时，而非在运用平等权利时变得显达。人民腐败了，这个著名的世界帝国需要一个主人。

总的来说，共和政府因为特定派系的优势，因为平民的反叛精神而陷入了毁灭的危险。这些平民已经腐败了，他们不再适合共享国家管理。但在其他建制下，在人们腐败后反而更能成功获取自由的地方，民族活力便因滥用那种安全而衰竭。人们假设公共秩序变得完善，并借此获得了这种安全。

因为执行法律，彼此的侵犯和骚扰走向了终点，个人人身和财产无须借助朋友、阴谋和义务就可获得十足的安全。一种权力与职位的分配，以及上述法律的执行的确为民族天才增添了荣誉。人们运用知性与正直，怀着坚毅而富有活力的精神进行诸多试验。这些运用和试验装饰了一个民族的历史记录，给未来的时代留下了一个正当崇拜和赞许的主题。没有它们，权力与职位之分配、法律之施行便不能完全建立起来。但是，如果我们假设，我们实现了目的，人们在享用自由时不再因自由情感而行动，或者人们不再为了保持公共风俗而行动；如果个人认为，他们自己不需要付出任何关心或努力就可以获得安全：那么，我们就会发现，这一夸大的优势只能给他们一个在闲暇中享受生活便利品与必需品的机会。或者，用加图的话来说，这一夸大的优势只能教会他们在更大程度上珍惜自己的房屋、别墅、塑像和画像，甚于他们珍视共和国。我们会发现，他们私下里越发厌倦自由宪制，对此，他们从未在言谈中加以吹嘘，却总是在行为中予以忽略。

自由面临的危险不是我们目前考虑的主题。但是，与任何其他原因相比，因为我们假设的人民的倦怠，自由就遇到了更大的危险。每一宪制的建立与继续保存都同等地依赖人民的人身活力。有人认为他们能够安全地享用自由，有人只在公众为其贪欲展现出许多营利性工作时才考虑公众。有些权利使他们自己成为管理或考虑的对象，为了这些营利性工作，他们必须牺牲这些权利。当这些人拥有自由时，自由就变得前所未有地不安全。

然后，从这些反思的倾向出发，就其表象而言，一个民族的精神常常转瞬即逝，这并非由于人性中某种不可救治的狂热，而是由于他们自动的忽略和腐败。也许，在一些计划的实施中，只有这种精神得以持存。它为了获得领土和财富而闯进一个民族。目的实现之后，它就像一个没有用处的武器被弃置一旁。

许多普通的建制终结于活力之松弛，也不能保存国家。因为它们使人们依赖其技艺，而非其德性，并误将纯粹获取居所或财富当作人性的改良。强化心灵、激发勇气并且提升民族幸福的诸种制度从来不会导致国家的毁灭。

在对技艺的崇拜中，我们难道没有可能为这些制度找到容身之所？人民将统治民族的重任托付给了政治家们，那就让政治家为他们自己做出回答吧。他们的职责就是要表明：他们最好隐秘地放纵追逐利益的激情，可他们攀爬到显赫的地位，是否只为展现这种追逐利益的激情呢？他们如此愿意为人民的事务而操劳，他们是否具有理解人民幸福的能力呢？

第四节　论与文雅民族相伴相生的民族精神之松弛(续)

当人们研究如何增加财富时,他们便频繁地忽视自己。当人们对他们的国家进行推理时,他们便遗忘了那些最值得关注的考虑。人口数量、财富体量以及其他战争资源都十分重要。但是,诸民族皆由人构成,一个由堕落、懦弱之辈构成的民族是柔弱的,一个由富有活力、具有公共精神且坚毅之辈所构成的民族则是强壮的。在具有平等的其他优势的地方,战争资源便可决定一场竞争的胜负。但是,在不会使用战争资源的民族手里,战争资源也不会产生什么效果。

德性是国家实力必不可少的构成要素。为了维持国家的命运,能力和一种朝气蓬勃的理解也同等必要。两者都可以通过纪律和人们参与的锻炼来得到改善。当人们生活在不确定的建制下,并被迫将其命运维系于同一个人,维系于元老、政治家和士兵的品格时,我们就轻视或怜悯这些人的命运。诸文雅民族发现,在一个人身上,这些品格中的任何一种都是充分的。并且,当人们把每个人的诸多目的拆解开来时,它们就更容易实现。然而,在第一种环境中,诸民族在其中获得进步、变得繁荣。在第二种环境中,精神松弛下来,民族则走向衰落。

一旦人类逃离了野蛮无序和暴力的状态，进入了具有内在和平和规范政策的状态，我们就有很好的理由祝贺他们。这时，他们将匕首封入刀鞘，解除政治竞争的仇恨的武装。这时，他们用来竞争的武器是明智的理性和雄辩的语词。但与此同时，我们也忍不住后悔，他们在追求完美中应该将每一种管理分支撤到柜台之后，并开始雇佣纯粹的店员与会计，而非政治家与武士。

通过推进这一体系，使之发展到巅峰，人们受到了教育，能够为恺撒抄写其军事论著，甚至执行他的部分计划。但是，在国家里，在战场上，在富有秩序时或在喧哗骚乱时，在分裂时或在团结时，在一切领导人自己必须有资格胜任的不同场景中，没有一个人能够有所行动。当我们对日常情境加以审慎思考，或当我们接到外敌入侵的警报时，没有一个人能够为议事会注入活力。

政府的日常改良致力于实现一种安排，中国的政策便是这种安排最完美的模型。粗野的心灵认为，诸民族的幸福与伟大依赖一些技艺。这个帝国的居民在最大程度上拥有这些技艺。这个国家以人类史上罕见的程度，获得了数量众多的人口和其他战争资源。他们做了令我们崇拜的事情。他们把国家事务交给仅具有最卑贱能力的阶层，把它们分为不同部分，将之抛入各个独立部门。他们把豪华的仪仗、恢宏的排场当作衣饰，为每一次诉讼穿戴起来。在形式尊严不能压制混乱的地方，一项苛刻且严厉的政策就用各种肉体惩罚武装起来，服务于这个目的。鞭子和棍棒挥向各个人群。鞭子和棍棒同时使用，每一位官员也都为之感到畏惧。一位官员曾经受到了鞭笞，因为他命令一个扒手受到太多或过少的杖责。

每个国家部门都被塑造成为独立职业的目标。每个候选官员都要受到常规的教育。他必须因为技艺娴熟,或通过坚持不懈的努力,才能获得他期待的等级,才能从大学毕业。国务、战事、财政和文学的法庭均由他们各类学习的毕业生执掌。但是,既然学习是通往完善的大道,其终点是能够阅读和书写。政府的伟大目标是要生产并消费地球上的果实。学问上的准备能使资源变得有用。有了这一切资源和这学问上的准备,国家实际上仍是虚弱的,它一再给出那些我们想要去解释的例子。在战争或政策博士之中,在为了军事职务而分出来的上百万人员中,我们找不到一个这样的人:他适于在国难当头时挺身而出,或构造防线,抵御以粗鲁、卑鄙著称的敌人的反复侵犯。

但是,通过培育国家真实幸福与实力依赖的诸种技艺,通过在更高阶层里培育适合议事会和战场的才能(没有巨大的利益,它们是不会分化的),通过在人民团体中培育那种对国家的热情和那种军事品格,使他们能够参与对国家权利的防卫,我们就很难说明国家衰败能够往后推迟多长时间。

每一个所有者必须防卫自身财产,每个自由民都必须维持自身独立,这样的时代将会来临。我们可以想象,为了对抗这样的极端,一支雇佣军就是一个充分的预防措施。但是,他们自己的军队却正是一个民族必须讨伐的敌人。我们可以谄媚自己说,在任何特定的情境中,这些极端情形都是遥远的。但是,在关于人类总体财富的理性思考中,我们不能避免应对这种情况,并提及出现了这种情况的事例。在文雅民族成为野蛮民族猎物的一切地方,在平和居民受军事力量所迫而堕落为臣民的一切地方,它都发生了。

如果防卫和一个民族的政府只是依赖那些以国务和战争为职业的少数人，不管他们是外国人和本国居民；无论他们是否会突然受命离开，如同罗马军团离开不列颠；无论他们是否会像迦太基的军队那样将刀剑对准雇主，或一受到命运的打击便被制服或被驱散：那么，在这样的突发情况下，一个民族懦弱且不守纪律，它的民众必然会怀着毫无希望的惊慌和恐惧来面对国内或国外的敌人，就像他们必然要遭遇瘟疫或地震。于是，他们数量众多的人口也只能进一步增强胜利，充实征服者的掠夺。

政治家和军队首领习惯于只遵守形式。因为暂停实施某种习俗性法则，他们就会颇感不安。一有点风吹草动，他们就对国家失去希望。他们只能在一个特定的轨道上循环。当他们被迫离开此前的地位时，便在实际上不能与人一起行动。他们只参加一些形式化的礼节，却不理解礼节的趋势。在他们看来，与程序的模式一起，甚至国家本身也不再存在了。在他们看来，一个伟大民族的人口、财富和资源只不过构成了一种没有希望的混乱局面和令人恐惧之场景。

在粗野的时代，共同体、人民或民族之称谓都意味着众多人口。当国家成员保留下来时，国家便被认为是完整的。当塞西亚人在大流士面前逃离的时候，他们对其孩童式的努力加以愚弄。雅典人在薛西斯的摧残中存活下来。罗马人在其粗野状态中则从高卢人的摧残下求得生存。对文雅的商业国家而言，情况有时则刚好相反。民族是一片由所有者耕耘和改良的疆域。如果财产被毁，即便主人仍然活着，国家就也被摧毁了。

诸文雅国家的柔弱和女人气有时也受到指责，但这指责也仅存在于人们的心中。动物,尤其是人的力量有赖于饮食,以及他经常从事的劳动。在每一个文雅的商业民族中,如果众人都能获得一份有益健康的食物,共同分担艰苦的劳动,那么,许多身体强壮、能够忍受劳累和痛苦的人们就一定会从民众中产生。

甚至,我们发现,并不是每一种精致的生活、一切舒适的居所都会使身体衰弱。欧洲的军队必须远征。富裕家庭的孩童以女人气的方式养大,或受到温柔的关照,他们也被迫与野蛮人竞争。通过对技艺的模仿,他们学着穿越森林,学会在每个季节里于沙漠中求得生存。也许,他们发现了文明国家在许多个时代都没有学会的课程。那就是,当他能够维持对自身的占有时,他的财富便是完整的。

关于人类事务的兴衰变迁,我们对古代那些令人赞赏的国家的命运产生了那么多反思。然而,我们可能会认为,它们很少在那些我们提及的令人萎靡不振的技艺上产生巨大进步。我们假设,我们讨论的这些危险会从一些安排中产生,它们也很少做出那些安排。尤其是当希腊人在马其顿的羁轭下衰落时,他们当然没有将商业技艺发展到大部分欧洲兴盛繁荣的国家通常达到的高度。他们仍然保留着独立共和国的形式,人民也通常得到承认,准许在政府中享有一份权力。因为不能雇佣军队,他们必须参与国家的防卫。他们在频繁的战争和国内动乱中习惯了危险,也熟悉了警戒状态。他们因此堪称已知世界上最好的战士和政治家。小居鲁士借由他们的帮助为自己许诺了一个亚细亚帝国。在他衰落之后,一个万人团虽然失去了领袖,却在撤退时阻挡了所有波斯帝国的军力。在他从被征服的诸希腊共和国中组织起一支军队前,亚洲的胜利者认为自己没有为那次征服做好准备。

然而，从表象上看，在菲利普时代，那些民族的军事和政治精神的确受到很大程度的损伤。这些成员也开始被各种各样的利益、追求与快乐占据，或许，它们也因此受到伤害。它们甚至造成了某种政治和军事品格的分离。普鲁塔克告诉我们说，福基翁注意到，其时的领袖们顺从不同的路径，一些人投身于政治事务，其他人则投身于军事事务。他们决定追随地米斯托克利、阿里斯蒂德斯和伯里克利的榜样，他们同等地为政治和军事事务做了准备。

我们在地米斯托克利的演说中发现，他总是提及这种风俗状态。我们发现，他不仅劝诫雅典人宣告战争，还把他们武装起来，去执行他们自己的军事计划。我们发现，雅典有一个军人群体，他们在服务于一个国家后，很容易转而向另一个国家效力。并且，当他们在国内受到忽视时，便转而去成就自己的事业。也许，在任何此前的时代并不存在更好的战士。但是，那些战士并不附属于任何国家。每一个城市的定居居民都认为自己没有资格为军队效力。军队的纪律也许得到了改善，但国家的活力却走向衰朽。当菲利普或亚历山大击败了主要由富有钱财的士兵构成的希腊军队，他们便轻松地征服了其他居民。当亚历山大后来得到了那些士兵的支持，侵入波斯帝国时，他似乎没有留下什么军事精神。通过消灭军事人员，他似乎采取了充分的预防措施，以当其缺席时确保他对叛乱且执拗的人民的统治。

在特定的事例中，技艺和职业的进一步分化倾向于改善他们的行为、提升他们的目的。通过分离缝衣匠与制革匠，我们更好地获得了鞋和衣服。但是，使塑造公民与政治家的技艺分离、塑造政策和战争的技艺分离将会肢解人类品格，摧毁我们倾向于提升的技艺。因为这一分化，我们实际上剥夺了一个自由民族守护其安全的必要手段。或者，因为这一分化，我们做好了防御外敌入侵的准备，这将产生一种僭权的前景，并带来在国内建立军事统治的威胁。

我们可能惊讶地发现，罗马某些军事论著开篇涉及的时代并不早于辛布里克战争(Cimbric war)。然后，瓦勒里乌斯·马克西姆(Valerius Maximus)告诉我们说，罗马军士被要求向格斗士学习如何用剑。在这位作家笔下，在其职业的初步萌芽时，汉尼拔与皮拉斯的敌人仍然需要指导。他们已经通过军营的秩序和选拔令希腊的入侵者感到敬畏和尊敬。经历反复战败后，他们已经诱使他去请求和平，不是凭借胜利，而是凭借其民族活力与坚定。但是，傲慢的罗马人也许知道秩序和团结的好处，却没有沾染雇佣兵的卑劣技艺。他们有勇气面对国家的敌人，却没有在鞭打带来的恐惧下练习使用武器。他很难被说服相信，这样一个时代将要来临，到那时，精致而理智的民族将使战争技艺由许多技术形式构成，公民和士兵就像男人和女人一样两相区分。他很难被说服相信，公民会占有他不能或无须防卫的财产，战士会受命为他人守护他被教导去欲求的东西，以及他有能力为自己获取的东西。简言之，他很难被说服相信，一伙没有力量进行自我防卫的人会有兴趣维护政治建制，其他拥有这种力量的人却无倾向也无兴趣来维护政治建制。

然而，这一描述暗中指向了某种立足之基，这个民族便逐级将他们的军事力量安放在这一基础上。马里厄斯就征募罗马士兵的

方式做出了主要改革，他用卑贱、贫穷者来填充他的军团，这些人依靠军饷来维持生存。他创建了一支仅仅依靠纪律和格斗技巧的军队。他教会军队用刀剑来反对国家的制度，并树立起一种行为榜样，其继承者很快接受了这种榜样并对之进行了改良。

在维持自身自由的同时，罗马人只想凭借军队侵犯其他民族的自由。他们忘记了，在招募富有钱财的士兵时，在忍受任何首领成为有纪律的军队的主人时，他们就放弃了政治权利，也忍受着一个国家主人的兴起。简而言之，这个民族的统治激情是劫掠和征服，却因为他们自己建立起来反对人类的引擎而遭到报应，走向毁灭。

文雅时代被夸大了的优雅教养(refinements)并不能免去危险。也许，它们给灾难打开了一扇门，就像它们关上的那些门一样宽，可以通行。如果它们建起了墙和堡垒，便使那些用来护卫他们的人的心灵衰竭。如果它们打造了有纪律的军队，它们便降低了整个民族的军事精神。它们给予有些地方一种对政治建制的厌恶，通过把刀剑放在这些地方，它们便为人类准备了强力的统治。

士兵和温顺公民之间的差距绝不会比在希腊和罗马中更大，这对欧洲诸民族而言是幸福的。在使用现代武器时，初学者便很容易学会、习得老兵所知道的一切。如果教导新兵是一件真正困难的事情，那么那些未因此困难而受阻滞者，那些能够发现倾向于增强、保存其国家，而非削弱、毁灭其国家之技艺者便是幸福的。

第五节　论民族的浪费

民族力量由其人民的财富、人口和品格构成。就其大部分内容而言，从粗野状态开始的进步历史细致叙述了他们为了增强实力、保障安全所维持的斗争和操习的技艺。他们进行征服，促进人口与商业的增长，他们做出文治与军事安排，他们掌握了武器制造、进攻和防御方法上的技巧，他们在私人职业与公共事务中进行任务分配。这些举措要么倾向于赋予民族力量的构成因素和战争资源，要么承诺运用这些因素与资源并带来好处。

如果我们假设，与这些好处一起，一个民族的军事品格得以保存或提升，那么，随之而来的结果就是，他们必然真正地在文明中增强实力，诸民族也绝无可能因为他们自身而走向毁灭。在国家停止进步，或实际上走向衰落的地方，我们就会怀疑，无论他们多么倾向于进步，但他们却遇到了不能超越的限制。或者，我们也会怀疑，他们不能从国家精神的怠惰和品格之柔弱中获得大部分资源与自然优势。根据这一假设，它们可能从停滞状态出现时起就已经开始堕落，并在后续的时代里，由于一种后退的运动，从而变得比刚开始停止进步时更加虚弱。在他们拥有更好的技艺和更卓越之行动的表象下，他们自己变成了野蛮人的猎物。在其成就与荣誉的巅峰时期，他们很容易阻挡和轻视野蛮人。

一个民族之储蓄的增加不能超越某个限度。无论一个民族具有什么样的自然财富，或无论其储蓄增加的限度何在，很可能，没有哪个民族曾经触摸到那些限度。或者，没有哪个民族能够推延厄运与错误行为的效果，直到其物质储备与土壤肥力耗尽，或人口数量大幅下降。相同的政策错误、风尚的弱点也阻止人们合理使用资源，制约了他们的增长或改善。

国家财富由其成员的财产构成。公众遵从惯例，为了民族目的要求每个私人贡献其财产份额。国家的真实财政收入就是那种私人财产的份额。这一财产收入不能总是与私人财产中被认为是多余的财产成正比，而是依据某些标准，与所有者认为多余的财产成正比，与他所能节余下来的财产成正比，却不会因此扭曲其生活方式，也无须延迟搁置其开销或商业计划。所以，私人开销的任何过度增长都显得是国家虚弱的序曲。甚至，当每一个政府的臣民消耗一块王侯领地时，政府在财政上就会受到限制。我们也可以举例来解释这个悖论，亦即，当成员富裕的时候，政府就是贫穷的。

因为误将金钱视为财富，我们被频繁地引导着走向错误。我们认为，一个民族不会因为在他们自己中间花费钱财造成浪费而变得贫穷。实际上，人们只会以两种方式变得贫穷：要么将他们的收入弃置不用，要么耗费掉他们的物资。在国内花费的金钱处于流通之中，没有被消耗。就像票据或筹码在许多人手之间的流转一样，在国内花费的金钱也在一些同伴之间转手，却不会倾向于使他们的财富缩水。但是，生活必需品是财富的真实组成部分。当金钱在国内流通，生活必需品却会被慵懒地消耗掉，用来增长人们资财的勤劳可能因此中止，或遭到滥用。

若不是为了任何民族目标，一个国家在四海内外维持着诸多庞大的军队，这就等于毫不必要地张开了那么多浪费公众积蓄的大嘴。它们也像是数量众多的手臂，阻碍了那些能够生产收益的技艺。众多没有获得成功的创业就是被浪费的冒险与勉力维持的损失，其大小与投入的资本成正比。赫尔维西亚人(Helvetii)为了侵入高卢的罗马行省，抛弃了他们放牧的工具，在一年里消耗了许多积蓄。企业失去了成功的机会，国家则因此走向毁灭。

在有些情况下，通过抵押其信用而非运用其资本，一些国家努力掩饰他们正在经历的冒险。在所欠债务中，这些国家发现了鼓舞其事业的临时资源。他们通过建立可转移资金的方式，似乎将以贸易为目的的资本留在臣民的手里，但实际上却是由政府花费的。他们通过这些方式执行了一些伟大的民族计划，却没有停止私人的勤劳，留待未来的世纪去部分满足那些依据将来的报酬缔结的债务契约。至今为止，此权宜之计是有效的，而且呈现为正义的样子。日益增长的负担是逐渐加上来的，如果一个民族将在未来的某个时代沉沦，每一位大臣便都希望在自己的时代仍然漂浮着。但正因为这一原因，在鲁莽且富有野心的管理者手中，如果只考虑现在的情况，想象国家永远不会枯竭，认为资本可以通过借贷付息获得，那么，此种方法虽有众多好处，但却是危险的。

据说，一个民族在一段特定时期里与古代世界竞争荣耀。主人倚仗一个伟大王国的力量，用武装反对他们，但他们摆脱了主人的统治。这个民族打破了压制他们的羁轭，并通过勤劳和民族活力，在几近一个世纪的历程中获得了一种新的可怕权力，用敬畏和焦虑冲击着欧洲此前的统治者，并将他们先前持有的贫穷徽章转化为战争和统治权的旗帜。压迫唤醒了一种精神，借助这种精神产生的巨大效果，通过对国家财富的成功追求和对快速获得未来财政收入的期待，他们实现了这一目的。但是，我们假设，这个光芒四射的国家不仅在上一节的语境中注重发展商业，而且，他们也扣押了即将来临的多个世纪的遗产。

然而，巨大的民族开支并不必然意味着这个民族将要遭受任何痛苦。当财政收入得到成功应用，实现了某种富有价值的目的，当每一次冒险的收益足以充分补偿花费（甚至更多），那么，公众将会有所收获，资源也会继续成倍增长。但是，一项开支，无论它是国内还是国外的花费，无论它是此刻的浪费，还是未来期待中的收入，只要它不能带来任何适当的回报，它将被认为是造成民族毁灭的诸多原因之一。

第六部分

论腐败和政治奴役

第一节 腐败总论

如果国家的财富，它们走向强大或毁灭的趋势仅能通过平衡，只能按照上一节的原则，即以收益和损失条款来加以评价，那么，政治中的每一条争论将有赖于国家开支与收入之间的比较，依赖于消费者的人数与生产或积聚生活必需品的人数之间的对比。勤劳者与怠惰者的队列将会包含所有的人类群体。国家自身应当具有大量行政官、政治家和武士，使之恰好足够满足防御和统治的需要。国家应该将文治和军事列表上所有的多余名字放到损失一边。有些人群通过占有财富、依赖他人的收获为生，通过精细的选择，从而要求耗费大量时间与劳动来满足他们的消费。有些人群在人类阶层序列中从事慵懒的工作。在从事法律、医生和神圣职务的人中，以及在那些有学问的人中，有些人不能用学问来提升或改善那些营利性的贸易。国家应该把所有这些人群都放到损失一边。简言之，每个人的价值都应该依据劳动来加以计算。劳动自身的价值则要据其获取或聚集生存手段的趋势来计算。只用于生产多余物的那些技艺应遭禁止，除非他们的产品可以与海外诸国交换商品，用来维持对公众有用的人。

这些似乎是卑贱者用来检测自身或国家事务状态的规则。但是，完全腐败的体系至少像完美的德性体系一样是不切实际的。

人们并非普遍地全是守财奴，他们不会满足于囤积的快乐。为了享用财富，为了能够获得变富的繁难，他们必然要忍受痛苦。在我们常见的人类事务过程中，财产受到不平等分配。所以，我们不得不忍受富人大肆挥霍，这样穷人才能维持生计。我们必须宽容某些人群，为了在其境况中获得一个野心的目标，进入一个汲汲渴慕的阶层，他们付出了高于必要水平的劳动。按照严格的经济标准，在文治、军事和政治的名单上，许多人都可以被认为是多余的。我们不仅必须接纳这些人，而且每个共同体还要接受尽可能多的成员参与其防卫与政府。因为我们是人，相比起单纯的生存，我们更偏爱占有、改良，以及我们自身的幸福。

实际上，当人们在社会中追求不同的目标，或追求各自的观点时，他们便产生了广泛的权力分配；并且通过某一类机会，获得一种政治参与的立场——它比人类智慧能够平静设计出来的东西更有利于人的天性。

与此同时，如果民族的实力由它可能依赖的人，或为了民族保存而幸运且明智地结合在一起的人构成，那么，由此可以推断，习俗像人口数量或财富一样重要，腐败则被认为是国家衰落或毁灭的主要原因。

只要在一个人的卓越行为中洞见其品质，我们就很容易根据那一标准，辨别出他的缺陷与腐败。如果一颗理智、勇敢、多情的心灵构成了其人性的完善状态，那么，在那些具体情况中，重大的失败必然以同等比例减弱或贬损其品格。

我们已经观察到，个人的幸福在于对其行为做出正确的选择。这一选择将使他在社会中失去个人利益的感受，并使其在考虑整体时，熄灭那些与作为部分之自我相关的焦虑。

人们对仁慈之自然倾向、其性情之温暖可能将其品格提升至这个幸运的顶点。他的提升在很大程度上依赖社会的形式。但是，他无须屈服于腐败之潮流，便能使他自己适应政府的多元构成。同样正直、富有活力的精神在民主国家里让一个人自己坚决拥护平等，在贵族制或君主制国家里，则使他维持已经建立起来的臣属等级。他与不同阶层的人一起在国家中受着羁绊。对这些不同阶层的人，他可以采取尊敬与公正的原则。对安全、偏好或收益的考虑难以抹除一种正义与荣誉的原则，他便会在行为选择中遵从这种正义与荣誉原则。

尽管如此，从我们对于民族堕落的抱怨中，我们仍可以看到这样一种表象：有时候，整个民族都会感染流行的头脑虚弱或内心腐败，他们因此变得不适合既有的地位，他们构成的国家无论多么繁荣，却都面临着衰败与毁灭的危险。

人的才能在有些场景中得到了幸福地开发，并得以付诸行动。民族风俗之所以恶化，很可能是由于这些场景的中断，或是因为与荣誉或幸福构成有关的流行观点的改变。如果人们假设只有财富或宫廷的恩惠才构成阶层，那么心灵就受到误导，不再考虑那些它应当依赖的品质。大度、勇敢以及对人类的爱都牺牲给了贪婪和虚荣，或被压制在一种依赖的感受之下。只有在共同体有助于个人的晋升与收益时，个人才会如此深入地思考他的共同体。他自己与同伴展开竞争。并且，由于受到竞争之激情、恐惧与忌妒之激情，以及嫉恨与恶意之激情的驱使，他遵守着注定要保存其独立存在的动物原则，并以整个种族为代价放纵其贪婪和欲望。

在这个腐败的基础上，人要么变得贪婪，惯于使用欺骗与暴力，准备着侵犯他人权利；要么变得充满奴性、唯利是图、卑贱不堪，准备着放弃他们自己。在第一幅图景中，那个人所占有的才能、能力和心灵力量会促使他更深地陷入悲惨，使残酷激情带来的创痛变得更加难以忍受。这些痛苦使他因为自己所受的折磨而对同伴实施报复。对第二个人而言，想象力和理性本身只是有助于指出恐惧或欲望的错误对象，或者增加令人失望的、即刻愉悦之对象。在任何一种情况下，无论我们假设腐败的人受到贪心的敦促，还是遭到恐惧的背叛，无须细致梳理他们因为任一倾向准备犯下的罪行，我们便可以与苏格拉底一起安全地宣称："每一个主人都应该祈求不要遇到这样一个奴隶。每个不适于自由的人都应该恳求，让他遇到一个慈悲的主人。"

当人们的腐败达到这种程度时，尽管那些知道如何将能力和劳动转化为收益的人可能把人们培养成为奴隶，尽管在适当限制下，与他为邻可能获得便利与用处，但是，他当然不适合在自由联合或与同胞保持一致的基础上行动。他的心灵没有沉溺在友谊或信心当中。他不想为了他人的保存而行动，也不值得其他任何人为了他的安全冒险。

与此同时，在最坏和最好的条件下，人类的真实品格无疑都混杂了各种倾向。为了它们的保存，被人们描绘得最美好的民族不仅要依赖成员的良好倾向，还要依赖政治制度——暴力受到这些政治制度的压制，免于犯罪，懦弱自私者则被这些政治制度塑造，为公共防御和繁荣做出他们那部分贡献。通过这些制度以及政府明智的预备措施，在不同的腐败和公共政治程度上，国家仍然能够生存,甚至繁荣。

既然我们假设,一个民族的大部分人都按照正直的原则来行动,那么,好人的榜样,甚至坏人的谨慎都呈现出一种正直无辜的总体表象。在人们彼此爱慕、信任之处,在他们普遍倾向于不去冒犯他人的地方,政府就可能会松懈,人们也会认为,每个人在被发现有罪之前都可能是清白的。这种情况下,既然臣民没有听说过罪恶,我们就无须告知他们,另一种性格的人会受到怎样的惩罚。但是,当一个民族的风俗明显变坏时,每个臣民都必须依靠自身来守卫,政府自身也要按照适当的恐惧与怀疑原则行动。这时候,个人也不应该沉溺于关于回报、独立或自由的主张,他将会转而滥用这些主张。这时候,个人不会倾向于恪守清白与义务,他必须受外在力量的教导,从恐惧的动机出发,模仿清白与义务的效果。如果我们假设,他感受不到那些促使人们践行美德的动机,那么,国家现在就要求他变得谨慎小心,因此,国家就必须向他展示皮鞭或绞架。

专制主义的法则是为腐败之人的政府制定的。在一些引人注目的场合,甚至在罗马,它们的确得到遵从。血迹斑斑的利斧终止了人们犯罪,压制了邪恶随意且临时的入侵。它频繁地委诸独裁者的专断意志。当人民变得过于腐败而不适于自由时,或当行政官变得过于腐败而不能放弃专断权力时,专制主义法则便终于在共和国的废墟上建立起来。在持续发展的腐败的终点,这类政府就自然产生了。但毫无疑问,在某些情形中,它们来得过快。僭主急于扩张权力,这类政府便将那些残留的德性作为牺牲献给了僭主的忌妒,它们原本配得上更好的命运。在这些情况中,这种统治方法必将引进那种腐败措施。人们欲望着这种腐败措施，认为它是一剂药方，可以治疗它的外在效果。当恐惧表现为义务的唯一动力，每颗心都变得贪婪或卑贱。如果施用在一个健康的身体上，这服药必定会创造出人们用它来治疗的瘟热。

为了满足他们不幸的欲望，贪婪傲慢者将会催促同胞进入这种统治方式。胆怯而具有奴性的人则会随意屈服于这种统治方式。当这些贪婪与胆怯的性格把人们分化开来时，即便是安东尼或图拉真这样富有德性的人，他们也只能公正有力地挥舞皮鞭和刀剑，或借助报偿的希望、惩罚的恐惧，着力寻求迅速且临时的解决之道，来治疗人们的罪行或愚行。

其他国家或多或少地腐败了，这从基础上就具有腐败。在这里，正义有时可能会引导专制君主的武装，但是，在最通常的情况下，正义的名字意味着统治权力的利益或贪婪。人类社会易受此种形式多元化的影响，它在这里找到了最为简单的一种。许多人的辛劳和占有注定会平息一个或一些人的激情。在人类社会，最后只剩下两个党派，一个是提出要求的压迫者，另一个是不敢拒绝的被压迫者。

有些民族获得了一个更为温和的命运，就像希腊人的情况一样，它们就被反复征服，受武力所迫沦落到这一境况下。有些民族就像罗马人那样，当他们从对世界的征服中返回，满载着腐败时，他们为了日常管理的正确性而过于大胆且频繁地放纵在派系和罪恶之中。正义的刀剑带着血污坠落，人们永远要求用它来镇压每一方不断积聚的混乱。当正义的刀剑不再能够等待依法治理产生的延迟与防备时，这些民族就因为自身堕落的成熟而进入这种腐败的境地。

然而，我们常常自人类史册中听闻，这种腐败或任何其他程度的腐败并不专属于衰落中的民族，它不是显著繁荣的结果，也并非因为商业技艺取得重大进步而产生的结果。的确，在小规模且刚刚产生的建制中，社会纽带通常颇为强壮。其臣民要么热情地献身于他们自己的部落，要么对敌人怀有强烈的憎恶。借助建立在两者之上的活跃勇气，他们能够很好地督促或维持正在成长的共同体的财富。但是，尽管如此，在所有民族中，未开化的野蛮人也是柔弱、胆怯品格的例证。[①] 在处理野蛮民族时，我们已经描述过某些类型的腐败。在更多情形中，他们便掉进了这种腐败。他们把劫掠当作职业，而不仅仅把它当成一种战争，或认为它是使共同体变得富有的手段。在财产中，他们学会去偏爱一些东西胜过情感或血缘纽带。他们以劫掠为职业，就是为了占有这些东西。

在诸商业技艺最为原始的状态中，对财富和统治的激情已经展现出了压迫和奴役的景象。傲慢者、怯懦者和唯利是图者希望获取财富，恐惧失去财富。以此为基础，他们陷入一种彻底的腐败境地。然而，他们最彻底的腐败也不能超越上述压迫与奴役。在这些情况下，人们的邪恶没有受到形式的约束，对政策亦无敬畏。它们便引发大规模骚乱，并产生了完全的效果。党派因此依据匪帮的原则联合或分开。他们把人性中最温柔的爱慕之情祭献给利益。父母甚至出卖自己的孩子，来供应奴隶市场。木屋不再是柔弱和不受保护的陌生人的避难所。殷勤好客的礼仪在许多国家的

① 大体而言，西伯利亚的野蛮民族是充满奴性且胆怯的。

初级阶段是神圣的，却像一切其他的人道纽带一样遭到违反，不会引起人们的畏惧与悔恨。[①]

有些民族在其历史的晚近阶段，因为文治智慧和正义而闻名于世。或许，它们在前一个世纪里还具有不守法纪的混乱。这一描述可能部分适用于这些民族。他们借以实现民族繁荣的政策被认为是针对粗暴滥用的药方。秩序的建立可以追溯至强奸和谋杀的罪行。义愤和私人复仇是国家据以驱除僭主、实现人类解放，以及完整地解释政治权利的原则。

政府和法律的缺点在某些场合可能被认为是无辜和德性的征兆。但是，在权力已经得到确立之处，在强者不愿意受到约束，或弱者找不到保护之处，法律的缺陷便是最彻底腐败的标志。

在粗野的民族之中，政府常常是有缺陷的。这既是因为人们尚不熟悉文雅民族所具有的那些罪恶（诸文雅民族努力为这些罪恶寻找一副药方），还因为在那些最恶名昭著的邪恶长久袭扰社会和平的地方，他们不能够施行救治。在文明的进步中，新的瘟热爆发了，新的药方施用了。但是，药方并非总是施用于刚刚出现瘟热的时刻。尽管法律因为犯罪得以呈现，它们却并非当前腐败的征兆，而是这样一种欲望的征兆：人们力求找到一副药方，它或许能够治疗某种长期折磨国家的顽疾。

然而，在有些腐败之下，人们仍具有活力以及纠正腐败之决心。这类腐败就是与猛烈且勇敢的精神冲突相伴而生的暴力和愤怒。有时候，一些战争发生在文治和商业进步之黎明到来以前，上

① 夏尔丁（Chardin）穿越明格里利亚（Mingrelia）进入波斯的游记。

述猛烈而勇敢的精神冲突就活跃在这些战争中。在这些情况中，人们自己受误导的冲动、超卓的心灵力量是一些邪恶发生的主要原因，人们也频繁发现一种治疗这些邪恶的药方。但是，如果我们假设将一种堕落的倾向与柔弱的精神相结合；如果将一种对财富的崇拜、欲望与对危险或职业的反感相结合；如果公众要求其勇气的阶层不再勇敢；如果社会成员普遍没有那些要求用来填充平等或荣誉地位的个人品质（这些品质由国家形式授予）：那么，他们将深深沉沦，他们无力摆脱这一深渊。与其堕落倾向相比，这种无能甚至会在更大程度上阻止他们重新站起来。

第二节　论奢侈

关于如何运用“奢侈”这一词语，或其含义在何种程度上与民族繁荣相一致、与自然的道德正直一致，我们还远未达成共识。它被用来标志一种我们认为对文明，甚至对幸福都必不可少的生活方式。在我们文雅时代的颂词中，它是诸技艺的父母，是对商业的支柱，是民族伟大与民族富裕的功臣。在我们对堕落风尚的批判中，它是腐败之源，是民族衰退和毁灭的预兆。它受到崇拜，受到斥责。它被当作修饰性的和有用的加以对待，它被当作一种邪恶加以排斥。

尽管我们做出了多种多样的判断，但是，当我们用这个词来强调人类为生活之舒适与便利设计的那些繁复的设备时，我们持有普遍一致的观点。他们的建筑、家具、装备马车、服饰、成队的家仆、桌上的珍馐，它们都是用来取悦我们的想象而非满足真实需要的组合，它们都只是装饰，却没有什么用处。

所以，在奢侈这一称谓下，我们倾向于将这些事物的享受归为诸恶一类。我们要么默默地指向那些耽于声色、道德败坏、挥霍无度、虚荣傲慢的习惯，它们时常因为对大额财富的占有产生。我们要么认为，生活必需品具有一定的限度，我们假设，超过这个限度的所有享受都是过度的和邪恶的。与之相反，当奢侈被当作民族荣光和幸福时，我们便只认为，它不过是财富不平等分配产生的无辜结果，是不同阶层相互依赖、彼此有用的方法。穷人要求练习技艺，富人则给予补偿。通过那些看似浪费其积蓄的东西，公众自身则成为一个收获者，它从不断增长的欲望和精致品位之影响中获得了不断增长的财富。欲望和品位都威胁着消费和毁灭。

当然，我们必然要么在发展商业技艺的同时，忍受其果实被人享用，甚至在一定程度上受人崇拜；要么像斯巴达人一样，当我们害怕其结果时，或它产生的便利超过了自然的需要时，就禁止这些技艺本身。

我们可能计划在技艺发展的任何阶段阻止其进步，并引发那些尚未发展到如此程度的人对奢侈的批评。在斯巴达，房屋建造师和木匠仅限于使用斧头和锯子，但是一个斯巴达木屋在色雷斯却被误认为是一座宫殿。如果争论转向这样一种知识，即为了保存人类的生理生命，什么是必不可少的，那么，正如什么是道德合法的标准一般，生理与道德官能很可能在这个主题上分裂，就像现在这样，让每个人去为自己寻找某种法则。决疑论者在大部分情况下将自身时代的行为和条件当作人类的标准。如果在一个时代或一种条件下，他谴责使用马车，在另一种场合他也会同样激烈地对穿鞋提出批评。如果在其自身时代以前的那些世纪里，马车与穿鞋都尚未被人们熟悉，那么大声反对第一项的同一个人很可能不会放过第二项。降生于一座木屋中、习惯于睡在秸秆上的审查者不会认为，人们应该返回森林和岩穴以躲避风雨。他承认那些已经为人熟悉的事物的合理性和用途，并认为，只有在正在成长的一代人中，只有在他们最新的精致优雅中，我们才能发现过度和

腐败。

欧洲的牧师已经成功地批驳了所有新时尚和服饰上的每一处创新。年轻人的时尚是老年人批评的对象。反之，上世纪的时尚却备受轻薄、年青一代的奚落。对此，我们能够做出的最好解释就是：老年人倾向于严厉苛刻，年轻人则倾向于愉快。

人们反对许多生活便利品，并仅仅依据如下考虑就提出论证：这些生活便利品并非必不可少。它在一个野蛮人和道德学家的嘴里同样合适，前者受到劝阻拒绝使用工艺品，后者则坚持认为它不过是一种虚荣。他可能会说："我们的祖先在岩石下找到了他们的居住地，他们在森林中采集食物。他们靠泉水解渴，用捕获的野兽皮毛为衣服。我们为何要沉湎在错误的精美之中呢？我们父辈的弓矢已经对我们的胳膊而言过于有力，野兽也开始在林中称王。"

所以，道德学家可能已经找到了在每个时代备受指责的主题，他如此倾向于根据这些主题来控告他自己所在时代的风尚。在试图用外在环境来定义道德品格时，我们经历了普遍的困惑，因为这些外在环境可能会也可能不会带来心灵与内心的错误。或许，我们在此主题上感觉到的难堪不过是这种普遍困惑的一部分罢了。一个人认为穿着亚麻布是罪恶的，另一人却不会，除非其质地精细。同时，一个人可以穿着手工的服装，无论粗糙还是精美。他可以睡在野地里，也可以栖身于宫殿之中。他可以踩踏着地毯，或赤脚走在地上。如果这些都是真实的，那么，无论其心灵维持着还是丧失了洞察力与活力，无论他的内心维持着还是丧失了对人类的爱，在这样的任何一种环境下，去寻求德性与邪恶之区别都将一无所获。或者，在这样的任何一种环境下，仅仅因其装备任何部分，因为他穿着皮毛，我们就指责一个文雅公民柔弱不堪，这也毫无意义。或许，在他之前，某个野蛮人就已经这么穿过了。我们不能根据任何特定形式的穿着来分辨虚荣与否。印第安人用羽毛、贝壳、部分染色的皮毛组成梦幻般的搭配，他在镜前和梳洗上花费许多时间，他在做这些事情的时候，虚荣就流露出来。虚荣在森林和城镇中的规划是一样的。在森林当中，虚荣用面容彩绘，用人为染黑的牙齿来寻求尊崇。在城镇中，虚荣则用镀金的马车和华贵的装束来招引崇拜。

在文雅民族的进步中，它们常常在节制和风尚之严厉上超越粗野民族。修昔底德说："希腊人在不久前还像野蛮人一样，戴着闪光的头饰，和平时期还携带武器外出。"这一民族衣着之简朴成了礼貌的标志，身上装饰和穿着的材料对任何民族可能都少有影响。我们必须在心灵品质而非其食物种类或衣着时尚中寻找人的品格。现在，有些东西是朴素而严肃的装饰，能够带来真正的便利。然而，它们一度代表了年轻人的纨绔习气，被认为是为了讨好柔弱的女人气才被设计制作出来的。的确，新的时尚常常是花花公子的标志。但是，我们经常改变时尚，却没有提高我们虚荣或愚蠢的程度。

所以，在每个时代，对严肃的理解都是同样缺乏基础和不理性的吗？在谋生方式和生活便利品的改良上，我们从未担心犯下任何错误吗？事实是，不仅在他们习惯了较高的住宿条件或特定事物种类的地方，而且在他们普遍偏爱这些目标胜过朋友、国家和人类的一切地方，人们永远会在这一方面犯下错误。凡是在他们崇拜微小的差别或微弱优势的地方，凡是他们从细小的不便中退缩回来的地方，以及在他们不能有力执行义务的地方，他们都犯下了这些错误。就这一主题而言，我们不用道德将人限定在任何特定种类的住处、食物或衣服上，而是阻止他们把这些便利认为是人类生活的主要目标。如果我们问：为了让一个人自己能够完全献身于更高的生活追求，那么对琐屑便利的追求应当在何处停止呢？我们可以回答：它将在其所在之处停止。这正是斯巴达人遵守的法则。这一法则的目标是让人的内心完全为了公众，让人专心打磨自身的天性，而非忙于获取财富和外在的便利品。然而，我们不能期待，斧头和刀锯会比刨子和凿子带来更大的政治进步。当加图走在罗马街道上时，他既没穿长袍也没穿鞋子。他之所以这么做，最大的可能是他轻蔑国人如此热衷于崇拜的华服，而不是为了在一种穿着上找到德性，在另一种穿着中找到邪恶。

所以，如果我们认为，奢侈是支持虚荣对象的偏好，以及耗费巨大的享乐材料，那么，对人类品格而言，它会带来毁灭性的伤害。如果我们认为，奢侈只不过使用了时代能够产生的居所与便利品，那么，它就依赖于机械技艺产生的进步，依赖财富不平等分配的程度，却不怎么依赖具体的人们对邪恶或德性之倾向。

然而，不同的奢侈手段以各种各样的方式适用于不同的政府构成。技艺的进步假定了财富的不平等分配，它们带来的区分方式使阶层分化更容易被感知。据此论述，奢侈与其道德效果是分离的，与民主的政府形式相悖。在一切社会状态中，它都可以在一定程度上安全地获得承认。只有在那种程度的奢侈中，假设属于不平等阶层的共同体成员才能通过常规的臣属构成公共秩序。在君主政体和混合政体中，较高程度的奢侈显得有益，甚至是必要的。在那里，它除了能鼓励各种技艺和商业，还能为等级和制度尊严赋予荣光，而它们在政治体系中占有重要地位。尤其在享有高度精致、富裕生活的世纪，奢侈是否会导致放纵呢？我们将在下一节考察这个问题。

第三节　论与文雅民族有关的腐败

奢侈和腐败频频相伴相生，甚至常常被误以为是同义词。但是为了避免词语上的混淆，首先，我们需要理解财富的积累，以及享用财富的方式之改良。它们是勤劳的目标，或机械与商业技艺的成果。其次，我们能够理解人类品格的真实缺陷或腐败。这些缺陷与腐败可能与那些技艺的所有状态相伴，我们也可以在一切外在环境和条件下找到它们。我们通常会假设，在奢侈手段和某些特定优势上，文雅民族要更胜一筹。当他们获得了一定程度的奢侈，并拥有这些特定优势时，文雅民族会滋长哪些腐败呢？这个问题仍然有待研究。

在文明与粗野之两极，为了获得满足，我们不需要求助于一切民族风俗之间的相似性：人的邪恶与其财富不成比例，或其贪婪、淫荡之习惯不以任何程度的财富或某种决定性的享受为基础。在有些地方，人们的具体处境因其个人地位而有差异，恰似它们能因国家改良的状况而有不同一样。在这些地方，同一种追逐利益或快乐的激情在每一种条件下流行开来。它们从人的性情中产生，或从已经获取的一种对财产的崇拜中产生，而非源自某种特定的党派参与的生活方式，亦非源自任何占据其关心与期望的财产类型。

至少,节制与适度同等频繁地存在于那些我们所谓的上等人与下等人中间。并且,就其表象而言,一切年龄、一切阶层的人们都对某种廉价饮食与居所感到满意。然而,无论我们怎样只将清醒的性格与这种廉价饮食和其他廉价居所结合起来,众所周知的是,花费高昂的材料并不必然导致堕落,茅草屋顶下产生的放荡也并不比巍峨的屋顶更少。宫殿和洞穴中的人们变得对不同的环境同样熟悉,获得同样的愉悦,并同等地受声色的诱惑。他们获得的习惯要么是放纵的,要么是怠惰的。这依赖于其他追求的缓和,以及心灵对其他活动的厌弃。如果内心的爱慕之情被唤醒,如果爱情、崇拜或愤怒的激情被点燃,那么,宫殿中的昂贵家具就和小木屋的家常环境一起被忽视了。在精神振奋时,人们拒绝休息,当精神倦怠时,他们便躺在锦绣的床榻或稻草铺成的躺椅上,尽情拥抱休息。

然而,我们并没有因此得出如下结论:有一种奢侈与一些外在环境彼此共生,所有这些环境要么支持了它的增长,要么是在文明社会的安排中由奢侈产生的结果,这样的奢侈不会对民族风俗产生不利的影响。公共危险和烦扰的缓解为商业技艺提供了闲暇,如果这种缓解继续维持,或发展成为一种对民族努力的误用;如果那些个人没被要求与国家联合起来,却被留下来追求私人的利益:我们就会发现他变得女里女气、唯利是图、多愁善感。这不是因为快乐和利益变得更具诱惑力,而是因为他较少受到召唤去关心其他目标,是因为他得到更大的鼓励去研究自己的个人优势,追逐其特殊的利益。

就我们对奢侈享受的追求而言,阶层和财富差异是必要的,它引入了优先和尊敬的错误基础。仅仅基于贫富之考量，在他们自己的理解中，一群人受到景仰，另一群人则受轻鄙；一方可耻地傲慢，另一方则卑贱地沮丧。僭主认为诸民族是为他们自己打造的，如果每一个阶层在其位置上都像是僭主，倾向于对人类权利做出假设，认为根据比较，地位更高的人群最少受到腐败侵蚀，或者因为接受教育，他们拥有最好的素质来保存一种人身高贵的感受，但实际上，一个群体变得唯利是图、充满奴性，另一群体则变得飞扬跋扈、目中无人，双方都无视正义与仁慈。如果出现了上述诸种情况，那么，整个大众都是腐败的，一个社会的风俗就会恶化。社会成员在多大程度上不再遵守平等、独立和自由原则来行动，这个社会的风俗就在相应的比例上恶化了。

如果一个共和制的习惯转变为一个君主国的习惯，对平等的热爱转向建立在出身、头衔和财富之上的臣属，那么，根据这一观点，考虑到抽象的人的价值，单单论及这种转变，对人类而言，它就是一种腐败类型。但是，这种程度的腐败仍然与某些民族的安全和繁荣一致。它承认一种有活力的勇气，个人和王国的权利可以因此得到长久保存。

在君主制形式下，其活力和财富优势是不同阶层据以区分的标志。但是，还有另外一些因素在起作用。如果没有这些因素，财富就不被承认为优越地位之基础。如果支持这些因素，财富就受人轻视，被人挥霍一空。这些因素就是出身和头衔、勇敢的声誉、宫廷礼仪，以及某种心灵的高尚。如果我们假设，这些区分遭到了遗忘，贵族自己要获得声名，也只能借助豪华的随从与一掷千金的花费，这些随从只有金钱方能招致身边，这些花费只有靠新近获取的财富才能维持得最好，那么，奢侈就会像败坏共和国一样败坏君主国，并对风俗造成致命的伤害，使之走向瓦解。在这种风俗之下，尽管一切条件下的人都迫切地想要获得或展示财富，他们却没有留存一丝一毫的雄心。他们既没有贵族的高尚，也没有臣民的幸福。他们将为个人勇气制定法则的荣誉感转变成为女里女气的虚荣，把让所有人安守本分、服从上级，让全体服从君王的忠诚转变为奴性的卑贱。

当商业技艺获得了巨大的进步，提供无数物品用于人身装饰、家具、娱乐或车马上时，当这些只有富人才能获取的物品备受崇拜时，当思虑之多寡、地位之优越、阶层之分化也相应地依赖于财富时，诸民族便最容易因此受到腐败。

在诸技艺更为粗野的状态中，尽管财富被不平等地分配，富人也只能聚集起一些简单的生存资料。他们只能填满谷仓，布置好货架，从更加宽广的原野上收获，并驱赶着畜群越过更大的草场。为了享有其雄壮恢宏的气势，他们必须成群地居住。许多朋友会在争吵中拥护他们，为了保障其财产的安全，他们就必须把这些朋友聚拢起来。他们的荣誉和安全由追随他们的众多人口构成。其身份区别源自慷慨大度，以及假设的心灵高尚。以这种方式，对财富的占有只是有助于所有者表现出一种大度的品质，有助于让他成为众人的护卫者，或尊敬与爱慕的公共对象。但是，当构成财富和乡村式华美的笨重成分可以用来交换精致的改良品时，当土壤的出产物可转变为马车或单纯的装饰时，当个人安全不再需要把许多人联合起来时，主人便可能成为其财产的唯一消费者。他可以让每样东西都适合他使用，他可能用丰富的物资来满足个人的虚荣心，或者沉溺于病态的、女性化的幻想中。这一幻想便学会了在生活必需品中列出柔弱和愚昧的装饰。

据说，当波斯总督看到，在他们会晤的地方，斯巴达国王和他的士兵一起舒展身体躺在草地上，他便因为他给自己人提供的住宿感到脸红。他命人撤去皮毛和地毯。在斯巴达国王面前，他自愧弗如。他也想起，他是在接待一个人，而不是举办一场盛大的昂贵服饰与华贵气度的表演，并就此与斯巴达展开竞赛。

在那些不能够为人的德行和才能提供审判的环境中，当我们习惯了有钱人从随从中获得的高人一等的气氛，我们便倾向于丧失每一种源自功劳甚至能力的尊贵感受。我们通过他们有能力制造的塑像，通过他们的建筑、服饰、车马和成群结队的随从来评出公民的等级。所有这些环境构成了我们对何谓卓越的部分评估。如果人们认为，在其财富中间，主人自己也变得光彩夺目起来，我们就会向其社会地位献上尊敬与崇拜，并怀着一颗嫉妒的、奴性或堕落的心灵，仰望着他的财富。就其自身而言，那些东西便很少适合用来逗乐儿童。尽管如此，当人们把它当作彰显尊贵地位的徽章佩戴时，它激起了我们所谓的大人物们的雄心，并赢得了大众的敬畏与尊敬。

我们凭借一些商业技艺的产品来评价整个民族，并且认为，当我们夸耀其财产、服饰和宫殿之时，我们是在谈论人。我们使用伟大、高贵、上等阶层、上等生活这些词语时，它们的意义表明，在这些情景中，我们已经将完美的观念由一种品格转向了装备。在我们的评价中，卓越自身只不过是用巨额花费、由许多工人的劳动装饰出来的盛景罢了。

对那些忽视想象之隐微转化的人来说，既然财富只能提供生存手段、购买动物性的快乐，那么，就其表象而言，贪婪和腐败本身应该与我们对匮乏的恐惧保持同步，或者与我们对感官享受的欲求保持同步。在欲求得以满足的地方，对匮乏的惧怕也就消失了，心灵在财富这一主题上将是自在安逸的。但是，它们不只是财富可以获得的快乐，亦非覆盖富人桌面的佳肴选择。这些对佳肴的选择点燃了贪婪和唯利是图的激情。自然很容易在其所有的享受中得到满足。它是一种与财富联系在一起的出众的意见。它是一种与贫穷相伴的卑贱的感觉。贫穷让我们除了富人的优势便看不到任何别的好处，除了穷人的屈辱便感觉不到任何别的不光彩。正是这种不幸的理解让我们有时准备抛弃每一项责任，准备屈服于每一项无礼的举动，并准备犯下每一项能够安全完成的罪行。

奥伦格札比（Aurengzebe）享有盛名。人们认为，在其私人地位中，以及在一种假设的喜怒不形于色的行为中，他都保持着冷静审慎。他渴望凭借其地位和这种敛藏其思想与情感的行为获得君主权力。甚至，在他登上印度斯坦王座后，他因冷静审慎享有的盛名并未有丝毫减少。其饮食及其他娱乐是简朴、节制、严格的。他仍然过着一种隐士的生活，并将其时间痛苦地运用在伟大帝国之事务上。[①] 他放弃了一种地位，在这种地位中，如果快乐是其目标，他便可以毫无节制地沉湎于感官享受之中。他进入了一种忧虑和关切的场景，他志在对帝国财富的占有中登上人类伟大的顶峰，而非满足于动物性的激情或舒适的享受。他超越了感官的快

① 格米利·卡瑟里。

乐以及自然的感情。他推翻了父亲的王位，谋杀了兄弟。这样，他就可以推走用钻石和珍珠覆盖的车厢。在征途中，他的大象、骆驼和战马便可形成一条绵延数里格的长线，华丽的马具在太阳下闪闪发光。它们驮着珍宝，走向一副由卑贱的崇拜人群和可怕的国王构成的景象。当国王出现的时候，人们便以头磕地，被其威仪和自身的卑贱压垮。

因为这些目标煽动了统治欲，激发了人们的野心，让人们渴慕成为同伴的主人，奉此为人生目的，所以，它们就给普通人灌输了一种柔弱和卑贱的感觉，使他们准备忍受屈辱，成为他人的财产。他们认为这些人属于一个高于自己的阶层，具有优越于他们自己的天性。

相应地，因为与权力相伴的盛况以及对刀剑和军事惩罚的恐惧，永久奴役的锁链似乎在东方铆接起来。在西方也像在东方一样，我们会向华丽的装束折腰，并在远离壮丽的皇家庄园之处站立。对于那些喜爱富贵与荣耀、厌弃贫穷和怠慢的人，我们也可能因为他们皱眉而恐慌，因为他们的微笑而受宠若惊。由于我们崇拜与财富相伴的盛况，我们也可能忽视人类灵魂的荣誉。那些从他们自己的技艺、发明才能中取得腐败和虚弱的人，那些继承了祖先的奴性、天性软弱的人，以及那些因土地和气候而日渐衰弱的人，以黄金为轭具的大象队伍便令他们目眩，沦落为奴。

就其表象而言，若只是使用构成奢侈的材料，这可能不同于真实的邪恶。尽管如此，但他们承认，不受高尚人格与德性支持的财富是区分地位的稳固基础。他们也将注意力转向利益方面，以之作为获得关注与荣誉的道路。所以，在商业技艺高度发达的状态下，各民族就暴露在腐败之中。

奢侈产生了这种影响，通过在民主国家引进君主政体式的臣服，却未引入那种高贵血统与等级荣誉的感受，奢侈就可能对民主国家造成腐败。那种身份和荣誉感使阶层界限固定下来，也使之具有决定性，它教导人们在其地位中有力且合宜地行动。奢侈吸引人们仅仅尊重财富，在个人品质或家族荣誉上投以荫翳，以及让各阶层都受到感染，变得平等地追逐金钱，具有奴性，变得懦弱。通过奢侈产生的这些影响，我们就可以证明，甚至在君主制政府中，奢侈也造成了政治腐败的场景。

第四节　论与文雅民族有关的腐败(续)

随着商业技艺的进步,人们表现得越来越关注研究他们的收益,或怎样令其愉悦变得精致。人们勤劳、习惯于从事不能赢得荣誉的乏味工作。这些现象或许被认为是越发关心利益、在追求舒适和便利的享受中变得女里女气的标志。甚至,个人受到教导,接连使用不同的技艺来增加财富。事实上,这些技艺是对其私人职业的一种添附,是一种源自公众的新的心灵嗜好。

然而,腐败并非仅仅从商业技艺的滥用中产生,它要求政治环境的帮助。有些环境让人们能够安全地沉湎于任何他们已经获得的低贱倾向。许多目标占领了卑鄙、唯利是图的精神,若无这些环境的帮助,腐败就不能从这种精神中产生。

神意让人们适合从事更高等的工作任务。有时候,人们不得不去执行这些任务。正是在这些工作任务中,他们最有可能获得或保存他们的德性。有活力的心灵习惯于克服困难,而非和平状态下安静的享受。洞见和智慧是经验的果实,而非怠惰与闲暇的教训。热情与大度的心灵品质在全心投入的场景里,在行动中产生并获得活力,它们并非反思或知识的馈赠。尽管民族和政治努力的间歇有时被错误地当作公共福利,却没有其他错误更有可能培植邪恶、煽动虚弱者和利益相关人员的弱点。

如果政策的普通技艺，或对具有公共本性诸目标日益增长的冷漠流行起来，并在任何自由宪制下终止了党派的冲突，使与自由行为相伴的异见的吵闹变得静默，我们便可以冒险预言民族风俗的腐败以及民族精神的怠惰。当公众的一方没有保留任何工作任务，私人利益和动物性愉悦成为首要关心的目标时，这样的时期来临了。就舒适或骚扰的主题而言，人们已经将他们所谓的灵敏度和精美度推进到真实的柔弱或愚昧能够达到的最大程度。当人们从伟大事件的压力中解放出来，将其注意力投放在琐屑的事情之上时，为了增强人们假装的需求，为了积聚起病态幻想和衰弱心灵的焦虑，人们就诉诸情感。

在这种情况下，人类普遍都在以礼貌之名谄媚自身的低能。他们被说服了，认同此前几个世纪为人赞赏的热情、大度和坚忍接近疯狂。在那时候，人们缺乏手段，不能享受他们的舒适和愉悦。他们被说服认为，热情、大度和坚忍只不过是必须对这些人的影响。他们向自己道贺，因为成就这些德性的行动费力艰难，他们则逃离了需要运用这些德性的风暴。他们拥有一种虚荣，这种虚荣在最卑贱的境况中与人类相伴。因为这种虚荣，他们将一种充满爱意、倦怠、愚昧的场景吹嘘为人类幸福的标准，认为它提供了最适合理性自然的行为。

人们的心灵在对功劳的识别中变得困惑，精神在行为中变得同样衰弱，心灵在目标选择中受到误导，这些是一个时代倾向于堕落的危险征兆。人们假设，智慧的一个构成因素是只去关心财富。如果有人从公共事务中撤退、对人类具有真正的冷漠，那他就会被认为节制有德，从而获得喝彩称赞。

巨大的坚忍以及心灵的高尚并非总是用来获取富有价值的目的，但它们总是令人尊敬的。当我们为人类的福利行动时，在任何更加艰苦的生活状态下，它们也总是必要的。所以，我们谴责它们的误用，我们应该注意轻视它们的价值。一个严肃的道德教条主义者并未足够充分地注意到这一警告。他们也未通过运用讽刺反对人类灵魂品格中有抱负且突出的东西，及时地关注到他们谄媚的腐败。

我们可以期待，在一种没有希望的堕落中[①]，德摩斯梯尼和图利的天赋，甚至一个马其顿人混乱的大度，或一个迦太基领袖无谓的事业都可能逃脱了作家尖刻的讽刺。这个作家的观念中有如此多有待更正的目标，并在很高的程度上占有了雄辩的技艺：

I, demens, et saevos per Alpes,
Ut pueris placeas, etdeclamation fias.[②]

这个诗人对一个首领的人身与行为做出了苛刻的批评，这两行诗句就是批评的一部分。在讥讽所指向的每一种服务中，这个领袖用其勇气和行为很好地保卫了国家，使之免于最终的崩溃和毁灭。

众人皆同意，英雄们大同小异，
从马其顿的疯子到瑞典人。

---

① 尤维纳尔，第10首讽刺诗。

② “去吧，你这个疯子，掠过多风的阿尔卑斯山，去令学童的快乐，成为演讲者的对象吧。”尤维纳尔，第10首讽刺诗。

在这一联句中，另一个才华横溢的诗人努力贬低一个名字。我们发现，在他的读者中，很少有人仰慕这个名字。

如果人们必须犯错，他们便需要在这个错误和德性之间进行选择。尽管有时候，野心、对个人显赫地位的爱以及对声名的欲望会让人犯罪，但却总是使人们参与那些需要得到最伟大灵魂品质支持的追求。人们要依靠一些品质才能获得心灵之崇高。如果人们的主要目标是追求显赫地位，那么，人们至少就有可能研究那些品质。但是，当公共危险解除时，以及当轻视荣耀就被认为是一项智慧条款，受到人们推荐时，在对民族目标普遍冷漠的情况下，文雅或商业国家的成员就暴露在卑鄙习惯与图利习性中。诸共同体从一些原则中获得了自我保存与实力的希望。我们必然可以立即证明，这些卑鄙习惯与图利习性最有效地压制了自由情感，最致命地颠覆了那些共同体据以获得希望的原则。

无论在退隐之时，还是在公共生活当中，拥有幸福和独立都是高贵的。幸福的特征就是在每一种情况下都宣判自己无罪，无论在宫中还是在乡间，无论在元老院里还是在私人的退隐庐中。但是，如果他们对任何特殊的地位产生了影响，那么他们的行为的确将会被认为具有最广泛的用处。所以，我们认为单纯的退隐是节制和德性的征兆。要么，我们的这种思虑是那个体系的残余：在那个体系之下，上个世纪的僧侣和隐士被正式宣布为圣徒。要么，它源自一种与道德腐败显得同样令人忧虑的思考习惯，源自我们将公共生活当作仅仅满足虚荣、贪婪和野心场景的思虑，这种思虑从不认为公共生活为头脑和心灵的正义、幸福行为提供了最好的机会。

竞赛和对权力的渴望是公共行为令人遗憾的动力。但是，如果在任何情况下，它们都是人们为国家效力的主要动机，那么其流行或力量的缩减就是民族风尚真实的腐败。由较高阶层承担的徒有其表的节制在国家中具有致命的效果。没有对公众不计利益的爱这一原则，有些政府宪制就不能得以维持。但是，当我们考虑到这极少表现为一种主导性激情，在任何情况下，我们都没有理由将民族的繁荣与保存归咎于它的影响。

也许，在一种政府形式下，人们应当热衷于实现他们的独立，他们应该准备反对篡权，击退人身的侮辱，做到这些就够了。在另一种政府形式下，人们应当顽固地守护其阶层和荣誉，而非对公务怀揣热忱，对自身相关的各项权利心怀嫉妒，这就足够了。当数量众多的人保留了一定程度的高尚和坚毅，他们便有资格相互制约，他们犯下许多错误，能够在不同的政府制度为其成员准备的多样环境中行动。但是，在虚弱精神的诸种缺陷中，无论得到怎样的引导，不论信息如何灵通，也没有什么民族宪制是安全的。一个国家所能实现的任何程度的扩张也不能确保其政治事务的安全。

在有些国家里，财产、差别、快乐成为想象的习惯和激情的动机。在这些国家，因为竞争与嫉妒，诸党派彼此反对与限制。在这些国家，为了保存其政治生活，公众似乎依赖各党派的竞争与嫉妒的程度。公民在胸中怀有对偏好和利益的欲望。这些欲望是刺激他参与公共事务的动机，也是引导其政治行为的考虑。所以，很可能在这样的任何一种情况下，对野心、党派仇恨、公共嫉妒的压制都不是改革，而是虚弱的征兆，是更卑鄙的追求、更具毁灭性之娱乐的序曲。

在这一风俗革命的前夜,在所有混合制或君主制政府之中,更高等的阶层便需要照顾他们自己。职业工人、制造业匠人居于较低贱的生活地位,需要借助一些习惯才能安定下来,才能享受中等的生活。由于某种必然性,他们获得了这些习惯,从而维持着他们的职业,并且获得了安全。但是,如果更高等的人群放弃了国家,如果他们不再具有勇敢和高尚的心灵,不再使用那些用在防御和政府中的才能,他们实际上便由看似优越的地位变成了社会的垃圾,他们一度也不过是社会的装饰而已。他们也从最受人尊敬、最幸福的成员变成了最不幸与腐败最深的人。在他们对这一条件的批评中,当所有富有男子气概的职业都不复存在,他们感受到了一种他们无法解释的不满足和倦怠:他们享有显而易见的享受,可仍然在痛苦地渴求,或者,由于不同追求和娱乐的多种多样及反复无常,他们展示了一种焦虑。这种焦虑就像疾病的烦扰一样不是享受或娱乐的证明,而是煎熬和痛苦的证明。对其建筑、装备和饭桌的关心由一人选择,文学上的娱乐或某些毫无价值的研究则由另一人加以选择。国家的运动、城镇的消遣、赌桌[①]、狗、马和酒被用来填充倦怠且无益之人生。他们谈论人类之追求,恰似所有困难只在找到某件要做的事情。他们选定某个无足轻重的职业,似乎并无什么值得去做的事情。他们将那些有利于同胞的事情视为自己的缺点。他们从所有我们需要或受吸引去为国家效力的场景中剥离出来。在怜悯穷人时,我们误用了恻隐之心,它可以更为正当

① 在各自的尊严和清白方面,这些不同的职业彼此相异。但是,它们任何一个都并非用来维持国家飘摇财富的学校。他们平等地都是相较于人类应当主要追求的东西和人类善好的业余爱好。

地应用于富人身上。每一个腐败国家的成员因为他们的邪恶与柔弱的趋势，急切地将他们自己吞噬，使之成为不幸的贱民。富人则成为这些贱民最早的受害者。

在这种条件下，肉欲发明了一切对快乐的改良，并且设计出那些对已饱足之欲求的刺激。这些欲求繁育了放荡时代的腐败。在粗野时代，粗野欲求和单纯堕落的效果也许比它们在商业和奢侈时期更加恶名昭著，更加暴烈。但是，相比起它们对懒惰或快乐享受的影响，那些永远追寻动物性快乐的习惯并不会对灵魂德性造成更加致命的伤害。在那些令人发腻的欲望之满足中，以及在动物构造的毁坏中，我们都找不到这种动物性快乐。对我们的私人幸福的希望而言，它是一种失望。与之相比，它并非确然是逃避公共事务的消遣，或民族腐败更为确切的序曲。

在这些反思中，我们的目标不是确定，在任何一个获得了显赫地位或走向衰落的民族中，腐败以何种确切方法产生。我们的目标是要描述精神怠惰、灵魂虚弱、民族衰弱状态，很可能，这种状态最终会走向政治奴役。我们仍然认为，政治奴役这一邪恶是审慎最后需要处理的对象。在此之外，在各民族正在凋萎的财富中，我们就找不到什么主题值得专门论述了。

第五节　论趋向政治奴役的腐败

在某种意义上，就其表象而言，自由是一份只属于文雅民族的财产。原始人拥有人身自由，因为他们不受限制地生活，并与部落成员平等地一起行动。由于同一环境的持续，或是因为他拥有勇气和刀剑，野蛮人常常是独立的。但是，只有好的政策能够提供常规的正义管理，或在国家中形成准备随时保卫成员权利的力量。

我们发现，除一些个别情况外，商业和政治技艺一起进步。在现代欧洲，这些技艺彼此缠绕，以至于我们不能决定何者在时间序列上占先。或者，它们彼此作用与反作用，这些技艺也从这种相互影响中获得了最大的利益。我们注意到，借助旨在保障收益安全的商业精神，有些民族已经率先获得了政治智慧。当一个民族占有财富，并变得极为珍视其财产时，它便已经形成了解放计划。在新近获取的重要地位支持下，它仍然更深入地扩展主张，并对君主运用的特权产生争议。但是，如果我们仍然期待，当今时代对财富的占有会结出据说在上一世纪诞生的果实，那将会空等一场。财富如今大量聚集，它若伴随着节俭与独立之感受，可能令财产拥有者获得对自己力量的信心，并准备摒弃压迫。钱袋若不是向个人花费、虚荣放纵敞开，而是用以支持派系的利益，满足党派更高等的激情，那么，富裕的公民将会令那些假装在进行统治的人感到敬畏。但是,在腐败时期,同等或更大的财富并不会产生相同的效果。

相反,当财富只在守财奴的手里聚集,并在浪荡子手里遭到浪费的时候,当家族继承人发现他们在富人中既潦倒又贫穷的时候;当对奢侈的渴望甚至平息了党团和派系的声音时;当应该获得服从之回报的希望或失去慎重拥有之物的恐惧让人们处在怀疑和焦灼的状态;当财富不是被一种朝气蓬勃的精神视作工具,反而成为贪婪或挥霍浪费之徒、贪婪且胆怯之心灵崇拜的偶像时:人们曾在其上建筑自由的基石却用来支持一种僭政。在一个时代,有些事物让臣民提出主张,培育了臣民的信心。在另一个时代,这些事物则促使臣民身陷奴役境地,使之偿付自我作践的代价。在朝气蓬勃的年代,有些人做出了财富的榜样,在人民的手中,他们的榜样就变成了一种自由的情景。在堕落的时代,甚至这些人也可能会证明塔西佗的原则,即对财富的崇拜导致专制政府。[①]

品尝过自由、感受到人身权利的人不容易忍受对自由与权利的侵犯。他们也不能没有任何前提就向压迫屈服。在不同的政府形式下,他们可能从不同的手中获得这种不幸福的前提,并通过不同的方式实现同一目的。他们在共和国中遵从一种指示,在君主国和混合政府中又遵从另一种。但是,无论在哪,只要国家能用不能保存臣民德性的方式,有效地保卫他的安全,那么,玩忽职守、忽视公众的现象就很可能随之产生。就此而言,一切面目中的文

① Est apud illos et opibus honos; ecoque unus imperitat.(财富也被授予很高的荣誉,这就是他们服从统治者的原因。)塔西佗,《日耳曼尼亚志》,c.44。

雅民族似乎都遇到了一种危险。他们在多大程度上持续不受干扰地享受对和平与繁荣的占有，他们就会以相应的比例遭遇这种危险。

自由源自法律的统治。我们也倾向于认为，当一个民族决定获取自由时，法规不只是这个民族的解决方式和原则。我们倾向于认为，法规不是用以记录权利的书写，而是确立起来保卫权利的力量，是人的任性不能翻越的障碍。

在亚洲，当一位帕夏装作用自然平等的法则来决定每一种争论时，我们允许他占有自由裁量的权力。当欧洲的法官依据自己对成文法的解释来做出决定时，相比于前者，他是否在任何意义上受到了更大的限制呢？如果构成一则法条的单词成倍增长，它们对良心和内心的影响会比理性与自然更加有力吗？在一个复杂的体系中，法则成为一个独立职业进行研究与解释的对象。在任何司法进程中，如果人们基于一条能被人类理解的法则，对当事人的权利展开讨论，那么相比起人们为之求助于上述复杂体系的情形，当事人只获得了更少程度的安全吗？

司法程序、成文法条或其他法律因素的形式从一种精神中产生。如果它们不再受那种精神推动，它们就只能掩饰，而不能制约权力的不公。当它们支持腐败行政官的目的时，它们甚至可能受到腐败行政官的尊重。但是当它们阻挡了他的道路，他们就要受到侮辱或遭到躲避。在它们真实有效地保存了自由的地方，法律影响力不是从堆满典籍的书架中产生的魔力。事实上，法律影响力是决意获取自由的人的影响力。当他们想要遵照一些法律条文与国家、臣民一起生活，对这些法条做出了调整、书写成文时，他们就决定借助其警觉和精神，确保这些条文得以遵守。

在每一种政府形式下，我们都被要求根据执行权的滥用或扩张来理解篡权。在纯粹的君主制中，这一权力通常是世袭的，并按照确定的世系传承。在选举君主制中，它被终身持有。在共和国中，执行权只在有限的时间内得以使用。在有些地方，一些人或家庭通过选举获得了短暂的高贵地位。在这些地方，与扩展其权力相比，人们具有更大的野心去维持权力，以之当作目标。在世袭君主制下，主权是永久的，每一个有雄心的君主都志在扩张其特权。在暴乱时期，共和国和每一种形式的共同体都暴露在危险之下。这些危险不仅来自那些在形式上获得升迁、被委以重任的人，而是来自每一个人，无论他是受到了野心的刺激，还是受到了派系的支持。

如果享有更多权力却不与人类的福利保持一致，君主或其他行政长官不会因此获得什么好处，一个不正义的人也不会因此获得什么益处。但是在人类的激情和愚蠢面前，这些准则的安全性是非常脆弱的。谁若受到信任，被授予任何富有影响力的手段，他们就会仅仅因为厌恶限制而倾向于消灭反对者。戴着世袭王冠的君主，以及在有限时间内据有职位的行政官均越发喜爱其尊贵地位。如果一位股肱之臣之地位依赖君主的临时意志，其人身利益在每个方面都是臣民的利益，那么，这位大臣仍有弱点，会倾心于特权的增加，并且把他对一个民族权利的侵犯视为自己的收获，而他自己与家人也很快会被纳入这个民族之中。

甚至当拥有对人类最好的意图时，我们也倾向于认为：他们的福利并不依赖于他们自身倾向的幸福，或对自身才能的快乐运用，而是依赖于他们为其福祉设计的制度，以及他们为遵守这一制度设计所做的准备。相应地，有的主权者已经对最伟大的德性做出了榜样，这种最伟大的德性不是珍爱人民之自由与独立精神的欲望，而是自身足够稀少、值得高度赞许的东西，是对财产问题上正义分配的稳定关注，是一种保护、强迫、补偿委屈，以及提高臣民利益的倾向。正是从这些目标的相关性中，提图斯计算着时间的价值，并对其运用进行评判。刀剑在这一仁慈的手上被用来保卫臣民，并产生了快速且有效的正义分配。但是，它在一个僭主的手里则有充分的可能沾染上无辜者的鲜血、消灭人们的权利。尽管人道的临时进程会延后压迫的运用，但它不会破坏民族的链条。君主甚至更有能力获取他所研究的那类善好，因为自由所剩无几，因为在任何地方，我们都找不到一种力量来质疑他的命令，或干扰对其命令的执行。

安东尼变得熟悉特雷西亚、赫尔维狄乌斯、加图、笛昂(Dion)与布鲁图斯的品格，这没有意义吗？他学会理解在平等正义基础上兴起的自由共同体之形式，或学会理解一种君主政体的形式，在这种君主政体下，臣民自由被认为是最神圣的管理目标，这没有意义吗？[①] 他指出一些事物，认为它们是人类的福祉。关于为人类获取这些福祉的手段，他犯下了错误吗？或者他的心灵认识到了民族福利，可在一个强大的帝国中，他所具有的绝对权力只会使他不能执行有助于实现民族福利的政策吗？在这样的情况下，谄媚君主或人民是无意义的。首先，不培植起一种可能与自身设计相

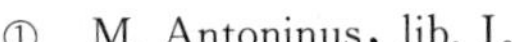

① M. Antoninus, lib. I。

反对的精神，君主就不能授予自由；如果主人有权随意赐予或取消人民的福祉，那么人民也不能获得这种福祉。对正义的要求坚定且不容置疑。我们在一种义务与友善的感受中获得支持。但是，我们要实现我们的权利，并且在这一实现权利的过程中，自由精神不能采取哀求或感谢的腔调而不违反自身。布鲁图斯对西塞罗说："你已经请求屋大维，他将释放那些在罗马公民中站在最前沿的人。如果他不释放，我们该怎么办？我们必定会丧身吗？是的，我们不能把我们的安全寄托在他的身上。"

自由是一种权利。每个人都必须准备着为自己维护这种权利。谁若假装当作恩惠赐予这种权利，那么，在实际上，这种赐予恩惠的行为就否定了这种权利。甚至，尽管政治建制显得独立于人的意志和公断，但是我们也不能依赖它们来保存自由。它们可能滋养，但却不能取代那种坚定、决绝的精神。有了这种精神，自由心灵便总是准备抵制侮辱，并将其安全诉诸自身。

所以，如果一个民族交由一位君主来铸造，就像黏土递付给陶工的双手一样，那么，为事实上深陷奴役的民族授予自由的计划或许最难实现，也最需要安静地以最深刻的决心予以执行。人们在多大程度上理解了他们自身的权利、尊重人类的正义主张；人们在多大程度上愿意在自己人中承担政府和民族防卫之负担；人们在多大程度上愿意偏爱运用自由心灵胜过懈怠的享受，或通过屈服与恐惧购买安全的虚妄希望：人们才有资格在相应的程度上获得自由的福祉。

如果我获允进行表达，甚至是放肆地表达，那么，我就要心怀尊敬，向那些在民族政治体系中委以高等特权的人言说。的确，对于国家所受的奴役，他们很少有错。但是，由于受到人类欲望推动，他们不愿意导致失望，甚至不愿意有所推延；他们充满热情地追求自己的目标，在这种热情中，他们将打破阻拦其事业的障碍。除此之外，我们能从他们身上期待些什么呢？如果上百万的人从一个人之前退缩，而且元老们也是被动的，就好像他们由没有自己观点或感觉的成员构成一般，那么，自由的防御给哪一方让路，或者我们应该把他们的衰落归结于谁呢？对臣民而言，谁舍弃了他的地位？或者，对君主而言，谁又只留在自己的地位上呢？如果政府附属或下属成员不再质疑其权力，谁将不受限制地继续统治呢？

众所周知，为保存自由而形成的制度必须由许多部分构成。元老院、平民大会、正义法院、不同群体的行政官必须联结起来，彼此制衡，他们运用、维持或制约了执行权。如果任一部分从中脱离，这个机体就将摇摇欲坠或者衰落。如果任何成员玩忽职守，其他人就将遭受侵夺。在由不同才能、习惯和理解的人所构成的会议中，某种超人的事物才能使他们在每一个要点上达成一致。由于具有不同的意见与观点，它就缺乏免除争论的一致性。所以，我们一致赞美便被认为是自由的威胁。我们用那些对公众日益冷漠之人的怠惰、出卖国家权利之人的腐败，以及其他人的奴役取代了自由的地位。这些充满奴性的其他人绝对服从于一个首领，他们的心灵被这个首领征服了。当我们因此令自由陷入危险境地时，我们便期待这种一致。对公共事务的热爱、对其法律的尊敬是人们有义务同意的要点。但是，如果在有争议的问题上，任何个人或党派的感觉总是得到追求，自由的原因则已经遭到了背叛。

其职守在于统治一个懒惰或卑鄙民族的人一刻也不会停止扩张其权力。法律的每一次执行、国家的每一次运动、其权力得以运用的每一次公民或军事行动必定会强化其权威，把它作为思虑、恐惧和尊敬的唯一对象呈现在公众面前。在一个时代，一些制度被设计出来，以限制或引导执行权。在另一个时代，它们则有助于为执行权奠定基础，维持其稳定性。它们将会指出执行权的运行渠道，使之既不会造成冒犯，也不会引起危险。议事会制度原本是为了制约它的侵犯行为而设立的，但是，在腐败时代，这些议事会将会为其篡权提供帮助。

对独立的激情、对统治权的热爱频繁地从一个共同的源泉中产生。在这两者之中，我们都可以找到一种对控制的厌恶。谁若在一种情况下不能忍受上级，那么在另一情况下他必然不喜欢与平等人联合。

由于其国家宪制，在一个共和政府中，一个派系首领愿意成为的角色就是纯粹或有限君主制下的君主。如果他获得了这一令人嫉妒的境况，他自己的倾向或人类事务的趋势就仿佛在他面前开启了一份具有皇族野心的事业。但是，他注定要在一些环境中行动，这些环境与一个国王所处的环境大为不同。他遇到的人不习惯于身份的悬殊。为了自己的安全，他不得不持续握着出鞘的匕首。当他希望获得安全时，他的意思可能是成为一个正义的人。但是，从他篡权的第一时刻起，他便被仓促地裹进了专制权力的每一次行动。一个王位继承人不会与臣民维持这种争吵。他的情况讨人喜欢，其心肠必然是坏的，而且坏得超出常人，以至于不能对任何一个子民充满感情。这些人民曾经是他的崇拜者、支持者，也是其统治的装饰。也许，他身上没有侵犯臣民权利的明确设计，但在他的手中，意在保存自由的诸种形式并非因此就总是安全的。

在堕落野心的放荡行为中，奴役已经加在人们身上。在充满嫉妒与恐惧的晦暗时光中，僭主的残忍也已经犯下恶行。为了创造或支持一种专断权力，这些恶魔并非必不可少。尽管罗马共和国的政策在维护民族财富上取得了最大的成功，但是其臣民和君主却频繁地想象，自由是政府进程中的阻碍。他们想象，在执行公共议事会的决议时，独裁的权力最适合产生快速且保密的效果，以维持他们所谓的政治秩序①，并针对抱怨迅速做出纠正。甚至，他们有时还会承认，如果贤君前后相继出现，那么经过计算，专制政府就能最好地实现人类幸福。他们因此推断，他们不能谴责这样一个君主：这个君主自信能够为了好目的运用自己的权力，并在这样的信心中努力拓展权力的边界，并且，他还依据自己的理解，只去努力清扫那些阻挡理性之路，阻止友善意图产生效果的限制。

所以，既已为篡位做好了准备，就让他在自由国家的首要部位运用他的武装力量，在统治的每一个角落碾碎明显无序的种子；让他有效地抑制人民中间争议与分歧的精神；让他清除从执拗性格

① 在文明社会中，我们的秩序观念常常是错误的：它取自对没有生气、僵死的臣民之类比。我们认为喧闹和行动与之相反。我们认为它只与服从、秘密以及沉默地经过少数人手的事务相一致。一面墙里石头的好秩序就是它们恰好适合它们为之而砍削的地方。如果它们加以晃动，建筑必然会倒塌。但是，社会中人的秩序就是他们被放置在最适合行动的地方。第一个是一个由僵死、没有生气的诸部分组成的机体；第二个则由活的、积极的成员组成。当我们在社会中追求不活跃、宁静的秩序时，我们就忘记了臣民的本性，并找到了奴隶的秩序，而非自由人的秩序。

与其臣民的私人利益中产生的对政府的干扰；让他通过税收和服役的方式，利用他可以提供的一切，聚集反对敌人的国家力量。甚至在对人类福利之期待的引导下，当他自我讨好地认为，他只遵从感觉与合宜的命令时，他也很可能打破一切自由的壁垒，建立一种专制主义。

有时候，我们希望从政府中获取平静，认为这是政府能够结出的最好的果实。如果我们假设政府已经授予了一定程度的平等，公共事务也在多个立法与行政部门中运行，对商业与营利技艺采取了最缺乏可能性的干预措施，那么，这样一个国家与专制主义之间的亲缘性就超过了我们的想象。这样一个国家，例如中国，将事务抛掷给各个独立的官职，以此取代一个伟大或自由心灵的一切努力。在这些官职中，细枝末节和循规蹈矩构成了人们的行为。

我们将要单独考虑：与专制政府相伴的邪恶是否只有压迫、不义和残忍呢？与此同时，我们充分地注意到，当我们用一个君主能够赐予的恩惠，或只用公正管理所能获得的平静来衡量民族幸福时，自由便处在最大的危险之中。君主可能会迷醉于他的英雄品质，他可能在享受了一切动物性优势或愉悦时保护臣民。但是，从自由中产生的收益属于另一种类型。它们不是在一个人心中运转的德性与善好之果实，而是面向众人的德性传播本身。在文明社会中，这样一种功能分配赋予许多人适合其本性的活动与职业。

最好的政府制度带来了不便。在许多情况下，自由的运动可能产生抱怨。我们假设，自由的滥用是从某个对象那产生的。当我们志在重塑滥用时，自由的滥用就会使我们侵犯这个对象。专制自身具有某些优势，或者至少在遵守法度与节制的时期，它可能很少造成冒犯，不会带来任何公共危险。就在改革的精神中，或仅通过心不在焉的方式，这些环境可能促使人类在推行其政策的国家里运用或承认了危险的创新。

然而，奴役并非总是由错误引入的。有时候，它是在暴力与劫掠的精神中被人强加的。君主和人民都变得腐败。无论专制政府的源头是什么，当其主张得到充分解释时，它的主张就导致了君主和臣民之间唯有强力才能决定胜负的竞争。这些主张对人身、财产或每一位臣民的生活都有危险的一面，它们向人心中的所有激情发出警报。它们打扰了懒散者，剥夺了唯利是图者的工作。它们向腐败者和有德之人发动战争。他们只被懦夫温顺地承认。但是，甚至他自己也必须受到一种令其感到畏惧的力量的支持。征服者从国外带来了这一力量，国内的篡权者则努力从其国内的派系中找到这一力量。

当一个民族习惯于武装，一个部分要制服整体就很困难。或者，在建立纪律严明的军队以前，任何篡位者都难以通过少数人的帮助来统治众人。然而，文明和商业民族的政策有时消除了这些困难。并且，通过区分文治和军事职业，通过将自由的维护与享受交到不同的手上，这些困难就为派系与军事力量的危险联合铺设了道路，从而站到了诸政治形式与人类权利的对立面。

人民服从这一致命的改良，解除了武装。他们的安全就依赖于在野心与强力法庭上对理性与正义的祈求。在此种极端状况下，引用法律和召集元老院都没有意义。那些构成立法机构的人，或占据国家文治部门的人从军营或法庭中获得信息，他们可能对这些信息慎思之，明辨之。但是，如果就像把屋大维的请愿书带给罗马元老院的百夫长一样，送信人也故意展示他的剑柄[①]，他们就发现请愿书变成了命令，他们自己也成了主权权力的虚饰，而非主权权力的仓库。

对这一节的反思可以在不同的程度上适用于幅员不等的民族。无论小共同体如何腐败，都没有为专制政府做好准备。它们的成员聚集起来，接近权力的宝座，却从未忘记他们与公众的关系。他们怀着熟悉和自由的习惯，祈求那些将要统治的人的主张。在对平等的爱与正义感失效的地方，他们的行动就受派系、竞争和嫉妒推动。塔尔昆被驱逐，但他在罗马仍有拥护者。如果因为他们的手段，塔尔昆重掌权柄，那么很可能，在他对王权的运用中，他必然与那个帮助他重新掌权的党派发生争执，从而进入一个新的争斗场景。

随着疆土的扩张，诸部分也在相应的比例上丧失了它们相对于全体的重要性。其居民也不再洞悉他们与国家之间的联系，也很少在执行任何民族，甚至任何派系的设计时团结起来。远离管理职位，对争夺宠信之人的冷漠促使大多数人认为自己不过是君主的臣民，而非一个政治体的成员。通过使个人对公众产生更小的影响，更少能够干扰他的协商，领土的扩张事实上趋向于将民族事务缩减到一个更小的范围，并将减少参与立法咨议或其他政府事务的人员数量，这甚至是显著的。

当一个大帝国出现混乱时，它就要求快速制止这些混乱，要求向人民发出警戒并迅速采取措施。遥远的行省必须通过武力维持

① 苏埃通。

在臣服状态。有时候,独裁权力在自由国家兴起,用于镇压暴乱,或反对其他偶然的邪恶。当疆域达到一定范围的时候,在同等有必要延迟政治体解体的所有时候,独裁权力就出现了。这个政治体的各个部分聚拢在一起,并必须通过有力、坚决且秘密的手段得到巩固。所以,在民族繁荣的情形中,因为商业技艺的结果,诸多环境都会导致专制主义的建立。虽然诸民族具有如此明确的目标,但在这些环境之中,没有一种环境抵达这一终点,即民族疆域的永恒扩张。在每个国家,成员的自由依赖于内在各部分间的平衡与协调。在人类中间,任何此类自由的存在都依赖于诸民族的平衡。在征服的进程中,臣服者声称失去了他们的自由。但是,人类历史已经表明,征服或被征服实际上具有相同的结果。

第六节　论专制主义的发展和终结

当人类走向堕落，并倾向于毁灭时，当他们获得改善，并获得真实的利益时，他们的步伐常常是缓慢的，几乎不可察觉。在活跃且富有活力的时代，如果他们将民族的伟大程度填充到人类智慧在较远距离不能预见的高度，那么在松懈和柔弱的时代，他们就在事实上招致了许多其恐惧不能展现的邪恶，以及他们认为也许早已被成功和繁荣的潮流清除掉的邪恶。

我们已经注意到，在人类怠惰或腐败的地方，其领袖的德性或行政官的良好意图不会总是确保他们安全地拥有政治自由。哪怕意在实现人类福利，对一切首领的绝对服从，或对任何权力不受控制的使用最终常会颠覆法律制度。无论这一致命的革命以何种方式完成，最后都会产生军事政府。它尽管是所有政府中最简单的，却是逐步完成的。在它最初作用于自由共同体成员时，它仅仅奠定了基础，而未完成专制政策的织造。拥有一支武装，占有大帝国中心的篡位者环视四周，看到了此前宪制破碎的残余。他可能听到不情愿屈服的咕哝，他甚至看到许多方面存在的危险。这些危险来自那些虽然被他夺取了刀剑，却尚未征服其心灵、没有与其权力和解的人。

一些特定人群仍然保留了对人身权利的感受，或对特权与荣誉的主张。这些感受与主张是通往新近篡权之路上的障碍。如果它们没有在时间中衰败，或在腐败增长进程中消逝，它们必定会在暴力中瓦解，每一个通往新增权力的入口也必然沾满血污。甚至在这个问题上，其效果也常常延宕。我们知道，罗马精神在主人的继承中，以及在流血杀戮和荼毒中没有完全熄灭。高贵且令人尊敬的家庭仍然渴望最初的荣誉。共和国的历史、此前时代的书写、显赫之人的纪念，以及充满英雄概念的哲学的教诲持续滋养着怠惰的灵魂，并形成了那些卓越的品格。这些品格的高尚与命运也许是人类故事中最动人的主题。尽管这些品格不能对抗普遍的奴役趋势，但依据它们假定具有的诸多倾向，它们就变成了不信任和厌恶的对象。他们静默地培育出来的、只在内心闪耀的情感让他们付出了血的代价。

当专制得到发展时，在趋向于建立其政府的方法选择中，君主依照什么原则来行动呢？他对自身福利，有时甚至是人民福利具有一种错误的理解。在每一个具体的场合，他都感受到一种欲望，想要清除掉阻碍他执行意志的障碍，他就按照这种错误理解和欲望来行动。当他已经确定了一种解决方案，任何以推理或抗议反对它的人就是敌人。当其心灵受到鼓舞时，任何假装卓越并倾向于为自己行动的人都是一个对手。他将不会在国家中留下任何尊严，而只会留下依赖他自己的东西。他不会留下积极的权力，而只会留下承载着对短暂愉悦之表达的东西。洞见的引导如直觉的引导一般准确无误，在选择其憎恶或青睐之目标时，他从未失手。独立的方面排斥着他，奴役的方面则吸引着他。其统治的倾向就是要平息所有躁动不安的精神，并假设自己承担所有政府功能。[①] 当权力足以实现其目的时，在那些不能洞察其终点的人手里，以及在最好地理解了其终点的人手里，它都在同等程度上得到运用。当这两种授权皆为正义时，它就不会产生纠纷。当它们具有纰漏或错误时，它们就得到武力的支持。

当人民在一切诉讼中请求屋大维的仁慈时，他的回答是：你必须死。这也是他的一些继承者向每一位身世显赫、德行高尚的公民说出的句子。但是，专制主义的邪恶仅限于残忍、残暴的方法（现今对一个执拗、混乱民族的统治借此建立或得以维持）吗？在他们借以剥夺所有权利的建制下，死亡是能折磨人类的最大不幸吗？的确，他们常常要忍受活着的痛苦。但是，怀疑、嫉妒、人身卑贱之感受，以及因为关心不幸利益而产生的焦虑占据了灵魂。每个公民都堕落为奴隶，共同体吸引成员的所有魅力都荡然无存。服从是留存下来的唯一义务，它由武力强制执行。如果在这样一种建制下，人们有必要见证卑贱和恐惧的场景，那么在受到波及、不能幸免的危险时刻，死亡就变成了一种解脱。特雷西娅被迫从其动脉中喷涌出的奠酒被认为是感激救世主朱庇特恰当的牺牲。[②]

---

① 听闻一个具有骚动不止雄心的人令人感到荒谬。他是所有场景中唯一的演员，有时抱怨人类中执拗倔强的精神；就像他们从一种倾向出发，欲求推翻每一个官职，这同一种倾向并不会让每一个其他的人倾向于理性，并至少为自己行动。

② Porrectisque utriuque brachii venis, postquam cruorem effudit, human super sapargens, proprius vocato Quaestore, *Libemus*, inquit, *Jovi Liberatori*. Specta juvenis; et omen quidem Dii prohibeant; ceterum in ea tempora natus es, quibus, firmare animuum deceat constantibus exemplis.（当鲜血开始流淌，他将其洒在地上，把财物官叫到近前。“这是给救世主朱庇特的奠酒，”他说，“看啊，年轻人；你已经出生，希望上天不要给出预兆，让我们进入坚毅之榜样能提供有用支持的年代。”）塔西佗，《编年史》，第 16 卷。

压迫与残忍对专制政府而言并非总是必要的，甚至就在如今，它们也不过只是其邪恶的一部分。它建立在腐败，以及对所有公民和政治德性之压迫的基础之上。它要求臣民的行为出自恐惧的动机。它可以以人类为代价来平息少数人的激情，并在毁灭自由和信心的基础上建立社会和平自身。享受、力量和心灵之高尚只能从自由和信心中产生。

在任何自由制度存在期间，当每一个人占有其阶层和特权时，或者具有对个人权利之理解时，每一个共同体成员都是他人关心和尊敬的对象。在文明社会中得以执行的每一观点都要求运用才能、智慧，都需要说服、活力以及力量。但是，专制政府最为精致之处却是用简单的命令来统治，通过强迫排除每一种技艺。运用并开发人类理解的那些情景唤醒了他们的情感，点燃了他们的想象。所以，在专制政策的影响下，这些情景是逐渐消失的。人类借以获得其自然荣誉的那些进步参与了社会中建基于自由之上的行动，它们并不会比在这不幸处境中借以堕落的那些进步更为统一，或较少受到干扰。

当我们听闻沉默统治着土耳其苏丹的宫殿时，我们不得不相信，言辞本身也失去了必要性。缄默的标志也足以担当最为重要的政府训令。的确，在君主的权力完全委派给一个下级官员的地方，我们无须什么技艺来维持只有恐怖能够对抗武力的命运。在这样一幅静默、沮丧的场景中，任何地位都不能授予心灵的自由。在那里，每个人的心胸都被嫉妒和戒心占据。在那里，除了肉体享乐，没有什么目标能够制衡君主自己，或限制臣民的痛苦。

在其他国家，因为属于某种显赫地位的行为，人的才能有时候就会得到提升。但在这里，主人自己却很可能是牧群中最粗野、最无教养的动物。他也比不上那个由他亲手提拔的奴隶——他把这个奴隶从奴役地位提拔上来，成为他的心腹，也一直高升到宫廷中最尊贵的位置。原始的单纯性在君主与其畜群牧者之间形成了熟悉与爱慕的纽带。[①] 当一切爱慕之情都不再存在时，这种原始的单纯仿佛就在无知和残暴中得到重塑或被仿制。无知与残暴平等地描述了所有人类群体的特征，并在一个专制宫廷中拉平了各阶层，摧毁了人们之间的区别。

任性与激情是君主管理政府的法则。每一个权力的代表皆因同样的指令而行动，当他受到挑衅时便予以攻击，当其愉快时便赐予恩惠。在与复仇、司法或政策相关的事情中，每一个行省的统治者在敌人的国家便如首领一般行为。他用火与剑的恐怖武装自己，用强力而非赋税来要求人民做出贡献。他是选择毁灭还是慈悲呢？这要看哪种方式能实现目的。当受压迫者的喧哗或以牺牲行省为代价聚敛珍宝的消息传进君主的耳朵时，勒索者就的确不得不通过转让部分珍宝，或没收所有掠夺的物品来获得赦免。但是，对受伤害者却没有任何补偿。大臣的罪行最先用来抢劫人民，然后受到惩罚，便用来充满君主的金库。

在与正义统治和民族政策相关的每一项技艺彻底终止时，很明显，甚至士兵这一职业也极大地遭到忽视。君主的疑心和嫉妒辅以他的无知和无能，这些因素一起作用，摧毁了其权力得以建立的基础。军人因不守纪律而招致溃败。任何一次这样的溃败都会

① 见《奥德赛》。

传遍整支军队，同时，一个柔弱、星散且没有武装的民族便牺牲给了军队的混乱，或暴露在来自前线敌人的劫掠中。抢劫的欲望或征服的希望可能已将敌人牵引至近前。

罗马人不断开疆拓土，直到所有文雅民族都向其臣服。他们也建立起每一处都由暴烈野蛮部落包围的边界。为了将这些烦人邻居的骚扰转移到更为遥远的地方，也为了占有他们担心邻居们借以进攻的大道，他们甚至穿透不能耕耘的沙漠。但是，这一政策也终结了国家内部的腐败。多年的平静足以让政府忘记它的危险。同时，那些开发过的行省也为敌人准备了一份富有诱惑力的奖品和轻易的胜利。

当通过征服和吞并所有富饶且得到开发的行省，帝国规模已达到饱和，两个党派就足以让我们理解人类。一方是由居住在帝国境内，热爱和平且家财富足之人组成的党派；另一方则是由贫穷、贪婪、残忍之人构成的党派，他们习惯于劫毁和战争。后者与前者的关系和豺狼、狮子与羊栏的关系相同。他们自然地进入到一种敌对的战争状态。

同时，如果专制帝国能够持续地不受到来自国外的骚扰，它却保留了曾建立在其基础之上的腐败，那么，它自身便没有任何新生活的原则，它也不能展现任何重建自由和政治活力的希望。专制君主播下的种子除非死亡，否则便不能复生。在人类精神获得新生，或取得构成人性荣誉和幸福之因素的果实前，它必然因为自身滥用的效果日渐衰弱，最终呜呼而亡。在堕落最深的时候，喧闹便被感觉到，但这种喧闹与自由民族的兴奋大为不同。它们要么是人类在遭受痛苦时自然的苦闷，要么只不过是限于少数人的吵闹——他们站在君主身边的禁卫军中，他们的阴谋、暗杀与屠戮只是为了抢劫更深地处于恐惧和绝望中的和平居民。人民零星地散布在各个行省，他们没有武装，不熟悉团结和联盟的情感，受到不幸经济的限制，依靠政府勒索后剩下的财产勉强维持着不稳定的生活。在这样的处境下，人民无处确保一种共同体的精神，也不能形成任何自由联合来保卫他们自己。受伤害的人会抱怨。当他不能获得政府的慈悲，他可能会乞求同伴的怜悯。但是，同伴为之受到宽慰，因为压迫的手并没有抓住他自己。由于默默无闻、善于隐藏，他获得了一定程度的安全。他在这样的安全等级下费心研究其利益并伺机享乐。

除了对利益的关心，商业技艺似乎不需要任何存在于人类心灵中的基础。在对奴隶的不稳定占有下，以及对源自财富声誉之危险的理解中，除了获取的希望以及对财产的安全占有，没什么鼓励会必然枯萎。然而，民族贫穷与商业压迫是专制主义实现自我解体的手段。在没有任何利益可以腐败，或任何恐惧可以威慑的地方，统治的魅力就破灭了。赤裸的奴隶也从迷梦中醒来，震惊地发现他是自由的。当栅栏遭到毁坏时，荒野便开放了，畜群也被打散了。经过耕耘的田野上的牧场不再比沙漠中的牧场更受偏爱。忍受痛苦的人自愿逃往政府鞭长莫及、不能勒索他们的地方；逃往胆小懦弱者、遭受奴役者可以重新想起自己是一个人的地方；逃往僭主可以威胁到，但他却被认为同样不过是人类的地方；逃往一个僭主除了生命，什么也带不走，甚至他自己的生命还会遭遇风险的地方。

与这一描述一致，在东方的许多地方，僭主的烦恼战胜了定居的欲望。乡村居民放弃了居所，出没在公共道路上。谷地的居民则逃到山上，为迁移准备条件，或实施强有力的控制，通过劫掠或向此前的主人发动战争谋生。

这些混乱加上政府强加的苛捐，它们共同致使留下的居民更加缺少安全。但是，当荒芜和毁灭四处出现时，人类就被迫更新那些联盟，重新获得那些信心与活力，重新获得社会凝聚力，以及对武装的运用。它们在前时代曾使一个小部落成为伟大民族之火种，也可能再一次使获得解放的奴隶开启文明与商业技艺的事业。当人性在最深的腐败状态中出现时，它事实上便已经得到重塑。

以这样的方式，人类生活的图景便频繁地改变。安全和傲慢使人类丧失了繁荣的优势，坚定果敢和雷厉风行使人们陷入不幸的疾患中。当人类除了自身的德性便无所依赖的时候，他们就准备获得每一种好处。当他们将多数事务诉诸命运时，便最大限度地感受到命运的反转。我们倾向于使这些观察形成法则，当我们不再愿意为了国家而行动时，我们便寻求一种人类事务中假定的宿命，作为自身柔弱或愚蠢的借口。

的确，人的制度很可能有其终点与起点，但是它们的延续并不固定在任何有限的时期。如果不是因为成员的邪恶，没有一个民族会遭受内在的衰朽。我们有时愿意承认国民中的这一邪恶，但是谁又愿意承认自身的恶呢？然而，当我们不再反对邪恶的效果，当我们只是祈求某种宿命（至少在每个人心中，这一宿命取决于他自己），那么值得怀疑的是：除了承认这一邪恶，我们是否还能做得更多？真正坚忍、正直且富有能力的人被很好地安置在每一场景之中。他们在每种情况下都获得了其本性的主要享受。他们是神意用来实现人类善好的幸福工具。或者，如果我们必须改变这种语言，那么他们表明：当他们注定要活着，由他们构成的国家便由命运注定要生存并且繁荣。

图书在版编目(CIP)数据

论文明社会史/(英)亚当·弗格森著;康子兴译. —北京:商务印书馆,2024
(汉译世界学术名著丛书:120年纪念版:珍藏本:增订本)
ISBN 978-7-100-23621-8

Ⅰ.①论… Ⅱ.①亚…②康… Ⅲ.①社会发展史—研究 Ⅳ.①K02

中国国家版本馆 CIP 数据核字(2024)第 073920 号

汉译世界学术名著丛书
(120 年纪念版·珍藏本·增订本)
论文明社会史
〔英〕亚当·弗格森 著
康子兴 译

商 务 印 书 馆 出 版
(北京王府井大街 36 号 邮政编码 100710)
商 务 印 书 馆 发 行
北京市十月印刷有限公司印刷
ISBN 978-7-100-23621-8

2024 年 5 月第 1 版　　开本 710×1000 1/16
2024 年 5 月北京第 1 次印刷　　印张 22¼
定价:122.00 元